THE BEST OF MYLES

DU MÊME AUTEUR
AUX BELLES LETTRES

At Swim-Two-Birds
Traduit de l'anglais par Patrick Hersant
(2002)

FLANN O'BRIEN

THE BEST
OF
MYLES

Textes traduits de l'anglais
par
Rosine Inspektor et Patrick Reumaux

Préface de Rosine Inspektor

LES BELLES LETTRES
PARIS
2011

L'éditeur remercie l'Ireland Literature Exchange
(fonds pour la traduction) Dublin, Irlande,
pour l'aide financière qu'il a apportée à cet ouvragee

www.irelandliterature.com

© 2011, pour la traduction française
Société d'édition Les Belles Lettres,
95, boulevard Raspail, 75006 Paris.
www.lesbelleslettres.com

ISBN : 978-2-251-44410-9

Préface

de

Rosine Inspektor

Comme souvent en Irlande, tout commence par une histoire de pommes de terre.

En 1940, Patrick Kavanagh, jeune écrivain en vue, publie dans l'*Irish Times* un poème intitulé « Spraying the potatoes » (« En arrosant les pommes de terre de pesticides »...) et s'attire les railleries d'une bande de lecteurs dont le chef (et peut-être l'unique membre) n'est autre que Flann O'Brien. Ces lettres brillantes remportent un tel succès auprès des autres (vrais) lecteurs, que le rédacteur en chef, R. M. Smyllie, invite sans tarder leur auteur à tenir une chronique dans son journal. C'est ainsi que naît « Cruiskeen Lawn » (« la petite cruche pleine », en gaélique), la chronique qu'il tiendra de 1940 à sa mort en 1966 sous le pseudonyme de Myles na gCopaleen, qui signifie « Myles des petits chevaux » ou, traduction préférée de Flann O'Brien, « Myles des poneys ». À l'origine, Myles est le protagoniste d'une pièce très en vogue au xixᵉ siècle, *The Colleen Bawn* (1860) de Dion Boucicault ; une figure de bandit héroïcomique, dont les aventures ont pour décor la campagne irlandaise. Sir Myles, honorable chroniqueur de l'*Irish Times*, se construira à son tour une biographie fantasque au fil des chroniques : comme on le verra, sa date de naissance est loin d'être claire, mais il a une solide éducation, possède tous les talents, a fréquenté tous les milieux et exercé toutes les professions, c'est un artiste, un inventeur, un infatigable créateur d'institutions, et surtout un esprit critique qui n'épargne rien ni personne.

L'*Irish Times* compte alors surtout ses lecteurs parmi la minorité protestante, plutôt hostile à l'État libre d'Irlande proclamé le 6 décembre 1921. C'est aussi le journal des intellectuels, qui n'apprécient guère le ton nationaliste voire populiste des deux journaux concurrents, l'*Irish Press* et l'*Irish Independent*. Cependant, comme le souligne Anthony Cronin[1], il est possible que le lectorat protestant se raréfiant, Smyllie ait vu dans la contribution de Flann O'Brien – écrite d'abord en gaélique – une opportunité de conquérir les partisans de la République les plus éclairés et de modifier ainsi l'image du journal.

Les premiers temps, il écrit donc sa chronique essentiellement en gaélique[2] puis à partir de 1942 en alternant anglais et gaélique, et finalement de plus en plus souvent en anglais. Il faut rappeler que le gaélique était pour ainsi dire la langue maternelle de Flann O'Brien (né Brian O'Nolan). En effet son père, fervent partisan de la République, refusa de l'envoyer à l'école avant l'âge de douze ans car il y aurait reçu un enseignement en anglais. Le petit Brian n'avait cependant pas attendu d'entrer à la Christian Brothers School de Dublin, située dans la rue Synge (dont Myles se souviendra), pour dévorer les classiques de la littérature anglaise contenus dans la bibliothèque paternelle ; l'anglais était en outre la langue que parlaient d'autres membres de sa famille et la plupart des habitants de Strabane, sa ville natale, de sorte qu'à douze ans il la maîtrisait déjà bien. La prodigieuse inventivité verbale dont il fit preuve par la suite dans une langue « seconde » rappelle toutefois la jubilation avec laquelle Nabokov écrivait

---

1. Anthony Cronin, *No Laughing Matter : The Life and Times of Flann O'Brien* (1989). Très intéressante biographie de Flann O'Brien par le poète Anthony Cronin, à laquelle cette préface doit beaucoup.

2. On verra utilisés dans les chroniques les deux termes « gaélique » et « irlandais », ce dernier étant plus précis puisqu'il existe aussi un gaélique écossais et un gaélique mannois (parlé dans l'île de Man).

l'anglais, comme s'il partait sans cesse à l'assaut d'une terre inconnue.

L'attitude de Flann O'Brien à l'égard du gaélique est d'ailleurs ambiguë : les chroniques le montrent très critique face au grand mouvement de renaissance de la langue et de la littérature gaéliques (le « Celtic Revival ») du début du xixᵉ siècle, incarné notamment par la Ligue gaélique fondée en 1893. Ce mouvement était né de la volonté d'enrayer le déclin de la langue irlandaise, que la majorité de la population ne parlait plus depuis la fin du xviiiᵉ siècle. En pourfendeur de clichés (l'expression l'eût ravi), il attaque surtout dans « Cruiskeen Lawn » la figure stéréotypée de l'Irlandais bonhomme, gouailleur et chauvin : le « paddy ». De nombreuses chroniques révèlent sa défiance à l'égard des fanfaronnades nationalistes et même parfois un certain doute quant à la nature de l'identité irlandaise. Ainsi dans l'une d'elles tente-t-il de prouver que le caractère de l'Irlandais est le pur produit (chimique) du sol qu'il foule depuis sa naissance : « Est-ce que les Anglais, nourris exclusivement de bœuf irlandais et de whisky irlandais, ne deviendraient pas aussi irlandais du point de vue physiologique que les Irlandais eux-mêmes ? », écrit-il.

Au moment de l'indépendance, le gaélique avait connu une grande popularité au sein de la population, qui l'associait notamment à la conquête de la liberté politique. Rendu obligatoire au lycée dans le nouvel État libre, il perdit de son attrait, du fait surtout que, la maîtrise de cette langue devenant nécessaire pour se faire une situation, celle-ci était désormais perçue comme un instrument à l'usage des carriéristes, qu'il s'agisse d'hommes politiques, de journalistes ou de fonctionnaires. Pour beaucoup d'intellectuels, cette langue était en outre associée au puritanisme et à l'hypocrisie devenus trop souvent emblématiques des nationalistes catholiques. Tous sentiments que partageait Flann O'Brien (et Myles). Toutefois, derrière l'ironie de ce dernier, il ne faudrait pas oublier l'attachement de Flann O'Brien au gaélique, dont il estimait assez les ressources littéraires pour écrire un roman en irlandais, *An Béal Bocht* (*Le Pleure-misère*), publié en 1941. Sans parler de son amour pour la littérature irlandaise du Moyen Âge, abondamment utilisée et parodiée dans *At-Swim-Two-Birds*.

Un autre point qui frappe le lecteur contemporain, c'est le peu de références à l'actualité, alors que les chroniques présentées ici sont écrites pendant la Seconde Guerre mondiale. Les principaux articles du journal relataient certes l'évolution du conflit, mais, le président Eamon de Valera ayant proclamé la neutralité de l'Irlande dès le début de la guerre, la presse était soumise à une certaine censure. Les journalistes de l'*Irish Times*, bien qu'en faveur des Alliés, n'étaient pas autorisés à exprimer leur opinion et, lorsqu'il se réfère à la guerre dans « Cruiskeen Lawn », Myles se borne généralement à constater la pénurie de papier, le coût de la vie et la rareté de certaines denrées. Ainsi le choix des thèmes est-il guidé non seulement par la personnalité de leur auteur, mais aussi par les limites qu'impose le gouvernement.

Ses thèmes sont du reste extrêmement variés, et l'imagination n'est pas la moindre de ses qualités. Un service très sérieux pour aider les incultes à épater la galerie, un bureau des inventions, une étude sur les raseurs, une autre sur l'amitié entre Keats et Chapman, voilà un tout petit échantillon des sujets qui occupent le grand Myles. Sans oublier la critique du monde de l'art et des lettres, où là, force est de constater que le chroniqueur a la dent dure contre à peu près tout le monde (notamment contre les autres écrivains). Mais si son humour irrésistible ne parvenait pas complètement à le faire pardonner, ses sursauts d'autocritique achèveraient de le faire. On voit bien que certains jours il n'est pas au meilleur de sa forme, et qu'il cherche laborieusement un sujet à traiter, un jeu de mots à filer. Ainsi, un jour de faible inspiration, se décrit-il en « traîne-savate [...] le regard éteint et sirupeux, errant dans les livres des autres à la recherche d'une blague minable », « surpayé pour un travail bâclé », que l'on garde « par pitié pour sa femme ».

Comme toujours semble-t-il, l'humour naît d'une vision du monde assez sombre. Myles, quant à lui, est un pessimiste agressif et pragmatique. Ainsi, se prenant au cours d'une chronique en flagrant délit de bavardage, balaie-t-il d'une phrase les éventuels reproches : « Les poètes n'ont pas d'importance et un brin de conversation futile de temps en temps n'en a guère davantage. Ce qui compte, c'est d'avoir à manger, de l'argent, et des occasions de marquer des points sur ses ennemis. » Certes, ce ton désabusé n'était peut-être pas sans lien avec sa situation personnelle. D'une part, Flann O'Brien n'avait pas eu les succès littéraires qu'il espérait. Publié en 1939, *At-Swim-Two-Birds* avait reçu les éloges de Joyce et conquis un petit cercle de lecteurs, mais son auteur restait un quasi-inconnu. D'autre part, s'il resta célibataire jusqu'en 1948, il dut dès vingt-cinq ans, après le décès de son père, subvenir aux besoins de sa mère et d'une large fratrie. Entré dans la fonction publique en 1937, il y resta jusqu'en 1953 après avoir gravi les échelons et été le secrétaire privé de plusieurs ministres. Ce poste lui laissait toutefois peu de temps pour écrire, et le refus par tous les éditeurs de son deuxième roman (achevé en 1940), *Le Troisième Policier*, nourrissait son amertume.

C'est d'ailleurs à partir de ces années que Flann O'Brien, habitué des pubs de Dublin depuis sa jeunesse, se mit à les fréquenter de plus en plus assidûment. La Guinness, mais aussi le whisky, n'ont guère été consommés avec modération par le chroniqueur de « La petite cruche pleine », et ces deux breuvages ne sont sans doute pas pour rien dans l'obscurité ou la nébulosité de certaines chroniques. Mais dans ses meilleurs moments, et ils sont nombreux, Myles était l'esprit le plus aigu, le plus flamboyant et le plus drôle qui soit.

Cette sélection reprend la plupart des chroniques présentées dans *The Best of Myles*, recueil paru en anglais en 1968. Elle couvre les cinq premières années de Cruiskeen Lawn, soit la période de la Seconde Guerre mondiale. La chronique, qui ne dépassait généralement pas 500 mots, paraissait environ trois fois par semaine et un même thème pouvait être repris sur plusieurs jours ou après une interruption plus ou moins longue. Au fil du temps, Flann O'Brien mit en place plusieurs séries, comme « WAAMA », « Le frangin », « Le Bureau des recherches », etc., qui ont été rassemblées dans l'édition anglaise. Cette édition reprend la division par thèmes de l'édition originale, destinée à faciliter la lecture sans être pourtant entièrement étanche, et certains articles auraient pu être

placés dans différentes sections. Certaines chroniques, jugées
« vraiment intraduisibles » par les traducteurs (notamment
« The Myles na gCopaleen catechism of cliche ») ou encore
trop hermétiques pour le lecteur français contemporain (« Irish
and related matters ») ont été écartées. Les illustrations, repro-
duites ici, étaient des dessins de Flann O'Brien lui-même, ou
le plus souvent tirées d'encyclopédies illustrées et d'ouvrages
scientifiques du début du xxᵉ siècle, dont il combinait parfois
divers éléments.

WAAMA[1], etc.

J'ai reçu de nombreuses lettres m'invitant à devenir membre de l'Association des écrivains, acteurs, artistes et musiciens irlandais, et à donner une partie de mon argent aux personnes qui dirigent cette société. Je suis également convié à une réunion qui se tiendra dimanche prochain au Jury's Hotel. On ne m'y verra pas ; je ne veux rien avoir à faire avec ces gens.

Durant l'une des réunions préliminaires de cette organisation, j'ai acheté quelques romanciers mineurs, cinq shillings par tête, que j'ai persuadés de me proposer à la présidence. Sur quoi je me suis levé et j'ai déclaré que si tel était le souhait unanime de la société, etc., bien indigne de, etc., insigne honneur, etc., ferai de mon mieux, etc., les candidats précédents, etc., de si humbles talents peuvent être de quelque utilité, etc., ravi de mettre ma connaissance du monde littéraire à la disposition de, etc., indubitablement besoin d'une organisation, etc.

À ma grande surprise, au lieu d'accueillir mon offre par de longs et sonores applaudissements, ces minables intellectuels se sont farouchement scindés en petits groupes et mis à chuchoter tous ensemble dans le plus grand émoi. De mon siège, sans me départir d'un détachement tout homérique, j'entendais distinctement des bouts de conversation du style « toujours un coup dans le nez », « escroc littéraire », « donnera

---

1. WAAMA : abréviation de « Writers, Actors, Artists, Musicians Association » (*N.d.T.*).

d'argent à personne », « dans le *Stubbs*[2] toutes les semaines »,
« court après la femme d'un député », « va filer avec les fonds
de l'Association », « toujours fourré à Paris », « vendrait sa mère
pour six pence », « se remplit la panse de cognac alors que ses
pauvres enfants n'ont rien à se mettre », « cité en justice pour
avoir installé une fenêtre en verre à Santry », « je plains sa
femme, la malheureuse », « la moitié de ses trucs sont piqués
chez les autres », « se moque de nous derrière notre dos »,
« utilisera le nom de l'Association », « que penseraient les
gens », « attirerait l'attention de la police », « qui lui a demandé
de venir », « je crois qu'il est né à Manchester », « sûrement un
petit malin », « calculateur né » ; et ainsi de suite, à mon grand
regret. Sur ce, un homme à lunettes s'est levé et a commencé
à marmonner qu'il remerciait les personnes concernées,
proposition quelque peu prématurée, société pas encore entièrement formée, postuler ultérieurement, certain que cette
proposition rencontrerait un grand succès, avec la permission
des autres membres souhaiterais passer au point suivant,
station de radio payant des salaires de misère... J'en ai pris
mon parti, mais imaginez ma réaction quelques jours plus tard
en apprenant que M. Sean O'Faolain avait été élevé à ce même
rang de président. On évitera les comparaisons gratuites, mais
quitte à trancher entre deux hommes, entre deux romanciers,
entre deux serviteurs de l'impérissable nation irlandaise, entre
deux raconteurs de salon, lequel fallait-il choisir ? Je laisse le
soin de répondre non seulement à mes lecteurs mais aussi à
une postérité trahie qui pourrait bien se rendre compte que
Dermot MacMurrough[3] n'était pas le pire.

DES OBJECTIFS DISCUTABLES

En tout cas, j'étais complètement opposé à certains objectifs
de cette organisation. Par exemple, celle-ci propose d'assurer

---

2. La *Stubbs Gazette* est un bulletin répertoriant les défauts de paiement et les faillites (*N.d.T.*).

3. Dermot MacMurrough (1110-1171) est considéré comme le plus grand traître de l'histoire irlandaise. Ce roi irlandais, ayant été détrôné du trône de Leinster par ses ennemis, fit appel au roi d'Angleterre Henry II. Cela eut pour conséquence l'invasion anglaise, suite à laquelle Henry II, à la mort de Dermot, devint lui-même roi d'Irlande, marquant le début de huit siècles de domination britannique (*N.d.T.*).

« une meilleure rémunération pour tout travail littéraire ». Ce qui signifie tout simplement un déferlement encore plus massif de « poèmes » impardonnables, d'articles intitulés « une tranche de vie » et une prime accordée à la médiocrité en général. On vise également « un accord concerté sur les droits d'auteur, les contrats, etc. ». Qu'est-ce donc qu'un « accord concerté », et existe-t-il des accords non concertés ou déconcertés ? « Une rémunération spéciale pour les pièces radiophoniques. » Pourquoi ? Elles ennuient même ma femme, qui n'est pas une lumière. Payez moins les auteurs et ils seront moins nombreux à nous casser les oreilles. « Conseil juridique gratuit. » Cela mettra au chômage plusieurs avocats compétents, dignes représentants de l'ardeur celtique auxquels va toute mon admiration. « Recouvrement des honoraires. » Oui, mais moins dix pour cent. Ayez vos billets en main avant de coucher la plume sur le papier, voilà ce que je dis.

En outre, si je me réfère aux catégories mentionnées, l'adhésion semble ouverte à tout homme, femme ou enfant d'Irlande. Même mon épouse pourrait prétendre au titre de « commentateur » (peu importe ce qu'ils entendent par là), or, comme chacun sait, toutes ces organisations ne sont véritablement créées que pour donner aux gens un prétexte d'échapper à leur famille. Alors à quoi bon ?

ET PUIS

Nous sommes en terre d'Irlande et maintenant que WAAMA existe et fonctionne, il est temps d'organiser une « scission » et de former un corps concurrent. Tout individu estimant n'avoir pas été traité loyalement par WAAMA est prié de se rendre à ce bureau pour m'en avertir. Nous formerons notre propre organisation, avec de meilleurs objectifs et des dîners annuels plus copieux. L'adhésion sera gratuite pour les jolies filles et on n'embêtera personne avec des âneries sur Sigrid Undset et James Joyce Cabell[4]. Qu'en dites-vous, les gars ? Je suis déterminé à être président de quelque chose avant de mourir – de l'Irlande même s'il le faut.

---

4. Allusion facétieuse à l'écrivain américain James Branch Cabell (1879-1958) (*N.d.T.*).

Ma suggestion de l'autre jour, à savoir que les répliques de la nouvelle pièce à l'affiche de l'Abbey Theatre soient inscrites sur des banderoles que l'on suspendrait au balcon et que les acteurs liraient au fur et à mesure, a remporté l'adhésion des acteurs membres de WAAMA. Ceux-ci disent qu'ils sont souvent sollicités pour de très mauvaises pièces, et que devoir s'encombrer la mémoire de fadaises est le pire tourment qui soit. Un porte-parole influent dans les cercles autorisés a également affirmé hier soir qu'il ne semblait y avoir « aucune objection » à mon projet. Cela bien sûr me réjouit. S'il avait réagi autrement, j'aurais été obligé de « considérer » sa déclaration avec inquiétude.

Oui, c'est un projet valable. Il ne serait plus nécessaire de dire à l'avance aux acteurs dans quelle pièce ils vont jouer. Il leur suffirait d'entrer en scène, de scruter la salle, puis de lancer quelque affreuse remarque sur « ce brave John » ou « Brigid, sa femme ».

Mon projet aura un autre avantage les soirs où il faut courir pour attraper le dernier bus. Supposez que vous ayez le choix entre rater la fin de la pièce et rater votre bus. Si vous avez un peu de bon sens, vous ferez tout pour ne pas rater le bus. Mais ce n'est pas une raison pour rentrer chez soi en se demandant comment la pièce finit. Il vous suffit de vous retourner et de regarder vers le balcon. Certes, il semblerait bizarre que, la pièce touchant à sa fin, la moitié du public tourne le dos à la scène pour déchiffrer dans un brouhaha ce que les acteurs diraient si on les laissait en placer une. Mais de toute façon, tout est préférable à devoir rentrer sous la pluie. Dans un cas extrême, tout le public pourrait accepter de tenir le reste de la pièce « pour lu » et s'esquiver *en masse**[5] au milieu du dernier acte, délivrant ainsi les acteurs fatigués qui pourraient également rentrer chez eux. Car les acteurs sont humains eux aussi. Ils ont tous eu une mère.

---

5. Les passages en français dans l'original sont ici notés en italique et suivis d'un astérisque (*N.d.T.*).

BUCHHANDLUNG

La visite que j'ai faite l'autre jour à un ami récemment marié m'a fait réfléchir. C'est un homme dont la fortune égale la vulgarité. Au moment d'acheter des châlits, des tables, des chaises et que sais-je encore, il s'est également mis en tête d'acheter une bibliothèque. J'ignore s'il sait lire ou non, mais une faculté primitive d'observation l'a averti que la plupart des personnes de qualité avaient en général beaucoup de livres chez elles. Il a donc acheté plusieurs étagères et payé les services d'une canaille pour les bourrer de toutes sortes de nouveaux livres, dont des ouvrages très coûteux traitant de la peinture de paysage en France.

Lors de ma visite, j'ai remarqué qu'aucun d'entre eux n'avait été ouvert ni touché et lui en ai fait la remarque. « Quand je serai vraiment installé, m'a dit cet imbécile, faudra que je m'y mette. »

Voilà qui m'a fait réfléchir. Pourquoi un homme aussi fortuné se fatiguerait-il à faire semblant de lire ? Pourquoi ne pas charger un manieur de livres professionnel, payé à l'étagère, de malmener sa bibliothèque ? Un tel homme, s'il possédait les compétences requises, pourrait faire fortune.

QUATRE PAGES CORNÉES POUR UN PENNY

Laissez-moi expliquer exactement ce que j'ai en tête. Les ouvrages vendus en librairie paraissent ne jamais avoir été ouverts. Le dictionnaire de latin d'un lycéen, par contre, tombe en lambeaux. Vous supposez qu'il a été ouvert et parcouru un million de fois peut-être, et si vous ne saviez pas ce qu'est une bonne raclée, vous pourriez en conclure que ce garçon est fou de latin et ne se sépare jamais de son dictionnaire. Notre inculte, pour sa part, souhaite que son intérieur le fasse passer pour un intellectuel auprès de ses amis. Il achète un énorme ouvrage sur les Ballets russes, si possible écrit dans la langue de ce lointain mais beau pays. Le problème est le suivant : comment transformer ce livre dans un délai relativement rapide, de sorte qu'un simple regard suffise à persuader quiconque que son propriétaire a pratiquement vécu, mangé et dormi sans s'en défaire pendant plusieurs mois. Vous pouvez, si le cœur vous en dit, suggérer la conception d'une machine mue par un moteur à pétrole petit mais efficace, qui « lirait » n'importe quel livre en cinq minutes ; l'effet équivalent à cinq ou dix ans de « lecture » serait obtenu en tournant un simple bouton. C'est toutefois un procédé médiocre et sans âme, caractéristique de l'époque moderne. Aucune machine n'égalera jamais le doigté humain. Le manieur de livres professionnel, riche de son expérience, est la seule solution adéquate à ce problème de notre temps. Que fait-il ? Comment s'y prend-il ? Combien demande-t-il ? Quels seraient les différents types de maniement proposés ?

Je répondrai à ces questions ainsi qu'à bien d'autres aprèsdemain.

LE MONDE DES LIVRES

Revenons à la question du maniement des livres. L'autre jour, j'ai affirmé qu'il fallait recourir à un manieur de livres professionnel, qui se chargera d'user les livres de parvenus illettrés mais riches, de sorte qu'ils sembleront avoir été lus et relus par leurs propriétaires. Combien de types de maniement y aurait-il ? *A priori*, je dirais quatre. Supposons un manieur professionnel auquel on demande un devis pour une étagère d'un mètre cinquante de long. Son devis mentionnerait quatre catégories :

« Le maniement de base – chaque ouvrage est usé correctement, quatre pages sont cornées, un ticket de tramway, de vestiaire ou autre objet semblable est inséré dans chacun à titre de marque-page oublié. Disons pour cela £1 7s 6p[6]. Cinq pour cent de remise pour les fonctionnaires. »

« Le maniement supérieur – chaque ouvrage est usé méticuleusement, huit pages sont cornées, un passage approprié est souligné au crayon rouge dans pas moins de vingt-cinq ouvrages et une brochure en français traitant des œuvres de Victor Hugo est insérée dans chacun en guise de marque-page oublié. Disons pour cela £2 17s 6p. Cinq pour cent de remise

---

6. 1 livre 7 shillings 6 pence (*N.d.T.*).

pour les étudiants en lettres, les fonctionnaires et les dames se consacrant aux bonnes œuvres. »

DES TARIFS ADAPTÉS À TOUTES LES BOURSES

Le grand avantage de ces tarifs progressifs, c'est que nul n'est condamné à passer pour inculte ou illettré du seul fait de sa pauvreté. Tous les gens vulgaires ne sont pas riches, souvenez-vous, même si je pourrais citer…

Mais passons. Venons-en aux maniements plus coûteux. Le suivant mérite bien son prix.

« Le maniement de luxe – chaque ouvrage est traité avec une extrême brutalité, les tranches des plus minces sont abîmées de manière à donner l'impression que leur propriétaire les a trimbalés dans ses poches, chacun comporte un passage souligné au crayon rouge, un point d'exclamation ou d'interrogation placé en marge, un vieux programme du Gate Theatre est inséré dans chacun en guise de marque-page oublié (trois pour cent de réduction pour ceux qui acceptent les vieux programmes de l'Abbey Theatre), trente ouvrages minimum sont maculés de café, de thé, de bière ou de whisky, et pas moins de cinq ouvrages parés de fausses signatures d'auteurs. Cinq pour cent de remise pour les directeurs de banque, les géomètres-arpenteurs et les patrons des maisons de commerce employant un minimum de trente-cinq mains. Supplément pour les pages cornées, choisies en fonction de vos consignes, six par ouvrage pour deux pence. Pour l'insertion de vieux programmes de théâtres parisiens, devis sur demande. Ce service est disponible pour une période limitée seulement, £7 18s 3p net. »

DEMANDEZ VOTRE EXEMPLAIRE
DÈS MAINTENANT

Le quatrième niveau est le maniement splendide. Sa splendeur est telle que je manque de place pour en parler aujourd'hui. Il sera présenté ici lundi prochain et en l'honneur de cette occasion, l'*Irish Times* sera imprimé sur papier vergéturé extrafin de Hollande obtenu à partir de fibres broyées manuellement, chaque numéro portera ma signature et sera accompagné d'une ravissante lithographie tricolore représentant l'ancien Parlement sur College Green. Je ne saurais trop vous conseiller de commander votre exemplaire à l'avance.

Juste un mot encore. Il ne suffit pas de commander votre exemplaire. Commandez-le à l'avance.

On se souvient (comment oublier une chose pareille, au nom du ciel) que j'ai évoqué vendredi dernier le maniement des livres, mon nouveau service, qui permet aux incultes souhaitant qu'on les soupçonne de lire de faire esquinter leurs livres de manière à donner l'impression que leur propriétaire ne les lâche pas. J'ai décrit trois types de maniement et promis d'expliquer ce que vous êtes en droit d'attendre du quatrième, le maniement splendide. C'est bien sûr le plus cher, mais si vous songez au prestige que vous acquerrez aux yeux de vos ridicules amis, c'est absolument donné. Voilà en quoi il consiste :

« Le maniement splendide – chaque ouvrage est usé consciencieusement, d'abord par un manieur professionnel puis par un manieur émérite ayant à son actif au minimum cinq cent cinquante heures de pratique ; des passages appropriés sont soulignés dans pas moins de cinquante pour cent des livres, dans une encre rouge de bonne qualité, et l'un des commentaires suivants est judicieusement inscrit en marge :

Stupide !

Oui, en effet !

Comme c'est juste, comme c'est juste !

Je ne suis pas du tout d'accord.

Pourquoi ?

Oui, mais cf. Homère, Od., iii, 151.

Mettons, mettons…

Assez juste, mais Bossuet dans son *Discours sur l'Histoire universelle* a déjà fait cette observation et donné des explications bien plus convaincantes.

Quelles bêtises !

Bien vu !

Mais pourquoi, nom de Dieu ?

Je me souviens que ce pauvre Joyce me disait précisément la même chose.

Ai-je besoin de préciser qu'il est possible d'obtenir à tout moment un devis spécial pour l'insertion de commentaires personnalisés et exclusifs ? Le supplément n'est pas énorme, je vous assure. »

EN OUTRE

Bien sûr, ce n'est pas tout. Voyez la suite.

« Inscription, sur pas moins de six ouvrages, de déclarations d'affection et de gratitude faussement attribuées aux auteurs de chacun :

"À mon vieil ami et confrère écrivain, A. B., le souvenir affectueux de George Moore."

"En signe de gratitude pour votre immense gentillesse, cher A. B., je vous envoie cet exemplaire du *Pot d'Or*. Votre vieil ami, James Stephens."

"Eh bien, A. B., nous faisons tous deux notre bonhomme de chemin. On dit aujourd'hui que je suis un bon écrivain, mais je ne suis pas assez âgé pour oublier l'infinie patience dont vous avez fait preuve autrefois, vous qui avez guidé mes jeunes pas sur le chemin de la littérature. Veuillez accepter cet autre livre, si médiocre soit-il, et croire que je demeure bien, comme je l'ai toujours été, votre ami et admirateur. G. Bernard Shaw."

"De la part de votre ami dévoué et de votre disciple, K. Marx."

"Cher A. B., vos suggestions et votre soutien précieux (sans mentionner votre gentillesse) pour la réécriture intégrale du chapitre 3 vous donnent sans conteste droit à ce premier exemplaire de *Tess*. Votre vieil ami, T. Hardy."

"N'ayant pas l'immense plaisir de vous voir en personne, je dois me contenter de vous envoyer, cher A. B., cet exemplaire du *Nègre*. Vous me manquez plus que je ne saurais dire [...] (signature indéchiffrable)."

Sous la dernière inscription, l'idiot à qui appartient ce livre devra écrire (on lui montrera comment si nécessaire) la phrase suivante : "C'était un brave type, ce vieux Conrad."

Tout cela m'a pris plus de temps que je ne pensais. Ce n'est là qu'un échantillon des services offerts pour la maigre somme de £32 7s 6p que vous coûtera le maniement splendide. »

D'ici un jour ou deux, j'espère vous entretenir des vieilles lettres qui sont insérées dans certains ouvrages en guise de marque-pages oubliés, chacune constituant un remarquable spécimen de contrefaçon. Commandez dès à présent votre exemplaire !

LE MANIEMENT DES LIVRES

J'ai promis d'en dire un peu plus sur le quatrième niveau, à savoir le maniement splendide.

Le prix que j'ai mentionné comprend l'insertion, dans pas moins de dix ouvrages, de vieilles lettres que l'on a apparemment utilisées autrefois comme marque-pages et oubliées. Chaque lettre portera la prétendue signature de quelque charlatan célèbre dont le nom est associé au ballet, à la profération de vers, aux danses folkloriques, à la gravure sur bois, ou à toute autre activité suffisamment dépourvue de règles pour attirer des incultes dans ses rangs. Chaque lettre sera une contrefaçon parfaite et consistera à remercier A. B., le propriétaire du livre, de « son intérêt pour notre travail », à mentionner « ses conseils et son soutien précieux », « sa connaissance inégalée » du jeu de saute-mouton, « sa patiente et talentueuse direction du corps de ballet lundi soir », à le remercier pour sa généreuse – trop généreuse – contribution de deux cents guinées, « dont je ne puis dire combien elle est appréciée ». La toute dernière incitation est une lettre supplémentaire, incluse gratuitement. Elle sera signée (prétendument) par l'un de ces jeunes et bruyants non-indigènes qui honorent de leur présence notre beau pays. Cela pour satisfaire les aspirations des incultes qui comptent leurs sous.

Mes associés de l'Association dublinoise WAAMA ont compris que des lettres de requête pseudo-artistiques ne nous permettraient pas de récolter l'argent du peuple en cette saison, et ont tourné leur attention vers des régions inexplorées et des impostures inédites. La dernière escroquerie que nous avons initiée s'intitule le Club du livre Myles na gCopaleen. Vous adhérez et évitez ainsi l'horrible corvée de choisir vos livres. Nous choisissons pour vous et lorsque vous recevez l'ouvrage, celui-ci est pré-usé, c'est-à-dire confié sans frais supplémentaires à nos manieurs professionnels. Vous évitez ainsi d'avoir à le salir et à le détériorer vous-même afin de donner à vos amis l'impression que vous savez lire. Éventuellement, un livre censuré sera expédié à ceux qui aiment ce genre de conversation :

– Au fait, tu as lu ça mon vieux ?

– Je ne suis pas absolument sûr.

– C'est censuré, tu sais.

– Ah.

Vous êtes dispensé de sottises telles que remplir un formulaire, demander une brochure et autres désagréments. Il suffit d'envoyer vos guinées pour participer immédiatement à ce grand sursaut culturel du peuple irlandais.

CRITIQUE CONSTRUCTIVE

À l'occasion, nous imprimons et diffusons des ouvrages écrits spécialement pour le Club par des membres de l'Association WAAMA. Les exemplaires sont envoyés à l'avance à des critiques renommés, accompagnés de la somme généralement nécessaire pour les corrompre. Nous avons envoyé à un monsieur dix shillings ainsi qu'un ouvrage nouvellement paru et lui avons demandé de dire que lorsqu'on commence à lire ce livre, il est impossible de le reposer. Ce prétentieux nous a renvoyé le paquet assorti d'une note disant qu'il exigeait douze shillings six pence. Notre réponse a été immédiate. Le colis est reparti, accompagné de douze shillings six pence et d'une note assez sèche disant que nous acceptions les conditions de ce monsieur. Le moment venu, nous avons publié le commentaire élogieux que j'ai mentionné.

Mais pour une fois, nous avons pris des mesures pour nous assurer que notre critique disait la vérité. Nous avons enduit la couverture d'une colle invisible n'agissant qu'une fois soumise à la chaleur des mains. Quand, après un rapide examen, notre ami voulut se débarrasser de l'ouvrage, celui-ci était pratiquement devenu partie intégrante de sa personnalité physique. Non seulement la couverture lui collait aux doigts, mais le livre entier commença à se désintégrer en une substance visqueuse et poisseuse. À moins de se faire amputer des deux bras, il lui était impossible de le reposer. Il dut promener partout son livre pendant une semaine et se résigner à ce que sa bonne le nourrisse tel un bébé. Il ne parvint à se débarrasser de ce chef-d'œuvre qu'à force de bains brûlants, qui le rendirent tout patraque.

Voilà quels clients nous sommes, nous les membres de l'Association WAAMA.

Nous avons été submergés d'un flot de courrier (notez que les flots de courrier tendent toujours à submerger), concernant le service de maniement des livres inauguré à Dublin par WAAMA. C'est un grand succès. Nos manieurs professionnels ont été envoyés dans les foyers d'individus qui comptent parmi les plus fortunés et les plus ignorants du pays, afin de démanteler, tordre, entailler et ronger des caisses entières de livres arrivés en parfait état. Nos presses ont imprimé par centaines de milliers des faux programmes du Gate et de l'Abbey Theatre, sans parler des brochures en langue française, des lettres olographes signées de la main de George Moore, des cartes à jouer du Moyen Âge et de toute une panoplie d'escroqueries et de simulacres.

Tout troupeau a sa brebis galeuse bien sûr. On a surpris certains de nos manieurs à utiliser leurs bottes, d'autres à martyriser d'inoffensifs recueils de poèmes avec des cravaches, des fléaux ou des massues. On a vu des livres assaillis à l'aide de couteaux, dagues, coups-de-poing américains, hachettes, gommes, pommes de terre garnies de lames de rasoir et autres engins utilisés dans la pègre. Certains apprentis manieurs – oubliant que des marques de dents sur une couverture de livre ne prouvent pas que celui-ci a été lu par son propriétaire – ont paraît-il dressé des bull-terriers à mordre les livres comme des rats. Un homme (il n'est plus des nôtres) que l'on avait envoyé dans une maison à Kilmainham a plus tard été surpris au zoo en train de remettre les précieux livres de son employeur à Charlie le chimpanzé. Un manieur de souche paysanne aurait « lu » ses livres à outrance en les déployant sur la pelouse de son employeur et en y installant un cheval et une herse, puis, s'apercevant qu'il était allé un peu trop loin, labouré la terre pour y enfouir les ouvrages. La modération, semble-t-il, est extrêmement rare dans ce pays.

NOTRE NOUVEAU SERVICE

Ceci dit en passant. Beaucoup de lettres que nous recevons viennent de personnes fortunées qui n'ont pas de livres. Néanmoins, elles veulent qu'on les croie cultivées. Elles nous demandent si nous pouvons les aider.

Bien sûr. Nul ne doit penser que seules les personnes qui possèdent des livres peuvent être intelligentes. La solution réside dans le service d'escorte Myles na gCopaleen.

Pourquoi faire figure d'abruti ? Vos amis vous évitent-ils ? Les gens changent-ils de trottoir quand ils vous voient ? S'engouffrent-ils sous quelque prétexte dans une maison qu'ils font mine d'habiter ? Si vous êtes ce genre d'individu, il vous faut recourir dès aujourd'hui à ce nouveau service. À moins que vous ne préfériez rester un mort-vivant.

PRÉSENTATION DE NOTRE SERVICE

Voilà comment ce service est né. L'Association WAAMA a sur les bras depuis quelque temps une horde de ventriloques au chômage qui nous ont implorés de leur trouver du travail. Ces messieurs ont reçu une formation sérieuse et sont désormais aptes à assurer ce nouveau service d'escorte.

Supposons que vous soyez une dame et d'une telle bêtise que même les chiens dans la rue ne vous trouvent pas digne de leurs grognements. Vous appelez l'Association WAAMA et vous expliquez votre problème. Vous vous réjouissez de trouver là une oreille patiente et compatissante. On vous indique de vous rendre au foyer du Gate Theatre le soir-même et de chercher un monsieur de grande taille, distingué, à l'allure militaire et vêtu d'un costume de soirée impeccable. Vous y allez. Vous le trouvez. Il s'avance vers vous en souriant, sans s'occuper de toutes les demoiselles croisées en chemin. L'instant d'après, sa moustache effleure vos lèvres.

« J'espère que je ne vous ai pas fait attendre, madame Charlotte », dit-il d'un ton aimable.

Quelle belle voix, grave et virile !

« Pas du tout, monsieur le comte, répondez-vous d'une voix qui tinte telle une clochette d'argent. Et quelle soirée idéale pour Ibsen. On est dans l'ambiance, en quelque sorte. Cela dit, une traduction restera toujours une traduction. Vous vous souvenez de cette soirée... à Stockholm... il y a bien longtemps ? »

LE SECRET

La vérité, c'est que vous vous êtes bien gardée de dire quoi que ce soit. Tout ce qui vous est demandé au cours de cette soirée, c'est de ne pas ouvrir la bouche. Notre escorteur professionnel répondra à ses propres questions d'une voix bien plus agréable et féminine que ne l'est votre jacassement ; en outre, ses réponses étonneront par leur esprit et leur brio ceux qui se trouvent derrière vous.

Il y a escorteur et escorteur, tout dépend du prix que vous êtes prête à payer. Aimeriez-vous battre à plate couture votre escorteur, lors d'une discussion littéraire qui aura lieu pendant l'entracte ? Renseignez-vous sur ce nouveau service fascinant.

– Tiens, Godfrey, quelle heureuse surprise de vous trouver ici au théâtre !

– Oui, c'est drôle.

– Qu'est-ce que vous faites de beau ces temps-ci ?

– Oh, je lis beaucoup.

– Ah, c'est bien, vous vous tenez au courant et tout et tout.

– Oui, je suis plongé dans un tas de bouquins sur l'art de Bali. Vous connaissez ?

– L'art du ballet est un véritable enchantement, n'est-ce pas ? Vous aimez Petipa ?

– Je ne sais pas vraiment, mais ils semblent avoir développé un art tout à fait à eux. Ils ont un sens plastique et un goût pour le décor absolument merveilleux.

– Oui, ce qu'a fait pour eux Derain est grandiose ; c'était pour *Le Spectre* je crois. Une sorte de grisaille, vous savez.

– Ils ont un sens des matières si profond... et presque mélancolique. On pense à Courbet.

– Oui, ou Ingres.

– Ou Delacroix, vous ne trouvez pas ?

– Absolument. Vous avez lu Karsavina ?

– Bien sûr.

– Bien sûr, que je suis bête. Je l'ai vue, figurez-vous.

– Ah, je ne savais pas qu'elle était balinaise.

– Balinaise ? Mais qu'est-ce que vous racontez ?

– Mais...

– Mais... »

EXPLICATION

Cette conversation ridicule s'est déroulée récemment dans un théâtre irlandais, assez fort pour que tout le monde puisse entendre. Ce n'est que l'une des nombreuses réussites du service d'escorte de l'Association WAAMA. On peut désormais entendre le contingent de ventriloques professionnels de l'Association partout dans la ville et dans les salons de personnes aussi éminentes qu'incultes. Vous connaissez la méthode ? Si vous êtes très sotte, vous engagez un de nos ventriloques pour qu'il vous accompagne dans des lieux publics, et c'est lui qui prend complètement en charge la conversation. Les brillantes reparties dont vous serez l'auteur présumé vous étonneront autant que les gens autour de vous.

La conversation que j'ai rapportée est l'une des plus chères qui vous soient proposées. Vous noterez qu'elle contient un grave malentendu. C'est ce qui lui donne son caractère extrêmement authentique. Voyez ma ruse lorsque je fais se méprendre le ventriloque sur ses propres paroles ! Mesurez toute ma fourberie, ma double duplicité, comme je tire parti de l'ignorance et de la crédulité ! S'étonnera-t-on que je me sois lancé dans la finance ?

AIDER CEUX QUI SOUFFRENT

Je voudrais en venir à présent à un sujet plus important. Certaines dames ont sollicité mes conseils. Elles rencontrent des difficultés dans leur pratique de danseuse. Trop enveloppées pour accomplir le saut réglementaire de six pieds, elles ont été sévèrement averties qu'elles seraient exclues du corps de ballet si elles n'atteignaient pas une plus haute « altitude » – ce terme technique appartient au vocabulaire des professeurs dublinois. Pourrais-je les aider ?

Oui, oui et encore oui. Les chaussons de danse vernis
« Myles » abordent et démolissent cette difficulté. Chaque
chausson est muni de trois minuscules explosifs, l'un placé au
niveau du talon et les autres de chaque côté à l'avant du pied.
Si vous faites un petit saut et prenez soin d'atterrir sur l'un des
explosifs (c'est-à-dire sur la plante du pied ou sur le talon),
l'engin explose et vous êtes projetée dans les airs sans le moindre
effort. Quand vous atterrissez, une autre explosion se produit et
vous voilà de nouveau dans les hauteurs. Si vous ne souhaitez
pas ce deuxième envol, vous devez simplement veiller à atterrir
sur l'explosif déjà consumé, c'est tout. Ces chaussures vous
garantissent un minimum de six sauts spectaculaires par représentation, et les recharges peuvent naturellement être obtenues
à un prix très avantageux. Il pourra sembler étrange au public
qu'un ballet soit ponctué de bruyantes détonations suivies de
fumée et d'une âcre odeur de dynamite et de poudre à canon,
mais il ne s'en offusquera pas si on l'assure que c'est l'usage en
Russie. Une protection en acier est bien sûr prévue pour votre
pied, mais je crains que la scène…

Le bon peuple d'Irlande : Un beau morceau de fille. Quelle
est son adresse ?

Moi : Je me demandais combien de temps se ferait attendre
cette question. Son adresse ne vous regarde pas.

Mais je crains que la scène ne soit toute trouée. Je mets à
disposition un nombre limité de bondes en liège destinées à
boucher les trous, les douze pour quatre shillings. Les bondes,
les chaussons et tout le nécessaire sont vendus dans une jolie
boîte, accompagnés d'une carte avec vœux de circonstance, au
prix de vingt-huit shillings, sans frais de port.

Faites-moi penser à revenir là-dessus.

– J'ai entendu que vous étiez à la soirée de ce vieux Lebensold
l'autre soir. C'était comment, mortel et compagnie, non ?

– Passablement sinistre, en fait. Ce vieux Peter Piper y
était.

– Non, ce peintre à l'humour ravageur ?

– Excusez-moi, je ne pensais pas à lui comme à un peintre.
Ce qu'il fait est agaçant, vous savez, c'est inspiré d'un tas de
choses, etc.

— Tout à fait d'accord, mais personnellemen:, je crois qu'il tire surtout son inspiration de chagrins et de remords.

— Vous voulez dire de Chardin et de Renoir, j'imagine.

Voilà juste un échantillon des dialogues que les ventriloques de notre Association WAAMA ont préparés pour les réceptions de Noël. Le supplément à payer est dérisoire.

Et n'allez pas croire qu'un escorteur oserait vous humilier en vous prêtant des répliques déjà utilisées lors de plusieurs réceptions. Chaque prestation est unique. On conservera la même structure (on ne peut quand même pas tout changer), mais selon que la conversation portera sur un musicien, un sculpteur, etc., les noms figurant dans la dernière repartie seront modifiés, et cela jusqu'à épuisement de tous les guides et ouvrages de référence traitant des divers sujets possibles. Inscrivez sur votre enveloppe « Escorte de Noël » et joignez à votre envoi deux livres.

LA SITUATION EST GRAVE

Tragique est le seul mot qui convienne pour décrire les récentes mésaventures du service d'escorte WAAMA. Plusieurs « incidents » (au sens quasi japonais du terme) ont eu lieu au cours des dernières semaines, et il est pratiquement certain qu'ils vont se conclure au tribunal de manière fort déplaisante. Cette perspective me glace le sang, car la présence ne serait-ce que d'un escorteur au tribunal de grande instance risque d'entraîner des complications inouïes. La nation pourrait se voir bientôt confrontée à une grande crise constitutionnelle, découlant de déclarations faites (ou, en tout cas, clairement perçues comme ayant été faites) par les princes de la justice et toutes sortes de dignitaires moins éminents du corps judiciaire. Je crains que le visage étonné de M. le Juge lui-même ne soit pas accepté comme preuve du contraire. Et crier à la supercherie ne sera d'aucun secours non plus.

En deux mots, les rangs de mes respectables et loyaux escorteurs ont été infiltrés par des escrocs et des éléments hostiles, dotés néanmoins de compétences supérieures quand il s'agit de « donner de la voix ». Des déclarations extraordinaires ont été prononcées dans des lieux publics, mais personne ne peut affirmer avec certitude par qui. Pire encore, les remarques intelligentes et parfaitement authentiques de demoiselles mal fagotées se sont vu complètement ignorer par leur destinataire, dont le premier réflexe était de se retourner et de scruter les visages d'innocents inconnus pour trouver le « véritable » auteur de ces paroles.

J'aurai d'autres choses à dire à ce sujet dans un jour ou deux.

PAGAILLE CHEZ LES ESCORTEURS

Les ennuis que j'ai évoqués l'autre jour ont commencé de la façon suivante. Une dame très sotte avait engagé, croyait-elle, un véritable escorteur de la Société WAAMA, et s'était rendue avec lui au Gate Theatre. Avant la représentation et durant le premier entracte, bien des oreilles indiscrètes assistèrent ébahies au solo conversationnel de cet homme. La dame, quant à elle, tout juste capable d'épeler son nom, se réjouissait de l'extraordinaire silence qu'imposaient les prouesses verbales de son compagnon. Quand brusquement, il s'exclama : « Au fait, c'est la robe de ta vieille que t'as sur le dos ? »

Au même moment, on brandissait au nez de notre malheureuse cliente une carte sur laquelle était écrit : « Ne vous retournez pas, ne bougez pas et n'appelez pas la police. Si vous ne signez pas sur la ligne en pointillé, vous engageant ainsi à me payer cinq livres supplémentaires pour cette soirée, je vais répondre par l'affirmative, et continuer à déblatérer sur votre corsage de romanichelle. Jouez le jeu et tout ira bien. Gare ! Signé l'Ombre noire. »

La malheureuse dut bien sûr accepter le stylo qu'on lui tendait et griffonner son nom. Au moment même, on l'entendit dire gaiement de sa voix argentine : « Je vous assure, Godfrey, c'est la première fois que je porte la même robe à deux reprises, pourquoi faites-vous tant d'histoires ? On doit faire bon usage de ses sous de nos jours, vous savez, se serrer la ceinture et compagnie. »

LE PIRE EST À VENIR

Après la représentation, une scène exceptionnelle eut lieu dans le foyer. Le mari de la dame vint la chercher pour la raccompagner, et « l'escorteur » ne tarda pas à lui tendre la reconnaissance de dette de son épouse. Devant cette sommation inopinée, son visage s'allongea comme un jour sans pain. Il exigea de sa femme une explication, furieux, mais n'en tira qu'un torrent de larmes et des balbutiements. Il s'en prit alors à l'escorteur qu'il accusa de profiter des femmes, d'être un extorqueur, un maître chanteur de la pire espèce.

« Et toi là-bas, tronche de soiffard, ajouta-t-il, s'adressant apparemment à un membre renommé et respecté du corps judiciaire, tu me reviens pas non plus, et j'ai bien envie de t'arranger la façade ! »

Le juriste sidéré (non moins sidéré cependant que le mari éperdu) devint pâle comme la cendre et courut chercher un policier. En son absence, le mari se mit à insulter la femme d'un autre spectateur, qu'il défia d'oser le frapper. Faveur aussitôt accordée. Discrète et rapide, l'Ombre noire s'avança valeureusement et releva l'homme atterré, profitant de l'occasion pour extraire adroitement de ses poches tous les billets et objets en argent qui s'y trouvaient. C'est un guerrier fourbu qu'accueillit plus tard dans ses bras le policier trempé par la pluie.

Tout cela, vous vous en doutez, n'était qu'un début. Notre civilisation devait encore subir d'horribles affronts.

CES ESCORTEURS

Permettez-moi de donner des précisions sur l'imbroglio que j'ai mentionné l'autre jour. Lorsque tout le monde fut averti qu'un homme n'appartenant pas à l'Association avait réussi par ses menaces à déposséder une cliente d'un billet de cinq livres, des hordes de ventriloques sans scrupules sont entrés en scène, transformant les foyers de nos théâtres en une jungle de fausses voix, de remarques non prononcées, d'insultes anonymes, de discours sans discoureurs et de déclarations scandaleuses dont l'auteur demeurait inconnu. Une personne sur deux arborait une expression ahurie, pour avoir proféré à un inconnu une insulte gratuite, à moins qu'il n'en fût lui-même le destinataire. Des coups ont bien sûr été échangés. On peut difficilement s'attendre à ce que d'innocents spectateurs, venus tout droit de la campagne pour assister à leur première représentation et ignorant la situation, acceptent les railleries féroces de quelque inoffensif individu. Mais les rôles ne sont pas figés. La première impression qu'a retirée ce visiteur rustique de nos élégants théâtres a très souvent été un coup de poing dans le ventre, riposte à une terrible remarque qu'on l'avait entendu faire à son arrivée.

Des spectateurs chevronnés se sont entraînés à déceler le court, quasi imperceptible silence entre la vraie réponse faite à une question et le commentaire factice d'un ventriloque mal intentionné. Par exemple :

– Une cigarette ?

– Non merci *(silence)*, espèce de malotru à pattes de perroquet, à bec de grive et à gorge de pigeon !

– La pièce vous plaît-elle, mademoiselle Plug ? *(silence)* Je ne vous le demande que par politesse, car je vois mal comment une cruche de votre acabit pourrait se targuer d'avoir une opinion sur quoi que ce soit !

– Le premier acte était vraiment épatant. *(silence)* Vous avez de l'œuf sur votre cravate, espèce de cochon !

Et ainsi de suite, à mon grand regret.

EN OUTRE

Certaines personnes préfèrent désormais rester dans la salle pendant l'entracte. Elles ont une peur bleue de ce qui pourrait leur échapper si elles sortaient prendre l'air. Cela implique bien sûr d'endurer les morsures de serpent, plus discrètes mais plus meurtrières encore, qu'infligent les mécontents demeurés assis, de baigner dans un monde fourmillant de menaces murmurées, de chuchotements fantomatiques et de commentaires anonymes on ne peut plus scandaleux, sans mentionner les terrorisantes cartes postales. Ce genre de chose :

« Filez-moi une livre, ou je vous fais demander au monsieur à côté de vous où il a déniché l'argent pour payer sa place. Gare ! N'essayez pas d'appeler à l'aide ! Signé l'Araignée grise. »

« Videz le contenu de votre sac à main dans la poche droite de mon manteau et veillez à ce que personne ne vous voie ! Sinon, vous passerez la soirée à accabler des inconnus de calembours salaces, y compris en plein milieu de la pièce. Ne me jugez pas trop durement, il faut bien manger. J'ai une femme et dix enfants. Je suis obligé de faire ce que je fais. Signé la Luciole. »

« Donnez-moi vingt-cinq shillings sur-le-champ ou je vous ridiculise en beauté. Dépêchez-vous ou vous allez voir. Pas de bêtises ! Signé le Faucon pèlerin. »

« C'est un hold-up ! Enlevez cette bague et laissez-la tomber dans la cassure de mon pantalon. Sinon, vous allez vous mettre à haranguer les acteurs au prochain acte et pensez à ce que va dire Hilton. Signé le Mikado. »

Je ne fais que planter le décor de cette escroquerie. Ce qui s'est passé ensuite, vous l'apprendrez un autre jour. Imaginez juste Lord Longford disant : « Est-ce que quelqu'un parmi vous a un ballon ? J'invite tout homme ici présent à disputer une partie de handball au clair de lune, là-haut dans les jardins, contre le mur du dortoir des infirmières ! »

« Mettez cinq billets dans une enveloppe et collez l'enveloppe sous votre siège avec du chewing-gum avant de sortir du théâtre au premier entracte. Restez dehors au moins dix minutes. Pas de bêtises, attention. Si vous ne m'obéissez pas, ça va être votre fête. Signé le Mikado vert. »

La dame quelque peu effrayée qui m'a montré cette mystérieuse missive à l'Abbey l'autre soir m'a demandé ce qu'elle devait faire. Bien sûr, je lui ai dit de garder courage et de ne pas traiter avec ces voix démoniaques qui infestent le théâtre national comme des poux le dos d'un rat. Je lui ai promis l'aide de mes véritables escorteurs de l'Association WAAMA, dont le nombre ne cesse de croître. Si cruelle et sombre que puisse sembler cette perspective, je l'ai assurée que nos ressources, aussi puissantes qu'innombrables, seraient employées au rétablissement du bien commun. J'ai ensuite téléphoné à mon escorteur le plus doué. Sa femme m'a dit qu'il était sorti, mais qu'elle lui transmettrait le message. Je savais qu'il n'avait pas de femme. Il est arrivé juste au moment où le rideau se levait. »

INCIDENT DRAMATIQUE

Ma chère amie avait bravement dédaigné la menace et nous étions tous assis, légèrement anxieux, dans l'attente du deuxième acte. Comment le terrible Mikado allait-il frapper ? Qu'entendait-il par « ça va être votre fête » ? Je m'attendais à tout moment à entendre mon amie faire une horrible remarque, dont elle ne serait du reste en rien coupable.

La sentence tomba soudain. Il se trouve que la pièce comportait une pause assez longue, survenant à un moment de crise dans l'intrigue. Une pause, mais pas un silence. Un acteur, qui se tenait à gauche de la scène, électrisa le public en déclarant :

« Bon sang, depuis le début de la soirée je me demande qui est cette grosse vache avec un manteau de fourrure. Sur le deuxième siège à partir de la gauche au troisième rang ! »

Je me tournai vers mon escorteur personnel, médusé.

« Ne vous inquiétez pas, murmura-t-il, votre amie occupe le cinquième siège en partant de la droite. C'est moi qui ai ajouté cette réplique. Je m'y attendais. C'est pratique courante à Leipzig. »

Pendant ce temps, on accompagnait la victime inconnue vers la sortie, le théâtre était en proie à un véritable vacarme, on avait baissé le rideau et le mari livide se dirigeait déjà vers les coulisses pour demander des explications.

Le scandale des escorteurs a de terribles conséquences. Un théâtre en particulier est devenu le siège d'un tumulte de « voix » et de grossiers badinages, bien que la direction ait naïvement déclaré l'entrée interdite « à tout individu ressemblant à un ventriloque ». Si vous dites quelque chose, personne ne croira que c'est vous qui l'avez dit. Un simple « Quelle heure est-il ? » ne suscite qu'un sourire entendu de la part de votre interlocuteur, qui examine machinalement la physionomie de l'individu situé à côté de vous. À moins que cela ne déclenche une repartie extravagante du style « Tête de morue ! », « On s'en fiche ! » ou « L'heure d'en finir avec les fripouilles de ton espèce ! »

Pendant ce temps, les gens bien prennent des mesures pour protéger leurs intérêts. J'ai assisté à une pièce l'autre jour, durant laquelle je n'ai pu m'empêcher d'entendre un monologue honteux, apparemment déclamé par mon voisin de droite, homme d'un certain âge à l'air respectable. Je l'observais du coin de l'œil et vis sa main plonger dans une poche intérieure. Cherchait-il sa carte ? Était-ce le Dragon noir, qui allait me brandir à la figure quelque menace dactylographiée ? Oui, oui, c'est bien la carte blanche qu'il serrait dans sa griffe !

Il lui suffit d'une seconde pour me la mettre habilement sous le nez. Imaginez ma stupéfaction quand je lus ces mots :

« Je vous donne ma parole d'honneur que je suis un fonctionnaire et que le discours infect que vous m'entendez tenir est prononcé par quelqu'un d'autre. Signé, un modeste officier d'état-major. »

Vous saisissez ? Il avait peur de dire cela. Parce que s'il l'avait dite, son explication eût été immédiatement suivie d'une grossière insulte en direction de ma femme, assise à côté de moi.

CHACUN SA CARTE

C'est ce que j'eus l'occasion de vérifier plus tard dans le foyer. J'étais en train de fumer lorsqu'un petit monsieur me dit : « Excusez-moi d'adresser la parole à un inconnu, mais je ne peux m'empêcher de vous dire que je ne me retiens qu'avec une immense difficulté de vous envoyer un gnon dans la bidoche, mon coco. » Sur ce, il me tendit une carte où était écrit : « Aidez-moi, je suis grutier à Drogheda et je n'ai pas ouvert le bec depuis le début de la soirée. Toussez deux fois si vous me croyez. Signé Ned le grutier. »

Je toussai et m'éloignai. Pour plaisanter je dis à une dame qui se trouvait à côté : « Alors vieille chouette, comment va le jules ? » Sa réponse fut le doux sourire patient que pourraient échanger deux insomniaques. Ce monde est fou !

La prochaine fois, je veux vous parler de la dame qui avait engagé deux escorteurs, croyant que l'un rabaisserait le caquet à l'autre.

DISPUTE AU QUARTIER GÉNÉRAL

Il y a eu un sacré charivari lors d'une séance qu'a tenu récemment le Conseil des hauts responsables de l'Association Myles na gCopaleen WAAMA. Notre équipe de ventriloques littéraires a sollicité une hausse de salaire. J'ai accepté qu'ils m'envoient une délégation, bien que déterminé, en vertu de l'arrêté 83, à mourir plutôt que de leur concéder un kopeck. À peine sont-ils arrivés que je m'entends dire : « Eh bien messieurs, je ne suis pas étonné de vous voir, autant vous dire sur-le-champ que votre salaire est, je l'admets, beaucoup trop bas et que mon effronterie n'ira pas jusqu'à vous proposer moins de cinquante pour cent d'augmentation. »

Avant même que je sois remis de ma surprise, le porte-parole se déclara déçu de cette réponse, mais dit qu'ils étaient prêts à accepter cette hausse de salaire, tout en se réservant le droit de rouvrir ce dossier quand ils auraient consulté leur syndicat. Sur ce ils sortirent à la file. L'affaire avait été réglée sans même que j'aie pu en placer une. Si je mentionne cet épisode humiliant, c'est seulement parce qu'il m'inspire l'idée d'un nouveau service d'escorte exclusif que pourrait proposer l'Association WAAMA. Pourquoi ne pas faire de mon service un bastion du mouvement syndicaliste ? Pourquoi ne pas utiliser les dons exceptionnels de mes ventriloques pour mater la classe parasitique des patrons ? Pourquoi ne pas s'arranger d'avance pour que vous obteniez la réponse que vous désirez ? Je m'adresse à M. O'Shannon[7].

7. Cathal O'Shannon (1893-1969) : membre du Parti socialiste irlandais et syndica-liste (*N.d.T.*).

Ma petite gravure aujourd'hui est destinée à vous faciliter la vie. Elle montre, de façon très claire du reste, comment traverser une rivière sans mouiller votre haut-de-forme. Vous utilisez votre canne, vous voyez. Bien sûr, vous êtes fichu si une averse vous surprend en pleine traversée. C'est un dessin surréaliste. Le tigre du Sénégal mangera le pain tricolore. Observez la petite maison représentée sur l'image. C'est une ancienne cabane de la Ligue agraire[8]. Valeur : quinze shillings pour le terrain ; treize shillings pour les autres biens transmissibles par héritage. Arriérés payables au conseil du comté : £84 8s 0p. Un paysan de haute taille est assis dans la maison, il suce sa dent creuse. Sa femme, sa fille et ses neuf solides fistons sont en Amérique. Il n'y a pas le moindre meuble dans la maison, pas de feu, rien à manger, pas d'autre créature vivante, à moins que vous ne comptiez onze rats faméliques. Mais cet homme est heureux, il sourit intérieurement et ne cesse de fouiller sa poche d'un air distrait, à la recherche d'une chaîne de montre depuis longtemps disparue. Un sourire finaud passe sur son visage marqué par le temps. Il souffre à l'évidence d'une maladie incurable. Ses jambes, trop souvent fouettées par le vent, sont couvertes de zébrures, son pantalon n'a plus de fond. La suppuration articulaire dont il souffre depuis longtemps a étiré ses maigres doigts. Cependant, il est heureux, son esprit est satisfait. C'est un membre de WAAMA.

J'ai assisté récemment à une représentation de *La Charrue et les Étoiles*[9] qui m'a fait réfléchir. Il s'agit d'une pièce revigorée et renouvelée par de nouveaux acteurs. C'est mieux, peut-être, mais différent. Ne pourrait-on prescrire qu'une pièce soit jouée par les mêmes acteurs tant que ceux-ci sont en vie ? Si un ou deux d'entre eux meurent au fil des années, une brève note dans le programme pourrait expliquer l'absence des personnages manquants, tandis que les acteurs toujours en

---

8. La Ligue agraire (Irish Land League) est une organisation politique créée à la fin du XIXe siècle, qui venait en aide aux paysans pauvres. Son objectif était de leur permettre de devenir propriétaires des terres sur lesquelles ils travaillaient (*N.d.T.*).

9. Pièce de Sean O'Casey (*N.d.T.*).

piste mettraient au point des gags de circonstance. « Ah, c'est là qu'arrivait le pauvre Fluther dans le temps, que le Seigneur le protège, cet endroit n'a jamais été le même depuis son départ. » Imaginez le jeune premier devenu un vieil homme de soixante-dix ans, seul survivant de la troupe d'origine, essayant désespérément de porter la pièce sur ses deux épaules, marmonnant entre ses répliques toutes sortes d'explications et de bénédictions à l'adresse des défunts.

Lorsque le dernier acteur aura été rappelé à Dieu, j'accepterai peut-être qu'une troupe entièrement nouvelle soit engagée pour jouer la pièce. Mais pas avant.

AU THÉÂTRE

« Cinq minutes encore avant la fin du premier acte, des gens affluaient vers les sièges réservés, demandant à ceux qui étaient déjà assis de dévoiler le numéro du siège qu'ils occupaient, de se lever pour les laisser passer et souvent de se lever une deuxième fois pour qu'ils puissent faire demi-tour, après avoir découvert qu'ils se trouvaient dans la mauvaise rangée et immanquablement du mauvais côté. Ils bloquaient ainsi complètement la vue aux spectateurs assis derrière ; les strapontins claquaient, les « tss-tss », les « chut » et autres imprécations plus vigoureuses déjouaient tout espoir d'entendre la pièce. »

Il s'agit d'un extrait de lettre adressée à l'*Irish Times*.

Oui, oui, je sais. Il y a de nombreuses années que je mène une campagne sur ce thème. Veuillez vous reporter à mon projet de théâtre sans portes publié dans *L'Ingénieur et Entrepreneur irlandais*, juin 1933. Mon idée est que le spectateur accède à son siège par une trappe située à l'endroit où il range ses pieds une fois assis. Les spectateurs arrivent au bâtiment par une cave et repèrent leur siège avant même d'entrer dans le théâtre. Ils montent ensuite sur des échelles aux barreaux recouverts de velours et gagnent leur place en dérangeant le moins possible. Placez-vous au fond d'un tel théâtre et regardez le public arriver. Il n'y a aucune porte, aucune entrée ni aucune sortie. Tout n'est que silence et lumière tamisée. Au bout d'un certain temps, vous entendez un petit claquement et hop, voilà qu'une tête chauve surgit au milieu du parterre. L'une après l'autre, des têtes apparaissent silencieusement partout dans la grande salle. Les chamailleries habituelles au sujet des sièges et des billets vont bon train dans la cave, mais pas un bruit ne pénètre dans la cathédrale sacrée de l'art dramatique.

De temps en temps, je vous l'accorde, un malin risque de réserver une place et de hisser un sac de pommes de terre au lieu de grimper lui-même l'échelle. Cela ne portera pas beaucoup à conséquence à moins que le procédé ne devienne courant. Un théâtre contenant une majorité placide de sacs de pommes de terre pourrait affecter le moral des acteurs, voire offenser un certain type de spectatrices qui ne s'assoient pas à côté de n'importe quoi. L'épaule bosselée d'un sac de bintjes n'aurait guère de succès auprès des dames, excepté peut-être de nos quelques marxisantes nationales, ces petites filles qui lisent ce que leur dit de lire le Club du livre de gauche. Mais veuillez excuser cette fort ennuyeuse digression.

AUTRE CHOSE

À propos, on ne devrait peut-être pas se plaindre du tapage du public sans faire également allusion au raffut qui vient fréquemment de la scène. Souvent au théâtre, s'il m'arrive de parler, ou de certifier par exemple à ma tendre amie qu'un tel est bien le même qui jouait un tel dans telle ou telle pièce, qu'il est très bon, que c'est un fonctionnaire du ministère de l'Agriculture, que j'ai rencontré une de ses sœurs à Skerries, etc., eh bien je m'entends à peine. Les acteurs devraient se comporter comme le reste d'entre nous et adopter le ton feutré du gentleman.

Pour ce qui est de l'autre récrimination exprimée par notre correspondant, concernant la consommation bruyante de nourriture durant une pièce importante, une solution possible consiste à hisser des plateaux de ravitaillement par les trappes pendant l'entracte. Quant aux départs massifs de spectateurs en mal de whisky (comment se fait-il que la plupart ne puissent supporter une pièce à jeun ?), on peut les éviter grâce à des tubes en plastique qui permettraient à nos têtards grisonnants d'aspirer leur breuvage doré sans quitter leur siège ni incommoder les excentriques qui ne boivent pas.

Et puis pensez à ceci. Vous êtes confortablement assis sur votre siège lorsque vous sentez arriver un abruti (trop paresseux pour bien regarder le numéro écrit sur son billet), se frayant un passage par votre trappe à vous. Levez vite les pieds jusqu'à ce que sa tête arrive à mi-hauteur. Puis rabattez la trappe en y mettant tout votre poids et toute votre force. Écoutez le bruit sourd de son corps qui tombe avant de porter à nouveau votre attention sur Micheal.

Excusez-moi.

Je me suis rendu au Gaiety Theatre la semaine dernière pour voir une pièce de M. Mac Liammóir intitulée – si ma mémoire ne me trompe pas – *Le Porc trahi de Doreen Grey*. Je n'ai pas grand-chose à en dire. Ou faut-il écrire grand'chose ? En effet, dans le programme, la pièce était définie comme une « adaptation pour le théâtre de l'unique roman d'Oscar Wilde ». Je n'ai jamais rencontré Wilde, mais son père et moi étions de grands amis dans le temps.

Une chose me laisse perplexe. Wilde a écrit de nombreuses pièces ainsi que cet « unique » roman. À moins qu'il ait été fou, il a dû écrire *Doreen Grey* avec l'intention d'écrire un roman, sinon il aurait fait ce dont il avait l'habitude, à savoir une pièce. Mais puisqu'un homme du calibre de M. Mac Liammóir n'hésite pas à réviser l'opinion de Wilde à cet égard, je crains que nous ne soyons confrontés à la théorie suivante (à moins que nous aussi ne soyons fous, ce qui ne m'étonnerait guère), à savoir que Wilde avait pleinement l'intention d'écrire une pièce. Il ne trouvait pas le mot, continua d'écrire, et il en résulta un roman !

Mais... n'y a-t-il pas une théorie complémentaire ? Si Wilde a confondu les deux genres différents que sont la pièce et le roman, comment s'assurer qu'il ne souhaitait pas être uniquement romancier – que ses pièces auraient donc été écrites par erreur ? Si son roman (et nous n'admettons pas qu'il s'agit d'un roman, pardi), si son roman était une pièce... une pièce *manquée**... alors pourquoi ne pas songer à une adaptation romanesque de ses « pièces » ?

Je traite ce sujet avec le plus grand sérieux, car il soulève un problème esthétique capital. Je me rends à une exposition de « tableaux ». Je suis stupéfait par ce que je crois voir de mes (propres) yeux. Le « message » de telle ou telle toile m'échappe, il m'arrive de trouver les cadres affligeants (vous voyez, moi aussi je suis un artiste). Il ne s'ensuit pas que je dénonce l'auteur de ces... ces... pratiques. Ce peintre, me dis-je, est peut-être un romancier ? Un poète ? Un maître émailleur ? Un musicien dans la lignée de Ravel ? Ma seule certitude, c'est qu'il n'est pas peintre.

Il peut y avoir une fusion des pratiques artistiques visant à communiquer un concept artistique unique. Par exemple : une chanson est un poème chanté sur un air. Mais la fonction artistique est-elle interchangeable ? Peut-on faire un roman d'une pièce ? Certaines personnes souffrent d'une incapacité chronique à apprécier les choses pour ce qu'elles sont. (Ma femme pense que je suis un mari, par exemple, alors que bien sûr je suis un philosophe.) Montrez une vache à un cordonnier. Voyez comme son métier le rend peu réceptif ! Il est tout bonnement incapable de voir quel bel animal c'est ! « Ah oui, dira-t-il, on pourrait en faire de jolies paires de chaussures avec cette bête ! » Montrez à tel ou tel patriote une statue équestre et il s'exclamera : « Ah, voilà un sacré travail. Pour faire une chose pareille, il faut une échelle de vingt-quatre pieds et une scie à deux poignées. » Parlez de la Kabbale ou du Coran à un producteur d'Hollywood et il vous demandera si on peut en tirer dix kilomètres de pellicule. Montrez à un auteur comique (?) quelque chose de sincère, de sérieux, et il dira dans sa barbe : « Je me demande comment on pourrait en faire une comédie. »

Vous voyez ? Le problème est partout. Pas un seul paysan irlandais n'apprécie son grand gaillard de fils pour ce qu'il est (et doit intrinsèquement rester), à savoir un bel exemple de vigueur campagnarde. Le paysan irlandais voit en son fils un haut fonctionnaire potentiel, de catégorie II, employé à titre temporaire, sans assise, n'ayant en tête que le mot « prime ».

Je me demande si les mécaniciens rêvent éternellement de redevenir des petits garçons ?

Je ne suis pas retourné à l'Abbey depuis qu'a commencé le déclin, et d'ailleurs Gripsou ne m'a pas envoyé le laissez-passer habituel depuis le jour où nous nous sommes disputés au sujet de la terminologie adoptée dans le programme lorsque sont données des pièces en irlandais. Vous y êtes allé bien sûr, vous avez remarqué que pour le mot « fauteuil d'orchestre » (entre trois et six shillings je crois), ils disent *steallai*.

À mon sens, il s'agit d'un terme recherché, difficile, à l'évidence puisé dans Dinneen[10], et son emploi ne se justifie aucunement puisqu'il existe en irlandais – n'importe quel gosse de Dublin le sait– un mot tout simple : *stól*.

C'est comme si je parlais aux murs, naturellement, même si cette expression m'a toujours paru étrange puisque l'on dit que les murs ont des oreilles. Tout aussi infructueux a été mon effort pour que soit rebaptisé le théâtre. On l'appelle *Amharclaan na Mainistreach*, bien que tout le monde sache que *mainistir* signifie monastère. Ne savent-ils donc pas comment on dit *abbey* en irlandais ? Sont-ils trop snobs pour demander à quelqu'un qui sait ?

De ce que j'ai dit plus haut, il s'ensuit que je n'ai pas vu la pièce de M. Tomelty, *La Dernière Maison*[11].

Je suis extrêmement intrigué par le slogan qu'ils ont pondu il y a quelques mois et qu'ils ont gardé malgré sa syntaxe branlante : « Entrée interdite aux retardataires jusqu'à la fin du premier acte. » Il contient plusieurs sous-entendus contestables. Tout d'abord, que toute pièce doit non seulement avoir des actes, mais encore un premier acte ! Que dirait Rouault par exemple d'un tel conservatisme ! Il suggère également, me semble-t-il, que toute pièce doit avoir un dernier acte. J'ai plusieurs pièces (ouvre un tiroir, désigne quelque chose, couvre une bouteille que l'on a le temps d'entrevoir, ferme brutalement le tiroir) et des personnes compétentes qui les ont lues certifient qu'elles n'ont ni début ni fin. Certaines n'ont pas de personnages, certaines sont dépourvues de « point culminant », d'« intrigue » et autres tics de tâcheron. Quant à Aristote et son unité de taon, de lieue et d'alcyon – pouah ! il y a assez d'individus consciencieux qui les respectent, nous ne

10. Le père Patrick Dinneen (1860-1934) était un lexicographe et historien irlandais (*N.d.T.*).

11. *The End House* (1944), pièce non traduite en français (*N.d.T.*).

manquons pas de canailles pour truquer des règles édictées par des gens qui n'ont pas l'avantage de... de... d'être présents depuis des millénaires.

Le deuxième sous-entendu déplorable du slogan concernant les « retardataires » est le suivant : si les personnes présentes dès le début de la pièce ne sont pas dérangées pendant le premier acte, il n'en découle pas qu'elles seront tranquilles durant les actes suivants. Vous ne pouvez faire irruption en plein milieu du premier acte, mais rien ne vous empêche d'arriver en plein milieu du deuxième ou du troisième, de vous mettre à accorder le piano, de décider que vous n'avez pas assez de lumière et de sortir en chancelant avec l'instrument sur le dos. Ce qu'ils entendent par là, me direz-vous, c'est : « Les spectateurs ont le droit d'entrer seulement entre les actes. » Mais pas exactement. Car si telle était la règle, personne n'entrerait jamais. Le... le battement, appelons-le ainsi, qui a lieu avant le premier acte, n'est pas, si l'on se réfère aux règlements, « entre les actes ».

L'Abbey Theatre devrait réfléchir à un slogan plus précis et plus littéral, quelque chose d'accrocheur dans ce style :

La société du théâtre national
Souhaite un public prompt et très calme
Elle n'admet aucun spectateur
Qui oublie d'arriver à l'heure.

Le vrai problème étant bien sûr que trop de spectateurs ont adopté les manières des personnages qu'ils voient sur la scène de l'Abbey. Gach éan mar a adhbha[12] !

---

12. Titre d'un poème de Tadgh Mór Ó hUiginn, poète irlandais du XIIIᵉ siècle, membre d'une illustre famille de bardes. Il signifie littéralement « À chaque oiseau son nid », à savoir « À chacun ses goûts » (*N.d.T.*).

Le frangin

Le frangin fait des miracles avec la logeuse.

Je vous demande pardon ?

Il dit qu'elle sera sur pied dans une semaine.

Je ne saisis pas.

Elle était clouée au lit vous savez.

Est-ce possible ?

Eh oui, elle a fait une grosse crise le jour de l'an. Ses rhumatismes lui en ont fait voir. Le frangin lui a prescrit de garder le lit, mais ma parole elle voulait rester debout. Le frangin a dit que ça allait mal se terminer, qu'elle allait le regretter. Et pardi, elle l'a regretté. Le jour de l'an elle a eu une attaque terrible, des douleurs lancinantes dans le dos. Pouvait rien faire. Pouvait pas marcher, ni s'asseoir ni rester debout.

Je vois.

Bien sûr, le frangin a pris les choses en main comme un chef. Il a fait sortir tous les locataires[1] pour la soirée, envoyé chercher la frangine mariée et mis madame au lit. Voilà un homme qui plaisante pas, il fait les choses bien, vous savez, même s'il est pas marié lui-même. Il ne plaisante pas.

C'est une très bonne chose.

---

1. Le terme « digs » en anglais désigne un type de logement partagé, chacun ayant une chambre et partageant les pièces communes et éventuellement les repas fournis par la logeuse (the landlady). C'est un type de logement courant en Angleterre et en Irlande pour les étudiants, et qui l'était aussi à l'époque pour des célibataires comme ces deux frères, dont l'un narre les exploits de l'autre (*N.d.T.*).

Eh bien le lendemain c'était pire. Elle souffrait le martyre. Mal aux genoux, les articulations enflées et tout le tintouin. Elle trouvait pas son souffle non plus, elle éternuait et gémissait au fond du lit. Ah quelle crise infernale.

On a fait venir le docteur n'est-ce pas ?

Attendez j'y viens. La pauvre femme voulait absolument qu'on appelle le docteur Dan. Un fiston du père, vous savez, au coin de la rue, un jeune gars sympathique et bourré de diplômes. Eh bien le frangin a piqué une colère. Il voulait pas en entendre parler. Bien sûr le frangin a toujours vu les médecins d'un mauvais œil, il les a toujours évités.

Je vois.

Si vous voulez vous en mettre plein les oreilles, lancez-le sur les médecins. Il a la dent dure des fois. Il dit que la moitié de ces types se lavent jamais les mains. Prenez une vieille dame au lit avec des douleurs au genou. Bon. Elle appelle le docteur. Bon. Mais vous êtes où pendant ce temps ? Au lit vous aussi. Vous êtes au fond de votre lit avec un rhume. Bon. Vous appelez le docteur vous aussi. Bon. Il arrive, il vous prend le pouls et vous donne une espèce de poudre. Le lendemain vous êtes en pleine forme. Le rhume est parti. Ma foi. Vous allez pouvoir vous lever. Vous sautez du lit comme un jeune homme. Une minute plus tard vous voilà par terre sur le dos à hurler de douleur. Qu'est-ce qui s'est passé ?

Je me demande bien ce qui a pu se passer.

C'est le genou qui s'y met bien sûr. Le type a soigné le rhume, mais vous a refilé un genou pire que celui de la vieille. Soyez votre propre docteur, voilà ce que dit le frangin, ou trouvez un profane qui connaît les premiers principes. Cette grippe qui circulait à Noël, d'après le frangin c'est aussi la faute des docteurs.

Qu'est-il arrivé à la logeuse ?

Oh, le frangin a commencé le traitement illico. Fourré dans la chambre la moitié du temps pour s'occuper d'elle. Y montait et descendait l'escalier avec de grosses bassines d'eau bouillante. Bien sûr le frangin croit que le grand secret c'est la circulation. C'est toujours le sang. Eh bien vous savez, le troisième jour, madame allait beaucoup mieux.

C'est étonnant.

Beauuucoup mieux. Mais vous croyez que le frangin l'a laissé se lever ?

J'imagine que non.

Plutôt mourir. Ah non. Il continue à s'en occuper et lui fait suivre un régime spécial, du lait, des noix, ce genre de trucs. Et maintenant elle est presque guérie. Le frangin va la laisser se lever un moment dimanche.

C'est une très bonne chose.

Bien sûr la frangine mariée n'a pas quitté la maison, si vous voyez ce que je veux dire.

Je comprends.

Ah oui, le frangin est venu à bout de cas plus difficiles. Vous ne m'avez pas dit que vous aviez un doigt un peu engourdi ?

C'est juste.

Vous voudriez le montrer au frangin ?

Je vous remercie mais le problème s'est résolu entre-temps.

Je vois. Enfin dès que vous avez l'impression que ça ne va pas, vous n'avez qu'à me faire signe. Absolument. Mince, v'là mon bus.

Au revoir et merci encore.

À la prochaine.

OUI, JE VOUS ASSURE

Bonjour. Oui.

Ah oui. Certainement.

Qui ? QUI ?

Ah, pas du tout. Non. Non.

Ma parole il taperait des sous à un mort.

Cork ? Oui. Quoi ?

QUOI ?

Je ne vous entends pas.

JE NE VOUS ENTENDS PAS.

Oui, la femme est une fille de Cork, une petite délurée. Oui. Racontez-moi toute l'histoire. Oui. On se voit samedi au pub. Au revoir. À la prochaine. QUOI ? Non, j'ai dit au revoir. AU REVOIR !

Il arrive que ces lignes téléphoniques soient brouillées.

Oui, c'était le frangin. Il y a un nouveau policier qui est entré au commissariat près de chez nous et le frangin mène l'enquête. Qui, où et quoi, vous savez. Montre-moi tes amis et je te dirai qui tu es. Il aime savoir qui habite dans la même rue que lui. Il pense qu'il faut les tenir à l'œil ces flics. Necessitas compellibus, vous savez. Il vient de se renseigner à Cork.

Je vois.

Il a fait transférer un flic en 1924. Il biberonnait trop au goût du frangin.

Je vois. Quis custodiet ipsos custodes[2], etc.

Exactement. Vous savez comment j'ai entendu appeler le frangin, un jour ?

Comment donc ?

« Un homme à la poigne de fer. » C'est une bonne chose que quelqu'un les aie à l'œil, les flics. Parce que je vais vous dire, il vaut mieux les surveiller. Bien sûr chaque troupeau a son mouton blanc et son mouton noir.

Voilà une juste et pénétrante observation.

Ouais. Mince v'là le bus. À la prochaine !

Le frangin les a fait mourir de rire l'autre soir à la maison.

Vraiment ?

Ma parole il était en veine. Il s'assoit pour prendre son thé et attaque sa confiture. Pis il donne un coup de coude au vieux et lui dit : « Vous savez que bientôt on ne mangera plus de confiture Williams & Woods ? »

Ah bon.

Le vieux, pour sûr, s'il avait pas les yeux qui bougent sur la figure, vous le prendriez pour un cadavre. Un type toujours fourré dans les bouquins et compagnie. Il fait pas du tout attention au frangin. Alors le professeur demande pourquoi on n'en mangera plus. La logeuse se met à rire tout son saoul, elle le connaît bien le frangin. Alors le type de la banque demande aussi pourquoi. Ma parole les voilà tous en train de rire en attendant la réponse du frangin. Bien sûr il continue à mastiquer sans faire attention.

---

2. Juvénal, satire VI : « Qui gardera les gardiens ? » (*N.d.T.*).

Je comprends.

Après un certain temps, il lève les yeux. « VOUS SAVEZ POURQUOI BIENTÔT ON NE MANGERA PLUS DE CONFITURE WILLIAMS & WOODS ? qu'y dit (et ma parole cette fois plus personne mastique) ; EH BIEN, PARCE QU'ILS SONT EN PLEINE DÉCONFITURE ! » Ma parole. Les cris et les éclats de rire, c'était quelque chose, croyez-moi. Le vieux commence à s'étrangler et la logeuse rit tellement qu'elle retire sa main gauche de sur sa poitrine, elle la met toujours là quand elle boit son thé. Pas le moindre sourire sur le visage du frangin bien sûr. Un visage long comme la patte arrière d'un lièvre.

Très amusant. Votre parent ferait bien de tenter sa chance au music-hall ou même d'écrire des articles humoristiques pour les journaux.

Ah oui, c'est un marrant quand il est en forme. Et le pire c'est que toutes ses blagues sont CORRECTES si vous voyez ce que je veux dire. Le frangin est très strict pour ces trucs-là. Le dernier nouveau-né d'Irlande pourrait être là, il entendrait rien d'indécent. Ouais. Bon, sur ce je vous laisse.

À bientôt.

Hé, regardez sur le trottoir d'en face. Notre ami commun avec la casquette. Sorti prendre un verre à coup sûr. Je vous ai souvent observé en conversation avec lui. Et je vous parie un shilling qu'il vous parle de son frangin parce que je vois pas de quoi d'autre il peut causer avec qui que ce soit. C'est un ami proche ?

Je le rangerais au nombre de mes connaissances.

Eh bien je suis content de l'apprendre parce que si vous voulez un conseil faites en sorte de vous trouver par hasard sur le trottoir d'en face quand vous l'apercevez à l'horizon. Parce que je vais vous dire, c'est loin d'être le brave homme qu'il prétend, ma parole, il était dans un certain pub l'autre soir en compagnie d'un minus de Wicklow en vadrouille avec deux nullards qui ont une carrière sur la rive sud, tous les deux évincés de leur périmètre par les deux zozos avec l'aimable assistance de général Whisky et maire Porter, des « je te revaudrai ça » en veux-tu en voilà, prends-moi comme associé et c'est tant par semaine assuré pour la vie, et allez signe là, merci beaucoup. Dieu sait ce que ces pauvres bougres ont signé, saouls comme des cochons dans la petite salle du fond et un certain détective que je connais et vous aussi debout au bar clignant de l'œil, attendant ses vingt-cinq pour cent comme d'habitude, propre sur lui et en pleine forme, venant de faire passer cinq voitures de l'autre côté de la frontière pour un type de Phibsborough que je connais et vous aussi. Ma parole je resterais sur mes gardes tant que ce monsieur est dans les parages parce qu'il serait capable de vous prendre votre chemise et de vous en mettre une moins bien à la place ni vu ni connu. Lui et son frangin. Je serais pas surpris d'apprendre que le frangin c'est du pipeau.

Je n'en reviens pas.

C'est mon honnête opinion, faites-en ce que vous voulez. J'ai réglé leur compte à des plus malins que lui, ils s'en sortent pas comme ça avec bibi, je les sens venir à des kilomètres. « Cette lettre sur les impôts que vous avez écrite aux journaux, c'était bien vu, c'est ce que j'ai lu de mieux depuis un moment, vous pourriez me prêter deux shillings ? » Ce genre de truc. Ma parole il me l'a faite plus d'une fois. Mais les gars comme lui je les attends au tournant.

Il ne m'a jamais demandé d'argent.

Ah mais laissez-lui le temps, laissez-lui le temps. Quand ça arrivera vous allez tomber de haut. Un billet de cinq livres s'il vous plaît, ma mère est tombée malade et il a fallu l'emmener à l'hosto, je vous rembourse jeudi prochain à deux heures et demie. Noli me tangere, voilà ma devise. « On touche pas à mes sous. » Vous suivez ?

Je comprends.

Et en parlant d'hôpital, dites-moi. La bonne dame. Est-ce qu'elle... ?

Oh très bien, merci beaucoup.

C'était... ?

Oui, mais ça va maintenant, elle se porte très bien.

Eh bien je suis très content de l'apprendre parce que ces choses peuvent être très embêtantes. Très embêtantes. Ah oui. Et maintenant permettez que je vous pose une question. Quelle est votre opinion personnelle sur cette guerre, est-ce qu'on va en voir le bout nous autres ?

Je crains que ce ne soit un conflit d'envergure mondiale dont nul ne peut prévoir la fin.

Ah là je vous suis, c'est la vérité vraie. Et voyez-vous, c'est le jugement du ciel sur la terre. Les jeunes d'aujourd'hui, c'est pas fameux, ils s'intéressent qu'au dancing, au cinéma et à Dieu sait quelles canailleries. Et ça les achève de toucher le chômage, faudrait les payer pour qu'ils travaillent. Voilà où on en est. Vous venez prendre un petit whisky avec moi ? Ça nous réchauffera avec ce froid.

Merci, je ne bois jamais avant six heures.

Un bien sage principe quand on a la sante. Au revoir et passez bien le bonjour à madame.

Je n'y manquerai pas. Au revoir !

Le frangin il a tout pigé.

À quoi ?

À la guerre. Comment on peut s'en sortir nous dans l'État libre. Je veux dire le rationnement, le pain noir et tout ça. Le frangin a un plan. Vous allez être étonné quand vous l'entendrez. Il a fait grande impression quand il l'a expliqué l'autre soir à la maison.

Quelle est la nature de ce plan ?

Voilà. Je vais vous dire. On reste tous au lit une semaine par mois. Tous les hommes, femmes et enfants de ce pays sans exception. Les infirmes, les pochards, les policiers, les gardiens – tout le monde. Personne n'a le droit de se lever. Pas de journaux, de bus, de cinéma ni autre distraction autorisés. Et qui que vous soyez, peu importe, vous devez rester cloué au lit. Vous pouvez lire un bouquin bien sûr si vous voulez. Mais pas question de se lever.

Cela me paraît être une curieuse solution aux difficultés, en ce dynamique âge du fer.

Voyez-vous, quand personne n'est levé vous économisez les vêtements, les chaussures, le plastique, le pétrole, le charbon, la tourbe, le bois et tout ce qui nous manque. Et la nourriture aussi, n'oubliez pas. Parce que – dites-moi – qu'est-ce qui donne faim ? C'est le travail qui donne faim. Travailler, marcher, s'enfiler des pintes et discuter le bout de gras au coin de la rue. Restez couché et vous vous contenterez d'une

tranche de pain de temps en temps. Ou de pain perdu pour
vous remettre d'aplomb. Si personne n'est levé, personne n'a
besoin de travailler parce que sur cette terre tout le monde
travaille pour les autres.

Je vois. En un an donc vous auriez réalisé vingt-cinq pour
cent d'économie sur la consommation des produits de première
nécessité.

Je ne sais pas, mais vous économisez un quart de tout et ce
serait assez pour nous tirer d'affaire.

Mais pourquoi se lever au bout d'une semaine ?

Les boulangers, mon ami. Les boulangers seraient obligés
de se lever pour faire plus de pain, et s'il y en a un qui se lève,
tout le monde se lève. Vous savez pourquoi ? Parce que ne
croyez pas que les boulangers feront du pain si les autres
restent au lit. Ces gars ils ne supporteraient pas que tous les
autres soient couchés pendant qu'ils triment à la boulangerie.
Le frangin, il dit que nous devons être indulgents envers la
pauvre nature humaine. Voilà comment il l'a appelée. La
pauvre nature humaine. Et ma foi il a pas tort.

Très intéressant. Il ferait bien de communiquer ce plan au
ministère compétent.

Vous avez pas tort vous non plus. À la prochaine, v'là mon
bus !

Récemment, j'ai repéré dans ce journal une référence intéressante à Haendel. « Il mourut, ai-je lu, alors qu'on célébrait
l'anniversaire de la première représentation de son plus grand
oratorio, et il repose comme il se doit dans le Coin des poètes
de l'abbaye de Westminster, car c'est bel et bien le Milton des
musiciens anglais. »

Ce qui fait de James Joyce le Don Bradman[3] de la littérature anglaise et d'Oscar Wilde le Constable du music-hall
anglais.

---

3. Don Bradman, joueur de criquet australien (1908-2001), généralement considéré comme étant le meilleur batteur de l'histoire de son sport (*N.d.T.*).

CONVERSATION

Qui est-ce qui va gagner ? Vous pariez sur lequel ?
Je ne sais pas.
Le frangin dit que votre type va gagner. Mais ma parole j'en
sais rien. L'autre va pas baisser les armes de sitôt.
C'est bien vrai.
Votre type est malin, là je suis d'accord avec le frangin. Et
il biberonne pas, c'est un autre bon point en sa faveur. Et bien
sûr il fume pas non plus. Mais est-ce que ça fait de l'autre un
nullard ?
Pas vraiment.
Eh pardi non. Certainement pas. Parce que l'autre il se lève
très tôt lui aussi. Il est pas né de la dernière pluie ni de celle
d'avant.
Il est indéniablement doué d'une certaine adresse.
Bien sûr le frangin voit les choses autrement. Il est à fond
pour votre type et il a toujours ignoré l'autre. Il dit qu'il en
sortira rien de bon de ce qu'il fait l'autre depuis dix ans. C'est
loin d'être faux bien sûr. Le frangin a mis le doigt sur quelque
chose, là. Mais c'est pas si simple. Votre type il a pas toujours
été parfait non plus.
Sans doute.
C'est deux sacrés cocos. Et je parie pour l'autre six contre
quatre. Vous savez pourquoi ?
Non.
Parce qu'il connaît l'endroit comme sa poche, la moindre
allée, la moindre arrière-cour. Il y a vécu toute sa vie, c'est
normal. Et bien sûr votre type, il sait pas du tout où il est. Et
vous savez pourquoi je serai pas fâché si l'autre arrive le
premier ?
Non.
Parce qu'on rigolerait bien si pour une fois le frangin s'était
trompé. Vous allez voir, vous aussi. Parce que vous savez ce que
je vais vous dire ?
Quoi donc ?
Votre type il y va avec le fouet, croyez-moi. Vous savez
quoi ? VOTRE TYPE IL Y VA AVEC LE FOUET.

Vraiment ?
Si je vous le dis. Ah v'là mon bus. À la prochaine !
AU REVOIR.

Le frangin a des cors qui lui gâchent la vie.
Vraiment ?
Ah oui. On le voit presque plus au bal à cause des cors.
Est-ce possible ?
Non qu'il se plaigne bien sûr. Y sait pas ce que c'est que se plaindre. Il n'a jamais su, jamais. C'est un homme qui souffre en silence, le frangin. Vous savez ce que je vais vous dire ?
Non.
On n'a jamais vu un martyr comme le frangin. Vous savez quoi ? Des douleurs, vous imaginez pas ! C'est un modèle pour nous tous.
Qu'entendez-vous par là ?
Primo, les yeux sont pas au point. Les trois quarts du temps il voit pas où il va ni qui c'est qui lui cause. Deuzio, le matin il a la tremblote. Tertio, il a une névralgie d'enfer du côté droit de la mâchoire et un mal de dos atroce. Et bien sûr le garde-manger débloque les trois quarts du temps. Mais vous savez à quoi il s'amuse ?
Non.
Il passe les trois quarts de la journée à gober des cachets. Il se bourre de cachets là-haut dans sa chambre.
Je vois.
Et vous savez pourquoi ? Parce qu'il bannit les docteurs. Il aime mieux mourir que se laisser tripoter par ces types.
C'est un préjugé bien singulier.
Et bien sûr les trois quarts des cachets qu'il ingurgite, c'est du poison. Du POISON, mon ami. N'importe qui d'autre y aurait laissé la peau depuis longtemps. Mais le frangin tient bon. Parce que vous savez, cet homme a une constitution de fer.
Vraiment ?
C'est un homme qui peut prendre des cachets toute sa vie sans que ça l'achève. En une nuit je l'ai vu prendre trois cachets rouges, quatre cachets blancs et un bleu. Tous coup sur coup. Bien sûr un type qui peut faire ça, il peut prendre une dose d'arsenic au petit-déj' sans y laisser une plume.

Assurément.

Allez, à bientôt.

J'ai une sacrée nouvelle pour vous. Le nez du frangin est hors-service.

Quoi ?

Je plaisante pas. Une fuite quelque part.

Je ne comprends pas.

Bon alors voilà. Écoutez que je vous dise. Voilà ce qui se passe. Il commence par aspirer l'air par la bouche. Jusqu'ici ça va, pas de blocage. Mais le voilà qui ferme la bouche. Arrivé là il doit faire marcher le nez ou bien c'est un homme fini. Bon. Il commence à aspirer par le nez. ET LÀ VOUS SAVEZ QUOI ?

Quoi ?

L'AIR PREND UNE MAUVAISE ROUTE. Il va Dieu sait où mais pas en bas. Vous me comprenez ? Y a une espèce de fuite dans la tête quelque part. Y a une valve là, comme ils disent. La valve du frangin, elle est kaput.

Je vois.

L'air fuit dans la tête, dans toute la zone du cerveau. Vous aimeriez, vous ? Bien sûr tout ce qui lui reste c'est de ne pas utiliser le nez du tout et de faire travailler la bouche. Oh là là c'est pas drôle quand la valve débloque. Je vais vous en raconter une bonne.

Oui ?

Le frangin est un homme très strict quand il s'agit de pas se soigner. Des tas de gens viennent le voir tous les soirs pour lui trouver toutes sortes de traitements, des infirmières et tout le tintouin. Mais il refuse de se soigner. C'est drôle, non ? IL REFUSE DE SE SOIGNER.

Il est ici en phase avec l'orthodoxie médicale.

Il met son chapeau sur sa tête et va faire un tour chez Charley. Charley c'est un homme comme lui – pas un docteur bien sûr, mais un profane qui comprend les premiers principes. Charley et le frangin se consultent quand l'un ou l'autre est au creux de la vague, vous me suivez. Bon en tout cas le frangin rapplique et reste fourré chez Charley pendant deux heures. Et attendez que je vous dise.

Oui ?

Quand le frangin s'en va, Charley est cloué au lit avec interdiction catégorique de chercher à en sortir. Cloué au lit et
obligé d'y rester. Le frangin a dit que si Charley s'obstine à
rester debout, ce serait pas lui le responsable. Qu'est-ce que
vous en dites ?

C'est très étrange pour ne pas dire plus.

Bien sûr Charley a toujours été très fragile et c'est un type
qui ne s'est jamais ménagé. Le frangin s'inquiète pour les reins
de Charley. Motus et mouche cousue, mais Charley est un peu
porté sur la bouteille. Il lève le coude un peu trop souvent, il a
passé des années à courir les médecins. C'était une loque
quand on l'a amené chez le frangin. Et le frangin va le tirer
d'affaire, croyez moi.

Assurément.

Ah oui. Tout le monde sait que si Charley est encore en vie,
c'est grâce au frangin. Mais le frangin va devoir prendre soin
de lui maintenant avec cette valve qui débloque, et avec
Charley sur les bras par-dessus le marché.

Y a-t-il quelqu'un d'autre à qui votre parent pourrait
demander de l'aide ?

Ah bien sûr en dernier recours y faudra bien qu'il passe sur
le billard. Y faudra bien, qu'est-ce que vous voulez qu'il fasse
d'autre ? La logeuse me disait qu'il pense se charcuter un de
ces soirs.

Comment ?

Il va y aller avec le rasoir, ça va pas tarder vous verrez. C'est
un type qui comprendrait les valves, vous savez. Il en viendrait
vite à bout s'il pouvait y aller voir. Ma parole ça va saigner
dans la salle de bains un de ces soirs.

Il risque de se tuer.

Le frangin ? Oh faites-lui confiance pour s'occuper de lui.
Vous verrez qu'il nous enterrera, vous et moi. C'est lui qui a
charcuté Charley en 1934.

Vraiment ?

Il a remis à neuf les reins du Charley, alors qu'aucun
docteur se sentait de taille. Il l'a gardé cinq heures dans la salle
de bains, Charley. Personne pouvait entrer bien sûr, mais l'eau
coulait sans arrêt et il aiguisait des tas de rasoirs, on l'entendait
faire. Un sacré boulot ce soir-là. Oh v'là mon bus.

À la prochaine.

La moitié des locataires s'en vont à Arklow jeudi pour une semaine. Pour les vacances, vous savez.

Je vois. Votre parent part-il lui aussi ?

Le frangin ? Sûrement pas. Mais alors sûrement pas. Le frangin peut pas quitter la ville.

Vraiment ? Pourquoi donc ?

Le frangin doit rester en ville tant que durera l'état d'urgence. Le gouvernement consulte le frangin pour avoir son avis. Bien sûr motus et mouche cousue là-dessus. Le frangin a donné sa parole à une certaine personne de ne pas quitter la ville pendant l'état d'urgence. Il doit se tenir à disposition. Parce que s'il arrivait quelque chose que le frangin est seul à pouvoir régler, comment voulez-vous qu'on le joigne au téléphone à Strand Street, Skerries, où il va tous les ans pour voir la frangine qu'est mariée ?

Évidemment ce serait ennuyeux.

C'est pas possible, mon ami. On peut pas gouverner un pays comme ça.

Je suis d'accord.

C'est pas possible du tout. Et vous voulez que je vous dise, si on tient pas l'Irlande en dehors de toutes ces histoires, ce sera pas la faute du frangin. Et les policiers ont intérêt à bien se tenir avec lui. Il les a à l'œil, consultations ou pas, il les a à l'œil. Y faut pas qu'ils se croient tout permis sous prétexte qu'il est occupé. À l'heure qu'il est il surveille un certain zigoto en civil.

Je vois.

Je pensais prendre une semaine moi aussi en août. Aller jusqu'à Bettystown avec Charley. Ça posera pas problème vous croyez ?

Je pense que la sécurité de la nation ne sera pas menacée, d'autant plus que votre parent a résolu de rester dans la capitale.

Ma parole je crois que vous avez raison. Je crois que je vais tenter le coup. V'là mon bus. À bientôt.

Le frangin peut pas voir les œufs.

Vraiment ?

Y peut pas les encadrer. Donnez-lui du bacon, du jambon, du poisson, ce que vous voulez – y mange tout et il en redemande. Mais les œufs, pas moyen. Merci beaucoup vraiment mais les œufs c'est non. L'œuf est proscrit.

Je vois.

Je l'entends souvent mettre en garde contre les œufs. Vous pouvez attraper toutes sortes de maladies avec les œufs, d'après le frangin.

Voilà qui est inquiétant.

Le problème c'est que l'œuf ne meurt jamais. Il est rempli d'un tas de microbes et une fois dans le bidon, y commencent à s'agiter et à bouffer des trucs, y s'amusent comme des fous. Y vous fabriquent un ulcère en deux coups de cuillère à pot.

Je vois.

Imaginez tous ces petits gars monter et descendre dans votre estomac, fonder une famille p't-être bien, festoyer bien au chaud, c'est un miracle qu'on soit pas tous dans la tombe, avec toutes ces poules dans le pays.

Je dois penser à éviter les œufs à l'avenir.

Je me risque à en manger un de temps en temps mais un jour je vais avoir des ennuis. V'là mon bus, faut que j'y aille, prenez soin de vous.

Au revoir.

Si vous maintenez cette chronique dans un état de propreté raisonnable et me la renvoyez après usage, je vous en donnerai la moitié d'un penny. Ne pensez pas trop de mal de moi, je suis jeune, j'ai les ongles cassés et il y a des années que je ne m'amuse plus à les frotter contre des ardoises.

J'étais en bateau avec le frangin à Skerries, où il crèche chez la frangine mariée. Pour les vacances, vous savez. C'est un homme qu'a le pied marin, le frangin.

Ah oui ?

Ah ça ! S'il pouvait bien sûr, il serait pas ici mais avec de vrais loups de mer, en ciré, à hisser des voiles et compagnie.

Je vois.

Le frangin s'est plaint au sujet des phoques. « Des bons à rien », qu'il les appelle. Le frangin dit qu'il faudrait tous les supprimer ces abrutis.

Ce serait une tâche considérable.

Ils passent la journée à plonger et à manger des maquereaux. Si on les laissait faire, ils laisseraient pas un seul maquereau dans la mer pour vous et moi ou le type d'à côté. Ils les gobent par centaines, avec la tête et tout. Et le frangin dit qu'y s'arrêtent pas là – ils sortent de l'eau au milieu de la nuit et ils pillent les jardins. Vous avez pas intérêt à laisser traîner vos beaux plants de tomates. Et vous avez pas intérêt à laisser un de vos gamins dehors à la nuit tombée, parce qu'ils l'emporteraient avec eux ces gars-là. Le frangin dit qu'ils s'intéressent beaucoup aux marmots. Ils aboient comme des chiens pendant la journée quand ils voient des marmots sur la plage.

Voilà qui est très intéressant.

Le frangin dit que les phoques près de Dublin sortent souvent de l'eau le soir et qu'ils s'installent dans les trams quand ils se reposent à l'écurie. Ils montent même à l'étage. Ma parole le frangin dit que c'est quelque chose de les voir au clair de lune avec leurs grandes moustaches assis là-haut à regarder par la vitre. Et ils viennent avec leurs femmes et leurs mouflets bien sûr.

Est-ce bien vrai ?

Bien sûr mon cher. Les phoques ont l'esprit de famille, l'ont toujours eu. Pis le frangin m'a montré deux drôles de petits gars avec des plumes noires et blanches et un bec noir, assis là dans l'eau.

Deux oiseaux ?

Rarement vu deux gars aussi pépères, ils faisaient pas du tout attention à nous et pourtant on s'est approchés si près qu'on aurait pu leur broyer la cervelle avec nos rames. Ils sont drôles ces petits gars, vous savez pourquoi ?

Non.

Ils détestent la terre ferme. Ils demandent jamais qu'on les emmène vers le rivage. Ils passent leur vie assis dans la mer, de temps en temps ils font un petit saut pour aller voir un autre endroit. Moi vous savez ce que je vais vous dire, je me vois pas du tout mener une vie pareille. Parce que vous faites quoi de votre temps, fourré dans l'eau du matin au soir ? Ils pourraient être morts, y aurait pas une grande différence avec une vie pareille. En tout cas, moi ça me conviendrait pas, c'est sûr. Et vous, ça vous plairait ?

Pas tellement, cela dit je ne suis pas un oiseau. Les oiseaux ont leur propre idée sur la question.

Ma parole ils ont la vie dure, vous direz ce que vous voudrez, ils connaissent pas le confort, la douceur de vivre. Ils doivent pondre leurs œufs dans l'eau, vous vous rendez compte.

Ah bon ?

Bien sûr. Le frangin dit que la mère poule a une sorte de poche sous l'aile. Personne ne sait comment elle glisse l'œuf dans la poche quand elle le pond. Vous savez comment il appelle ça le frangin ? L'UN DES GRANDS MYSTÈRES NON RÉSOLUS DE LA MER. Et bien sûr il n'y aurait pas besoin de mystère du tout si elles avaient le bon sens de se poser sur le rivage comme tous les autres oiseaux. C'est ce que je ferais pour pondre mes œufs moi si j'en avais. Mais non, le rivage est exclu, il leur faut la mer et rien d'autre. Oh, v'là mon bus. À bientôt !

Au revoir.

Vous avez déjà rencontré le chien de notre ami ?

Le chien de qui ?

De notre homme.

Mais de qui ?

Du frangin.

Non.

Eh bien cet animal est un génie extraordinaire. Vous savez ce que je vais vous dire, il est capable de vous emmener en promenade et de vous perdre. Il sait tout faire sauf parler. Et vous savez quoi ?

Quoi donc ?

Qui a dit qu'il ne parlait pas ?

Je croyais que vous l'aviez dit vous-même.

N'en croyez pas un mot mon ami. Le chien parle au frangin. Il fait la causette au frangin là-haut le dimanche quand tout le monde est parti au cinéma. Vous me croirez ou non.

Sur quels sujets cet animal discourt-il ?

La vérité. Je l'ai vu moi-même un jour que je me promenais avec le frangin là-bas à Howth en mars dernier. Notre homme était avec nous et on est partis faire un tour tous les trois.

Qui était avec vous ?

Arthur. Le chien. Bon j'étais là devant, j'aspirais l'air pur et je marchais d'un pas énergique sans me soucier de rien. Et là qu'est-ce qui se passe ? J'entends le frangin qui se met à causer derrière moi et quelqu'un lui répond. Pis le frangin rit d'une blague que l'autre venait de faire. Et pis ça rit et ça cause de plus belle. Je me retourne mais le frangin est caché dans un virage. J'attends là sans qu'il me remarque et je vois le frangin qui apparaît, il se tord de rire et l'autre à côté de lui qui pousse des grognements et qui continue de causer. Bien sûr j'étais trop loin pour entendre ce qu'y se disaient. Et quand ils me voient, ils arrêtent de rire et ils reprennent leur sérieux. Ce serait pas chic bien sûr de mentionner un truc pareil au frangin. Il apprécierait pas vous savez. Une sacrée paire, Arthur et le frangin.

Je vois.

Mais je vais vous dire ce qui m'épate. Ces types là-bas dans le parc. Les gars qui poursuivent les daims[4] pour les mettre en cage. Le frangin et Arthur, ils pourraient s'en occuper de ces bêtes et les emmener toutes à Doll Erin le lundi matin si elles avaient besoin d'y aller.

Je vois.

Sans blague, j'ai vu moi-même à Santry il y a quatre ans quand le frangin emmenait Arthur à des concours de chiens de berger, ma parole on a jamais vu un chien rassembler les moutons comme Arthur. Y en avait bien une centaine. Vous croyez qu'Arthur se mettait à sauter et à courir dans tous les sens en hurlant ? Qu'il se mettait à mordre et à grogner, à perdre la boule et à bondir sous le coup de l'émotion ?

Je suppose que c'était tout le contraire.

Ah rien de tout ça. Il dit rien, juste un petit pas de ce côté-ci ou peut-être de ce côté-là, le museau à ras de terre, la queue rangée sur le côté, juste assez pour fiche aux moutons

---

4. Il s'agit sans doute des daims de Phoenix Park, grand parc au nord de Dublin qui abrite un troupeau de daims sauvages (*N.d.T.*).

la peur de leur vie. Vous voyez l'oreille droite qui se dresse. Ça veut dire qu'à deux cents mètres un mouton s'apprête à piquer un sprint. Est-ce qu'il y va toujours après avoir vu Arthur dresser l'oreille ? Sûrement pas.

Je comprends.

Il s'arrête là où il est et il fait bien. Moi, je lui ai parlé des daims au frangin. Pourquoi donc, je lui dis, que toi et Arthur vous allez pas faire un tour là-bas un de ces jours, vous pourriez conduire les daims, ça éviterait à ces gars de se ridiculiser avec leurs lassos, leurs barrières et leurs vélos. Vous savez ce qu'il a dit le frangin ?

Non.

« LE DAIM, qu'il a dit, EST L'AMI DE L'HOMME. » Le daim est l'ami de l'homme. Voilà ce qu'il a dit. Et il a raison. Parce que quand est-ce qu'ils vous ont fait du mal les daims ?

Jamais, je vous assure.

Et quand est-ce qu'il m'ont cherché noise ?

Jamais.

Quand est-ce qu'ils ont essayé de bouffer les gars sur leurs vélos ?

Jamais.

Alors dites-moi pourquoi ils essaient de les abattre.

Je l'ignore, pardonnez-moi. Je vois s'approcher mon spacieux véhicule de transport en commun. Au revoir.

Votre bus ? D'accord. À bientôt.

Vous savez ce tableau de George Roll[5] qui a été refusé par le musée ?

Je crois comprendre à quoi vous faites allusion.

Eh bien cette histoire a fait parler d'elle à la maison l'autre soir. Le frangin a mis les points sur les i concernant les tableaux, l'art et tout ça. Le frangin dit qu'un tableau peint par un Français est forcément bon.

De l'avis général en effet, les Français excellent dans le domaine artistique.

---

5. Rouault. Voir « Critique, art, littérature » (*N.d.T.*).

Le frangin dit qu'ils s'occupent d'art du matin au soir, les Français. Au petit-déjeuner, au déjeuner et au dîner.

Vraiment ?

Le frangin dit que pour certains, c'est tout naturel de rester levé la nuit à peindre. Enfermés dans une chambre à esquinter leur pinceau. Franchement extravagants leurs tableaux des fois, comme il dit le frangin. Mais très INTÉRESSANTS. Très... très... intéressants.

Je vois.

Et pis y en a d'autres qui sont fourrés dans leur cave à faire des statues. Un truc pas croyable. Sont là à donner des coups de marteau au milieu de la nuit.

Sans doute pas l'occupation la plus saine qui soit.

Ah oui. Et vous savez ce qu'on fait le matin dans une maison française ?

Non.

Tout le monde descend pour prendre le petit-déjeuner, prêt à avaler sa ration de bacon et de saucisses. Morts de faim vous comprenez, après avoir fait de l'art toute la nuit. Et alors, qu'est-ce qui se passe ?

Je suppose qu'ils mangent ce qui est dans leur assiette.

Pas du tout. Voilà le chef de famille qui arrive en salopette. Voulez-vous bien me suivre, qu'y dit, dans cette pièce, que je vous montre mon nouveau tableau. C'est ce qu'il a pondu pendant la nuit bien sûr. Alors ils se lèvent tous en laissant les saucisses. Et quand ils ont fini de regarder le tableau, le type dans sa cave se met à hurler pour qu'ils viennent voir ce que LUI a fait. Vous comprenez ? Pas de petit-déjeuner. Mais de l'art jusqu'au cou, vous voyez.

Voilà un rare exemple de dévotion aux choses de l'esprit.

Le frangin dit que c'est ce qu'ils appellent l'art pour l'art. Et vous savez ce qu'ils font le dimanche ?

Non.

Le frangin dit que là-bas en France ils ont un grand château qui s'appelle les Touileries. Les Touileries ont été construits à l'époque de la Révolution française par Napoléon Boniparte en personne et c'était un travail de forçats, je vous le dis. Pas un de ces boulots payés quatre pence de l'heure, avec augmentation le samedi. Bon quoi qu'il en soit tout

autour des Touileries y a un tas de beaux jardins et de parcs.
Et qu'est-ce qu'il y a vous croyez dans les jardins ?

Des navets et des pommes de terre, espérons, en ces temps
difficiles.

Je vais vous dire ce qu'il y a dans les jardins. Ils sont pleins
de statues. Et le dimanche les Français se promènent dans les
jardins pour zieuter les statues.

Je vois.

Ils se lèvent tôt le matin et ils attendent qu'on ouvre les
grilles. Et pis ils font rien d'autre de la journée que regarder
les statues. Il leur en faut pas plus. Heureux comme des rois
de les regarder d'un côté pis de l'autre. Et de causer ensemble
en français. Et vous savez pourquoi ?

Non.

Parce que les statues aussi c'est de l'art. Le frangin dit que
la statue, c'est la plus haute forme d'art. Et il a pas tort parce
que même nous, regardez comme elles sont hautes certaines
de nos statues à Phoenix Park.

L'effigie de Nelson monte bien haut elle aussi.

Ah oui, des gens qui s'y connaissent en art, les Français. Le
frangin dit qu'un type lui a raconté qu'ils vendent des tableaux
dans les rues. V'là mon bus. À la prochaine.

À la prochaine.

Le frangin a l'intention d'en être.

D'être de quoi ?

Le frangin a l'intention de se présenter.

De se présenter à qui ?

Le frangin a l'intention de se lancer dans la politique.

Vous voulez dire que votre parent envisage de se présenter
comme candidat lorsque des élections législatives seront organisées conformément aux exigences constitutionnelles ?

Le frangin a l'intention de se présenter aux élections.

Je vois.

Bien sûr c'est pas le frangin lui-même qui s'emballe pour
ces histoires. On l'a poussé, vous comprenez ce que je veux
dire. Des partis influents le sollicitent. Ils défilent à la maison
du matin au soir et ils parlementent avec le frangin dans la
chambre du fond et le frangin demande qu'on fasse du thé à

une heure du matin. Des tas de bonshommes avec le ventre qui ressort, des paysans bien cossus on dirait. Pas de soucis d'argent chez ces gens-là. Et vous savez ce que je vais vous dire ?

Non.

Ça date pas d'aujourd'hui ni d'hier cette histoire. Il y a plusieurs mois, j'ai trouvé le frangin au lit en train de lire la loi sur l'ivresse publique qu'a tellement fait parler d'elle. Il l'a examinée dans tous les sens, la lumière est restée allumée toute la nuit. Qu'est-ce que je vois, je lui dis, qu'est-ce qui se passe ici ? Vous savez ce qu'il a répondu ? Il me dit je prends – écoutez ça – je prends DES NOTES DÉTAILLÉES. Alors là. Il prenait des notes détaillées, voilà ce qu'il faisait le frangin au lit.

Je comprends. Votre parent a sans doute compris que l'étude est le véritable fondement d'une carrière politique.

Et je vais vous en dire une bien bonne. Le frangin a des bouquins sous son lit. Je les ai vus.

L'amour des livres est le phare qui a éclairé notre chemin aux heures les plus sombres.

La logeuse qu'est-ce qu'elle lui a pas dit quand elle a vu qu'il gardait la lumière allumée jusqu'à quatre ou cinq heures du matin. Bien sûr le frangin il s'en fiche de la logeuse.

Je vois.

Le frangin aime pas le parti travailliste. Des rigolos il les appelle. Et il a pas raison ?

Je ne sais pas.

Non pas que le frangin préfère les autres d'ailleurs. Ma parole un jour un type est venu collecter de l'argent pour les élections. C'était il y a des années bien sûr. Eh bien vous savez quoi, il entre. À la maison, ils pensaient tous que le frangin était sorti et ils voulaient tous payer et se montrer aimables. Mais voilà que le frangin arrive, il descend l'escalier. J'ai pas besoin de vous expliquer la suite. Le type a passé un mauvais quart d'heure. Un homme très strict, le frangin. Vaut mieux être dans ses petits papiers.

Je n'en doute pas.

Ensuite le frangin s'est mis à faire des calculs. Vous savez quoi, qu'y dit, je crois que je peux me débrouiller pour payer à chaque homme, femme et enfant de ce pays quatre livres dix shillings par semaine. Ça alors. Quatre livres dix et maintien des allocations.

C'est tout à fait remarquable.

Le frangin s'est fait un peu de bile pour les dix shillings pendant un jour ou deux. Mais il a résolu le problème finalement. Il y arrivera, aux quatre livres dix. Ma parole je lui ai serré la pince quand il m'a appris la nouvelle. Les choses vont changer quand le parti du frangin sera élu. Et vous savez quoi ? J'ai des preuves que le frangin s'active...

Quoi ?

Le frangin était sur les quais l'autre jour, il regardait les prix des arrache-clous.

Un excellent présage.

Voilà mon bus. À bientôt.

Vous savez quoi, le frangin est un génie extraordinaire.

Je n'en doute pas.

Ma parole il les a épatés l'autre soir à la maison.

Vraiment ?

Un soir le voilà qui entre, il met son vélo dans l'entrée et sans enlever son manteau, sa casquette ni ses pinces, il entre dans le salon, prend la théière, ressort sans dire un mot et jette tout dans l'évier. Vous auriez dû voir la tête de son Altesse la logeuse, son bon thé acheté au marché noir quinze shillings !

Voilà un incident extraordinaire.

Mais vous croyez qu'il est revenu pour s'expliquer ?

Cela m'étonnerait fort.

Pas du tout. Il monte à l'étage en les laissant tous assis là avec des yeux de merlans frits. Ils se laissent vite impressionner par le frangin.

C'est une réaction naturelle face à cette personnalité hors du commun.

Bon en tout cas le frangin passe une demi-heure à se laver, à se frictionner et à fumer dans la salle de bains. Et les autres en bas qui restent assis sans oser se regarder, convaincus qu'ils se sont tous empoisonnés et sachant pas qui va y passer le premier.

Je vois.

Au bout d'un moment le frangin descend et ordonne formellement que personne ne boive plus d'eau. Il dit à la logeuse qu'il est interdit de faire du thé jusqu'à nouvel ordre. Le frangin va ensuite dans la cuisine, prépare un breuvage à base de lait et d'une poudre blanche qu'il avait dans sa poche, et en fait boire à tout le monde. Sans le frangin, qui sait s'ils seraient pas tous morts.

Votre parent sera sans doute récompensé en d'autres lieux pour son altruisme.

Donc le lendemain matin il monte sur son vélo pour se rendre au réservoir de Stillorgan et il revient avec des bouteilles remplies d'eau. Il était là-bas au réservoir à mener son enquête et à parlementer avec les employés – sans dire qui il était bien sûr, rien qu'à parler et à observer.

Je comprends.

Et les autres à la maison qui se nourrissaient de crème et de chocolat fait avec du lait, la pauvre logeuse qui mourait d'envie d'une tasse de thé mais qui osait pas en faire une goutte ni même jeter un regard vers l'évier.

Évidemment.

Bon enfin voilà le frangin qui monte dans la salle de bains avec les bouteilles d'eau et qui y reste pendant des heures avec la porte fermée à clé. Le frangin se livrait à des expériences, vous comprenez.

Oui.

À huit heures, il descend, met son chapeau et son manteau et ma parole si vous aviez vu sa tête. Le frangin était très préoccupé. Extrêmement préoccupé. Y regarde personne, dit juste : « Je dois voir Hernon demain. » Et il sort.

Une déclaration bien inquiétante.

Le lendemain matin le frangin descend dans son costume bleu et informe que si on le demande, il est à la mairie avec Hernon, qu'il rentrera tard et qu'on prenne les messages pour lui. Vous savez quoi j'ai jamais vu la maison aussi calme qu'après le départ du frangin. Et ce soir-là à l'heure du thé, personne n'a dit un mot. Ils étaient tous assis là à attendre que le frangin revienne. Sept heures et toujours rien. Huit heures, neuf heures. Ma parole le suspense était intenable. INTENABLE.

J'imagine.

À neuf heures et demie la porte s'ouvre et le frangin entre. J'ai jamais vu un homme l'air aussi fatigué. Et c'est pas étonnant, quinze heures sans interruption fourré à la mairie.

Indéniablement un effort extrêmement soutenu pour le bien public.

Bon en tout cas le frangin s'assied et commence à retirer ses bottes. Et là sans lever la tête il dit : « À partir de demain, vous pouvez boire du thé. »

Ça alors.

Ma parole ils ont failli crier hourra. Mais le frangin se contente de monter sans un mot de plus, épuisé. Il avait réglé toute l'affaire et mis Hernon au courant au sujet de l'eau.

Une journée de travail très utile indéniablement.

Vous savez que le frangin est de nouveau plongé dans les bouquins.

Est-ce possible ?

Un jour, le mois dernier, il arrive à la maison avec un gros livre bleu sous le bras. Il monte dans sa chambre et en sort pas de la soirée. Le frangin est resté le nez dans le bouquin pendant cinq heures sans interruption. La porte fermée à clé bien sûr. Incroyable.

C'est indéniablement un comportement étrange.

Bon, un dimanche je vois le frangin en bas dans le salon avec le livre à la main et le nez plongé dedans. Je me dis je vais lui demander ce qu'il en est. Qu'est-ce que c'est, ce livre, je lui dis. C'est de Sir James Johns, dit le frangin sans lever la tête. Et il parle de quoi, je dis. C'est sur les quaternions, dit le frangin. Incroyable.

C'est certainement « incroyable ».

Le frangin lisait un livre de Sir James Johns sur les quaternions.

Une personnalité très remarquable, votre parent.

Mais je vais vous en raconter une autre. Le frangin reste debout la nuit pour regarder la lune.

Ah oui.

Qu'est-ce que je vois une nuit, alors que je rentrais à deux heures du matin de ma réunion avec les Chevaliers[6] : notre homme à la fenêtre, en chemise de nuit. Il contemplait les étoiles.

Une pratique de tout temps chère aux philosophes.

Eh bien je vais vous dire, mon ami : c'est pas moi qu'ils empêcheront de dormir les bouquins de Sir James Johns. Passer la nuit à sa fenêtre pour regarder les étoiles, quelle idée.

J'accepte cette assertion.

J'ai une autre histoire amusante pour vous. Le frangin fait des calculs. La maison est remplie de bouts de papier avec les calculs du frangin. Et des calculs très difficiles. Ma parole j'ai vu certains calculs du frangin sur mon journal un jour, écrits tout du long sur le côté. Incroyable. Il fait des calculs au petit-déjeuner, au déjeuner et au dîner.

C'est du moins une preuve de persévérance.

Bien sûr le frangin fait pas tous ses calculs à la maison. Il va aussi dans une maison à Merrion Square pour les faire. Si quelqu'un vient, qu'y dit, dites-lui que je travaille sur mes quaternions à Merrion Square, et prenez le message. Y a d'autres gars dans la même maison qui font des calculs avec le frangin. Le frangin leur apprend des calculs. Il leur met les idées au clair, sur les calculs et les quaternions.

Ça alors.

Je pense que le frangin s'en sort bien avec les calculs et les quaternions. Ils peuvent pas le payer moins de cinq shillings l'heure et je parie qu'on lui offre à dîner.

Ce sont des conditions séduisantes.

Parce que le frangin va pas se laisser mourir de faim vous savez. Le frangin prend soin de lui. Peu importe ce qu'il est en train de faire, y faut qu'il s'arrête quand le bifteck est servi. Le frangin plaisante pas là-dessus.

Votre parent est versé dans l'art de vivre.

Ma parole les calculs et les quaternions sont vite mis de côté quand on sonne l'alarme pour le repas, tout le monde se rue à table. Le frangin pense qu'il y a un temps pour tout.

---

6. « The Knights » : Il s'agit vraisemblablement d'une référence aux Chevaliers de saint Colomban, une organisation catholique créée en 1915 (*N.d.T.*).

Et c'est une croyance bien fondée.

V'là mon bus. À bientôt.

Vous avez entendu la dernière sur Eugène ?

Qui est Eugène ?

Le chien du frangin.

Je n'ai pas entendu la dernière sur Eugène.

Le frangin a pris Eugène en main.

Je ne comprends pas.

Il a passé cinq heures à causer avec Kissane au parc lundi.

Qui est Kissane ?

Le chef des flics. Le frangin s'est enfermé dans un bureau avec Kissane pour discuter de l'avenir d'Eugène. Kissane apprécie beaucoup le frangin. Il demande souvent conseil au frangin pour savoir comment s'y prendre avec ses policiers. Vous savez comment il appelle le frangin, Kissane ?

Non.

Kissane appelle le frangin L'HOMME À LA POIGNE DE FER.

Je vois.

Kissane envoie le frangin jeter un coup d'œil de temps en temps, discuter avec les gars quand ils font leur ronde le soir. Le frangin et Kissane veulent pas que les gars fument sur le pas de la porte, ou bien qu'ils se pointent au pub à dix heures pour chasser les gens et qu'ensuite ils boivent leurs pintes quand tout le monde a le dos tourné. Ils sont très stricts là-dessus. Les gars n'ont qu'à bien se tenir, avec Kissane et le frangin.

Je n'en doute pas.

Ce sont des hommes qui savent faire régner l'ordre.

J'entends bien.

Et bien sûr les gars doivent être d'une honnêteté irréprochable. Si Kissane ou le frangin surprend un flic en train de piquer des trucs, le flic est renvoyé. Pas de discussion possible, le flic est renvoyé.

Quel rapport ces considérations ont-elle avec le chien de votre parent ?

Le frangin va faire entrer Eugène dans la police.

Je vois.

La police a absolument besoin d'une bête comme Eugène. Les gars peuvent passer six mois à chercher quelque chose qu'Eugène trouverait en deux minutes. Eugène y sait renifler, il a pas le nez dans sa poche. Avec un nez pareil, il pourrait leur faire économiser cinq mille livres par an aux gars.

C'est une somme considérable.

Bien sûr Eugène renifle tout seul dans son coin. Le frangin et Eugène partent en mission privée à tour de rôle. Et de temps en temps le frangin lance Eugène sur une affaire spéciale. Pas de nouvelle d'Eugène à la maison pendant quatre ou cinq jours. Et les grognements et les aboiements qu'ils s'échangent avec le frangin quand il revient c'est quelque chose.

Je vois.

En tout cas le frangin a convenu avec Kissane qu'Eugène viendrait à la caserne un mardi pour un entretien. Kissane doit se plier au règlement vous voyez. Vous pouvez pas entrer dans la police sans entretien préalable, et ensuite vous passez dans une pièce où le docteur vous fait mettre tout nu. Voilà pourquoi Eugène passe son entretien mardi.

Je comprends. Une formalité bureaucratique.

Kissane veut nommer Eugène brigadier mais le frangin est pas du tout d'accord. Le frangin veut qu'Eugène commence au premier échelon comme tout le monde. Le frangin est très strict pour ce qui est du piston et des faveurs. Même pour sa propre mère il voudrait pas en entendre parler. Mais bien sûr Eugène sera pas payé, donc c'est pas grave. Mince je vais le rater celui-là. À la prochaine !

Au revoir.

C'est le grand branle-bas de combat à la maison. Le frangin envoie la logeuse à Skerries.

Ce n'est guère la saison pour des vacances au bord de la mer.

Attendez que je vous dise ce qui s'est passé mon ami. Ce soir-là vous voyez, la logeuse se prépare pour aller au cinéma. Elle a mis son chapeau noir et sa veste violette, elle se regarde dans la glace de l'entrée et elle met ses gants. Les chaussures cirées et brillantes comme le dos d'une anguille, bien sûr. Fin prête.

Je vois.

Et voilà qu'on entend tourner la clé dans la porte et que le frangin entre. Il s'apprête à aller dans sa chambre, quand il voit son Altesse. Alors il s'arrête, il fait demi-tour et se met à la fixer comme un homme qu'aurait des visions. La logeuse rougit bien sûr.

Une réaction compréhensible dans une telle situation.

Bon en tout cas le frangin ordonne à la logeuse d'aller dans la chambre pour qu'il la regarde à la lumière. Il lui met le doigt sur l'œil et commence à lui écarter les paupières pour voir à l'intérieur. Ma parole, la logeuse se fait remettre les pendules à l'heure, je vous raconte pas. Puis le frangin commence à lui tapoter la poitrine et à lui donner de petits coups sur la nuque. En l'espace de dix minutes il l'a fourrée au lit à l'étage, pendant que lui en bas dans la cuisine il prépare du bouillon de bœuf et que les autres doivent se relayer au chevet de la logeuse toute la nuit. Une histoire pas banale.

Une histoire pas banale en effet.

Et la pauvre femme qui s'en allait au cinéma, croyant qu'elle se portait comme un charme. Il faut remercier Dieu que le frangin ait pointé son nez juste à ce moment-là, non ?

La coïncidence a cette impénétrable opportunité qu'on associe généralement aux plus douces manifestations de la Providence.

Le lendemain le frangin demande qu'on fasse les valises de la logeuse. Ce qu'il lui fallait, a dit le frangin, c'est le REPOS COMPLET. Le frangin a dit qu'il serait pas responsable si la logeuse se reposait pas comme y faut.

Je vois.

Donc qu'est-ce qu'il fait, bien sûr il envoie la logeuse chez la frangine mariée à Skerries. Avec l'ordre formel de se mettre au lit à son arrivée. Et c'est là qu'elle est depuis.

Être contraint de garder le lit en plein hiver dans ce hameau quelque peu isolé n'est pas la destinée la plus réjouissante.

Bien sûr le frangin fait les choses bien, vous savez. Avant de fourrer la logeuse dans un taxi direction la gare, il appelle Foley. Et bien sûr Foley installe la logeuse dans le train et s'assure qu'elle a tout ce qui faut pour faire plaisir au frangin.

Je vois.

C'est un homme qui sait s'occuper des autres, le frangin.
Ah oui. Oui, c'est sûr...

Je suis tout à fait d'accord. Et maintenant je crains de
devoir y aller.

Ah oui... Je vais vous raconter une autre histoire marrante.
Les trucs bizarres arrivent toujours par deux. L'autre jour je
suis rentré tard et je croyais vraiment que tous les autres
étaient déjà là. Je me couche, quand j'entends qu'on ouvre la
porte en bas. Puis la lumière s'allume dans le salon. Et puis je
crois entendre des voix. Donc ne sachant pas ce qui se passe,
je saute du lit et descend l'escalier en pyjama à toute vitesse.

Une précaution tout à fait sensée par les temps qui courent.

J'ouvre brusquement la porte du salon. Et qu'est-ce que je
vois : le frangin qui se lève d'un bond et accourt vers moi avec
le visage un peu rouge. « C'est Mlle Doy-ull », qu'y me dit.

Une dame ?

Le frangin était avec une dame sur le canapé. Je suppose
qu'il lui parlait de banques et d'argent, ce genre de truc.
Mais... vous savez... si la logeuse était là... non pas que ça me
regarde... mais son Altesse verrait d'un mauvais œil qu'on
amène des femmes dans sa maison à la nuit tombée. Elle aimerait pas du tout.

Toutes les logeuses sont ainsi.

Eh bien le frangin a invité Mlle Doy-ull tous les soirs
depuis. Ils étudient la question bancaire jusqu'à très tard dans
la nuit. Je pourrais pas vous dire quand elle part. C'est un
génie qui travaille très dur le frangin. Je lui ai demandé quand
est-ce qu'il allait laisser la logeuse se lever là-bas à Skerries.
« Un truc pareil, qu'y dit, ça va prendre du temps, mais je la
laisserai peut-être se lever une demi-heure dimanche. »

Bien sûr, ces maladies délicates requièrent qu'on se ménage.

Vous avez raison, mais c'est pas la première fois que le
frangin il la tire d'affaire la logeuse. Ah v'là mon bus.

Au revoir.

Le frangin est détraqué du bidon.

Vraiment ?

Une vraie montgolfière. Il a mal ici voyez. C'est un homme
qui prend soin de son ventre, le frangin. Et où ça le mène ?

Nulle part, apparemment.

Si c'était un type qui biberonne je dis pas. Le whisky, ça durcit la paroi de l'estomac comme du cuir, que me disait un gars de Balbriggan. Mais le frangin comprend pas d'où ça vient. De l'eau chaude trois fois par jour je vous prie et voilà le résultat. Des douleurs pas possibles le matin.

Vous m'en voyez désolé.

Le petit-déjeuner en haut de l'armoire dans la chambre et des mois plus tard, d'où vient cette odeur.

Une situation bien connue des buveurs.

Je vous le fais pas dire. Qui croira que c'est un problème d'acidité ? Vous savez ce qu'ils disent les autres à la maison. « Oh lui ? Saoul du matin au soir. Peut pas encaisser le petit-déj. »

Un jugement bien injuste.

Moi je vous le dis, quand le bidon va bien, vous pouvez vous estimer heureux.

Je m'estime heureux.

Parce que quand le bidon s'y met, y a rien de pire.

Je vais vous en raconter une bonne.

Vraiment ?

Vous allez rire un coup.

Je ne demande pas mieux.

Le frangin étudie le français. Il leur mène une vie pas possible à la maison, ils sont tous à bout ou presque.

C'est tout à fait typique de votre parent.

Il y a deux semaines environ, le frangin descend prendre le petit-déjeuner, avec dix minutes de retard. Et je vais vous en dire une bonne. Vous devinerez jamais ce qu'il avait autour du cou le frangin.

Non.

Un nœud pap ma parole.

Je vois.

Un nœud pap avec des pois. Je vous jure. J'ai failli m'évanouir. Je savais plus où mettre les yeux quand j'ai vu le nœud pap. On pouvait rien dire, vous savez. Le frangin aurait pas apprécié. Le frangin déteste les remarques personnelles. Vous le saviez ? Oh c'est bien connu.

Je ne le savais pas.

Bon quoi qu'il en soit les autres continuent de déjeuner comme si de rien n'était et sans faire attention au frangin mais bien sûr ils étaient tous plus remués les uns que les autres de voir le frangin dans cet accoutrement. Ma parole l'atmosphère était tendue. Et qu'est-ce qu'il fait ? Vous croyez qu'y s'assoit et qu'y se met à manger ?

Je serais étonné de l'apprendre.

Pas du tout mon ami, il se dirige vers la cheminée et il commence à trifouiller l'horloge et à donner de petites tapes dessus et à faire Dieu sait quoi, il reste cinq minutes à plisser et à écarquiller les yeux, puis il se met à frotter des allumettes pour mieux y voir, à manipuler et à s'agiter dans tous les sens, comme s'il cherchait le poinçon. Il ouvrait le verre... le fermait... le rouvrait... et le refermait avec rage – il fallait des nerfs d'acier pour rester assis et continuer à becqueter. C'était quelque chose.

Je n'en doute pas.

On était tous là assis à attendre que ça éclate, la logeuse avait changé de couleur, comme on voit au cirque. Le seul qu'était pas en sueur c'était moi. À part moi, tout le monde avait les nerfs en pelote.

Veuillez en arriver au dénouement s'il vous plaît.

Et voilà enfin que ça éclate. Sans se retourner, le frangin se met à parler d'une voix très bizarre. Je vois pas de hor deuv qu'y dit. Je vois pas de hor deuv. Ah non mais. Vous savez ce que c'est ?

Qu'est-ce que c'est ?

Les autres ont failli tomber dans les pommes. La pauvre logeuse – elle avait les larmes aux yeux. Qu'est-ce que c'est, qu'elle dit. Mais le frangin fait semblant de pas entendre, s'assoit l'air furibard et commence à avaler son thé, on voyait le nœud pap tressauter chaque fois qu'il avalait une gorgée. Personne n'a dit un mot de plus ce matin-là.

Je vois.

Et voilà la logeuse en route pour Moore Street, elle a fait toutes les boutiques pour trouver la gâterie du frangin mais sans succès, elle savait pas si ça se vendait à la coupe ou en sachet ou en conserve. Le truc qu'elle a trouvé de plus français c'est des haricots verts. Alors qu'est-ce qu'elle fait, elle lui en prépare une portion au petit-déjeuner le lendemain matin. « Qu'est-ce que c'est que ça ? » dit le frangin. Des légumes du jardin comme ils mangent en France. « Ces choses, lui dit le frangin, sont inconnues en terre française. »

Voilà ce qu'on peut appeler une « histoire pas banale ».

Et c'est allé de mal en pis. Le frangin s'est acheté un bocal de hor deuv qu'il a mis dans sa chambre. Petit-déjeuner au lit et le thé servi dans un verre ! Et jamais sans son nœud pap !

Et l'on peut supposer que ce n'est qu'un début.

Le frangin dit qu'il ne sait pas ce qu'il fait dans ce pays. Ça le désole. V'là mon bus ! À bientôt !

À bientôt !

Ah mais c'est vous ? Comment vont les affaires ?

C'est bien moi et elles vont bien.

Comment s'est passé Noël ?

Bien, merci. Puis-je vous demander comment vous trouvez le nouveau pain blanc ?

Hein ?

Le pain blanc ?

Le pain blanc ? Quoi, vous n'êtes pas au courant ?

Au courant de quoi ?

Eh bien mon ami, le frangin a refusé catégoriquement qu'on en mange à la maison. Y veut pas en entendre parler. J'ai donc pas pu y goûter du tout.

Je vois.

Il est formellement contre. Ma parole il y a deux semaines c'était tendu. Tout le monde était sens dessus dessous à la maison. Un matin ça a chauffé. Le frangin lui a mené la vie dure à la logeuse.

On plaint cette dame.

Le jour avant qu'on livre le pain blanc, le frangin donne des ordres à tout va. Pas de pain blanc... sous aucun prétexte. Le frangin a dit qu'il avait examiné la question personnellement, qu'il avait analysé la composition chimique là-haut au Château avec un certain Wheeler. Le frangin dit que le pain blanc c'est du poison, il interdit qu'on y touche. Et ma parole son Altesse qui attendait la langue pendante le pain blanc qui devait arriver le lendemain matin !

Encore une fois on plaint cette dame.

Donc le pain blanc est interdit. Ma parole y a une semaine environ le frangin descend pour prendre le petit-déjeuner, il commence par le hor deuv français qu'il garde dans un bocal spécial là-haut dans sa chambre. Tout à coup le voilà qui pose la cuillère et qui dit : « QU'EST-CE QUE JE VOIS ? »

Et qu'est-ce qu'il voyait ?

Y avait une miette de pain blanc sur la nappe. Non mais écoutez ça.

Je vous écoute.

Si vous aviez vu la tête du frangin. « QUI EST LE RESPONSABLE ? » qu'y dit furieux. Pas de réponse bien sûr. J'aurais pas aimé être le type qui répond oui à cette question, vous aimeriez vous ?

Certes non.

Et sans un mot de plus, voilà le frangin qui se dirige vers la cuisine. On l'entendait chercher, fouiller et tripatouiller là-dedans, pis tout d'un coup la logeuse passe par toutes les couleurs de l'arc-en-ciel quand elle l'entend tirer une chaise pour regarder en haut du buffet. Ma parole y ressort avec un demi-pain blanc dans la main. Non mais écoutez ça.

Je vous écoute toujours.

Il faisait peur à voir le frangin. « LEQUEL D'ENTRE VOUS EST RESPONSABLE ? » qu'y dit, en fixant la logeuse d'un air mauvais. « C'est moi », qu'elle dit avec une toute petite voix. Pis quand elle voit la tête du frangin, elle fait : « Non, je veux dire c'est pas moi, c'est la sœur mariée qui habite Skerries qui l'a laissé là. » Elle est pas bonne celle-là ? La sœur mariée du frangin.

Excellente en effet.

Le frangin attise le feu, met le pain dedans et monte à l'étage. Pis y redescend avec son manteau et son chapeau, et dans une main une potion qu'il venait de concocter dans un verre, un truc rouge qu'avait l'air infâme. « ALLEZ, qu'y dit à la logeuse, RECRACHEZ-MOI ÇA. » Son Altesse a pas le choix bien sûr. « BON, qu'y dit, JE VAIS À SKERRIES ET JE SERAI DE RETOUR CE SOIR. S'IL Y A RIEN DE GRAVE. »

Ma parole il a à peine franchi le pas de la porte que la logeuse fait un malaise. Elle se crispe, elle râle, devient toute blanche. Les autres doivent la porter jusqu'en haut pour la mettre au lit, quatre-vingt-dix kilos ma parole. Pas de la tarte.

Je n'en doute pas.

Elle reste au lit toute la journée, elle est dans un triste état mais bien sûr personne ose appeler le docteur. Le frangin apprécierait pas, vous savez. Le frangin a horreur des docteurs.

Je me souviens.

Bon quoi qu'il en soit quand le frangin est de retour le soir, je lui dis que la logeuse s'est sentie mal après la potion rouge. Alors le frangin : « C'EST PAS ÉTONNANT QU'ELLE SE SOIT SENTIE MAL, APRÈS AVOIR AVALÉ CE POISON BLANC. JE VOUS AVAIS PAS PRÉVENUS PEUT-ÊTRE ? C'EST UNE CHANCE QUE JE L'AIE PRISE À TEMPS. » Et il monte lui repréparer une potion, noire cette fois. Elle est toujours au lit à l'heure qu'il est. Oh mon bus. À la prochaine !

Au revoir.

Tiens, mais c'est vous. Vous avez l'air en pleine forme. Je vais vous en raconter une bonne. Vous allez rigoler.

Je vous écoute.

Vous allez rigoler. Toute la maison a été sur le pied de guerre pendant presque deux semaines. La loi martiale ma parole. C'était quelque chose. Du sérieux.

On devine une crise domestique d'une gravité sans précédent.

Au bout d'une semaine, certains ont préféré baisser les armes et se faire la belle, partir en vacances à Skerries ou Arklow, ils dorment à cinq dans un lit là-bas, pas un pouce d'espace. Ils maigrissaient tous à vue d'œil. C'était une véritable... guerre des nerfs... vous pouvez pas imaginer.

Sans doute votre parent est-il à l'origine de cette tension ?

Mardi d'y a deux semaines, c'était le jour J. Le frangin se pointe au petit-déjeuner sans une trace de rasoir sur la joue. Le frangin !

Vraiment ?

Un homme... un homme... qu'on voit toujours sortir de sa chambre impeccable le matin – le mouchoir à sa place, la cravate, et fleurant toujours le savon à barbe. Et de la brillantine qu'on dirait des diamants sur sa tête !

On ne peut toujours conserver une telle attitude, neque semper tendit arcum Apollo[7].

Bien sûr tout le monde commence à manger sans prêter attention. Pas question de faire une remarque, vous savez bien. Ça mangeait sec ce matin-là. Le frangin lit juste le journal et en route pour le boulot. Il ouvre qu'une fois le bec. En sortant il dit à la logeuse : « Excusez-moi mais il se peut que je sois retenu ce soir et il n'est pas utile que vous retardiez le moment d'aller vous coucher. »

Une pensée fort délicate.

Le lendemain matin ils sont tous à table, blancs comme des linges, attendant que le frangin descende. Ma parole vous auriez dit qu'ils étaient bons pour le peloton d'exécution. Enfin le frangin arrive. Vous savez ce que je vais vous dire ?

Non.

Poilu comme un bouc. Jamais vu quelqu'un l'air aussi féroce. Du poil des oreilles jusqu'au cou ma parole. Les autres se mettent à bouffer comme des prisonniers qu'ont trente secondes pour finir leur ragoût. La logeuse devient toute rouge, et d'une voix de stentor elle entame une tirade sur la guerre. Le secret était révélé ! Il voulait se la laisser pousser.

Laisser pousser quoi ?

La barbe. Notre homme se laisse pousser la barbiche !

Il est curieux qu'une activité si ancienne soit tenue pour répréhensible !

Je vous dis pas ce qu'ils ont souffert à la maison les dix jours suivants. On l'aurait pas reconnu. L'air féroce, entre et s'assoit fier comme Artaban. Ça gagne du terrain de jour en jour. Et pas un mot à part pardon pour ceci, pardon pour cela. Oh c'est un gars qui se laisse pas défriser, vous direz ce que vous voudrez. Et personne pour faire une remarque bien sûr. Vous savez quoi ?

---

7. « L'arc d'Apollon n'est pas toujours tendu », Horace, livre I, ode X (*N.d.T.*).

Non.

Si le frangin descendait avec pas de tête du tout, y aurait personne pour faire une remarque. Ils baisseraient la tête, plongeraient le nez dans leur assiette et la logeuse passerait le journal au frangin. Faut les voir.

Un personnage hors du commun.

Au bout de deux semaines je vous dis pas l'état du frangin, du jamais-vu. Il avait le poil qui lui poussait derrière les oreilles et qui lui rentrait dans les yeux. Quelle tension. Toute la maison était au bord de la crise. C'était l'heure H. Et puis voilà, le grand moment est arrivé. Le lendemain matin le frangin descend avec le visage aussi lisse qu'un bébé, il s'assied et il dit : « Excusez-moi m'dame, mais je crois que cette horloge retarde de quatre minutes sur l'horloge du port. » Non mais écoutez.

J'écoute.

Et là tout le monde perd la boule. Ils se mettent à pépier et à hurler rapport à l'heure et à regarder leur montre, et à rire et à s'agiter dans tous les sens en attendant la suite. Alors la logeuse dit : « Je crois qu'il va nous falloir plus de thé », et elle se lève pour sortir. Vous savez quoi ?

Non.

Vous allez rigoler. Elle pleurait.

Ce n'est pas étonnant lorsque les émotions atteignent une telle intensité.

J'ai jamais vécu deux semaines comme celles-là. Ma parole v'là le 52. À bientôt !

À bientôt !

Oh mais c'est vous ma parole ?

C'est bien moi.

On voit que Noël approche. Sont tous en plein boum.

On ne peut le nier.

Je vais vous en raconter une bonne.

Allez-y, je vous en prie.

Je vais vous en raconter une bonne au sujet du frangin. Le frangin organise une petite fête à la maison samedi. Tout le monde est convoqué. Un paquet de cartes, un baba au rhum, un pudding et des chansons. Pas d'alcool bien sûr, à part quelques bouteilles de stout dans le garde-manger pour les durs. Une petite fête à l'ancienne mode, comme dit le frangin. Les dames sont invitées bien sûr.

Je vois.

Vous savez pourquoi ?

Non.

Le frangin tient à ce que tout le monde reste à la maison pour Noël. Gare à vous si vous cherchez un filon pour aller traîner en ville le samedi.

On admire ce respect des anciennes coutumes.

Le frangin s'est renseigné sur les pubs. Il a jeté un œil à droite à gauche, posé une ou deux questions, fait la causette avec les patrons, p't-être bu un petit verre en douce à l'occasion. Vous savez ce qu'il dit le frangin ?

Non.

Le frangin dit qu'y en a qui préparent des trucs.

Vraiment ?

Le frangin dit qu'y en a qui préparent des trucs pour Noël.

Vous voulez dire des breuvages frelatés et toxiques ?

Le frangin dit qu'à l'heure où nous parlons y a des gars dans des caves qui concoctent des litres de potion. Ils passent leurs journées en bas à remplir des tonneaux. Du whisky avec votre permission. Pour Noël. Deux shillings le verre.

Ne faudrait-il pas informer la police ?

Les potions qui se préparent c'est du jamais-vu encore. Cette année ça va être du sérieux je vous le dis.

Les établissements qui se respectent n'ont-ils pas tout intérêt à en informer la police ?

Je vais vous dire encore une chose. Le frangin dit qu'y a un marché noir de la térébenthine.

Vraiment ?

Ces gars utilisent plein de térébenthine pour leurs potions vous savez. De la térébenthine, du sherry et une goutte de ce brandy portugais importé au début de la guerre. Voilà votre verre de whisky. Et je vais vous en dire une bonne. Vous savez ce qu'il y a dans un bon vieux verre de brandy, vendu trois shillings six pence ?

Non.

Térébenthine et sherry.

Vous me sidérez.

Le frangin dit que ceux du nord de l'Irlande vont passer un mauvais quart d'heure.

Vous voulez dire que les étrangers crédules vont s'empoisonner ?

Et y en a qui préparent leurs propres cigares et leurs propres cigarettes, qu'y dit le frangin. Le mot va circuler qu'untel a des stocks de cigarettes et tous les gars vont rappliquer et aller boire chez lui. D'abord ils vont avoir droit au sherry et à la téréb. Puis là-dessus les cigarettes spéciales préparées en bas par le patron en personne. Et en sortant, le plein de téréb pour le lendemain matin.

J'espère sincèrement que vous exagérez.

Voilà pourquoi le frangin organise une petite fête samedi. V'là mon bus. Joyeux Noël et prenez soin de vous !

Au revoir, et merci !

À la prochaine.

Ma parole mais c'est vous ! Comment s'est passé Noël ?

Merveilleusement, merci.

Y a eu un de ces remue-ménage à la maison pour Noël.

Vraiment ?

Le frangin a organisé une petite fête le 24 pour empêcher qu'ils aillent au pub boire la téréb, et y avait du sherry en cadeau de Noël pour tout le monde. Je vais vous en raconter une bonne.

Allez-y.

Le frangin invite l'oncle de Skerries pour Noël. Il arrive le jeudi soir. Le frangin sort une bouteille de sherry. C'est un homme qui a l'esprit large le frangin. Il offre un verre à l'oncle. Mais pas question. L'oncle décline de la main, fait la grimace, il veut pas y toucher. Merci beaucoup mais pour lui non. C'est un type très sobre l'oncle. Et il va se coucher.

Admirable.

Le lendemain c'est vendredi. La logeuse se lève à huit heures, nous informe que l'oncle a disparu. Une note sur la table de l'entrée, « Rendez-vous très important, de retour à midi. » Est-ce qu'il est de retour à midi ?

Je me risque à penser qu'il n'est pas de retour à midi.

Il est sûrement pas de retour à midi. Ni à une heure. Ni à quatre heures.

Quel comportement extraordinaire.

Et le dîner qu'on enfourne. Ma parole à six heures on apprend que la veste de notre homme est sur le portemanteau. Un des locataires monte jeter un coup d'œil dans la chambre. Et il voit notre homme qui dort comme un loir.

Excentrique est un terme faible pour qualifier un tel comportement.

Le frangin apprend la nouvelle quand il rentre. Il dit rien mais on voit qu'il en pense pas moins. Il monte, jette un œil sur l'oncle, descend, dit rien mais se plonge dans David Coupeurdefil.

Cela ne présage rien de bon.

Quoi qu'il en soit le lendemain matin – c'est la veille de Noël, rappelez-vous – l'oncle se réveille très fatigué et demande un bol de semoule pour le petit-déjeuner. Dit qu'il a eu une journée chargée avec tous ces rendez-vous, que le reste du temps il a fait des achats et qu'il compte rester au lit aujourd'hui. Les autres se mettent à lire, piquent un roupillon et se préparent pour la petite fête. À douze heures vingt-cinq, on apprend que la veste de l'oncle a disparu.

Mon Dieu !

Le frangin commence à décréter la loi martiale à la maison. Les autres arrivent pour la petite fête mais certains reçoivent l'ordre de monter la garde. Vous me croirez ou pas mais la veste est de retour à six heures et personne l'avait vu rentrer !

On serait presque tenté de soupçonner une machination des puissances occultes.

Et l'oncle en haut bien au chaud dans son lit. Vous me croirez pas si je vous raconte la suite. À huit heures tout le monde est en plein dans les charades quand on apprend que la veste a de nouveau disparu – et aussi le vélo du frangin !

Oh là là !

Ma parole j'ai jamais vu le frangin tirer une tête pareille. Il fait signe aux autres de continuer les charades, enfile sa veste en velours noir, et il sort. Et voilà la suite – il est dix heures, veille de Noël – les policiers envoient un message disant que le frangin est étendu sur un des lits de la police. Qu'il dort comme un bébé. Vous savez ce qui s'était passé ?

Non.

Il entre dans un pub pour voir si l'oncle y est. Se risque à prendre un petit verre pour pas se faire remarquer. On lui sert un verre de la potion spéciale.

Vous voulez dire cette redoutable mixture de térébenthine et de sherry ?

Pas du tout mon ami. La térébenthine c'était fini à cinq heures. Vous savez ce qu'on lui a donné ?

Non.

Du pétrole.

Vous n'êtes pas sérieux ?

Du pétrole et du sherry. Et on a pas entendu parler de l'oncle depuis. À la prochaine. V'là mon bus ! Bonne année !

Je vais vous dire qui d'autre il a tiré d'affaire le frangin – Jamesie D. C'était un gars qui battait vraiment de l'aile. Quand il est venu voir le frangin c'était une loque. Et regardez-le maintenant.

Dans quel état est-il maintenant ?

Eh bien il a été choisi pour un essai dans les Rovers en deuxième division, mais il a pas pu y aller parce que sa vieille mère à Stepaside est tombée malade le vendredi. Un vrai gorille cet homme.

Et quel était son problème ?

L'arthrite, qu'y dit le frangin. C'était pas gagné, moi je vous le dis. Mais le frangin a pris les choses à temps.

C'est une chance.

Ah oui, si vous laissez pas trop traîner le frangin peut faire des miracles. Il reproche souvent aux gens de pas venir le voir à temps.

Et qu'est-il arrivé à ce monsieur que vous avez mentionné ?

Jamesie D. ? Ah le pauvre Jamesie D. a passé un mauvais quart d'heure. L'articulation du coude marchait plus à cause de l'arthrite. Il se serait déboîté le bras rien qu'à soulever une pinte. Le pauvre homme allait vraiment pas bien, il venait presque plus au pub le vendredi. Un type souvenez-vous qui pouvait jouer l'Ave Maria au piano que vous en aviez les larmes aux yeux. Pour vous dire la vérité c'est les médecins qui l'ont à moitié empoisonné. Tout un tas de cachets et de flacons. Et un médecin l'a collé à la machine.

Je vous demande pardon ?

Aussi vrai que je vous parle, il l'a attaché à une espèce de chaise électrique et il a envoyé le jus. Le pauvre Jamesie croyait que c'était la fin. Il croyait que c'était un fou le type, qui se prétendait docteur. Ma parole, la chaise elle a fait que lui refiler des douleurs à la cheville. C'est après ça qu'il est allé voir le frangin.

Je vois.

Eh bien vous savez ce que je vais vous dire. Le frangin a pris cette arthrite au coude, il l'a chassée du bras vers l'épaule, puis dans le dos, l'a fait passer dans l'autre jambe jusque dans les cuisses. Il l'a coincée juste au-dessus du genou. Ça lui a pris deux ans mais il a fini par l'avoir. Il l'a eue juste au-dessus du genou. Et elle est jamais revenue.

Je vois.

Non, elle est jamais revenue. Bon, v'là mon chariot. À bientôt et soyez prudent comme on dit.

Le bon peuple d'Irlande

Plusieurs personnes m'ont écrit pour me faire des compliments sur mes dessins et pour exprimer leur étonnement devant la variété des styles que je suis capable d'adopter. J'ai recueilli des louanges, pour ne pas dire des lauriers, pour la maîtrise dont je fais preuve dans l'ancienne technique de l'estampe.

C'est vrai que mes dessins sont géniaux. Ils comblent l'appétit humain pour ce qui est agréable et bien fait. Ce n'est pas mentir que de dire qu'ils sont divins.

Comment je m'y prends ?

Difficile à dire. Le génie, que vous le vouliez ou non, est une chose étrange. Le talent, oui, on peut l'expliquer ou l'analyser. Mais pas le génie. Je suis, autant que le lecteur, le spectateur étonné de mes œuvres. Quand mes doigts commencent à dessiner, je me surprends à pousser d'involontaires petits cris d'excitation et de surprise. Quelques coups de crayon, et l'affaire est dans le sac. Tout est fait en un clin d'œil : chaque trait à sa place, chaque petite ombre délicate crayonnée de manière exquise.

Et ces doigts ! Vous devriez les voir. Richement ornés de bagues incrustées d'opales exotiques, de lapis-lazuli, de phyrsa de Benghazi et autres merveilles de derrière les fagots d'Orient. Ils sont longs, nerveux, joliment faits, des doigts d'artiste. Notez, je vous prie, la peau fine et transparente au grain parfait, les ongles soigneusement entretenus, la teinte rosée perlant sous chaque coquillage, l'arrondi délicat, presque féminin du pouce. Mon visage, également...

Le bon peuple d'Irlande : Ne pourrait-on pas remettre la bobine à demain ?

Moi : Mais oui, bien sûr.

Le bon peuple d'Irlande : Si ça ne vous ennuie pas, on préférerait vous avoir à petites doses.

Moi : Pas de problème.

À BÂTONS ROMPUS

Bon, que pensez-vous de la guerre ?

Rien. Je ne pense jamais à la guerre.

La semaine dernière, mon pote, le frangin, était de l'autre côté. Il dit qu'on ne pige rien.

Vraiment rien ?

Mon pote dit qu'on verra les Amerloques ici avant Noël. Et vous savez ce que je vais vous dire ?

Non.

Les Suisses ont dans l'idée d'aller chercher des poux aux Frenchies. Ça sent mauvais là-bas, comme toujours. Il y a des gens en Suisse qui parlent français, mais ça ne veut pas dire qu'ils sont français.

Je n'ai jamais pensé une chose pareille.

Le frangin ne donne pas cher de la situation en Afrique. Il dit que ce genre de truc ne peut pas durer... ne pourrait pas durer. Il dit qu'on verra une république là-haut avant la fin de l'année. Il leur donne jusqu'à Noël pour exploser.

C'est très gentil à lui.

Il y en a d'autres qui ne sont pas heureux, non plus, à ce que dit le frangin, c'est les Suédois. Plus question d'aller à la mer. Bourrez le coin de mines et de torpilleurs, et vous avez quoi ? Des emmerdements.

Ça simplifie les choses.

Le frangin disait qu'il avait dix-huit livres de thé stockées là-haut à Finglas[1]. Il y a cinq ans qu'il sait que la guerre se prépare. Il disait que ça ne pouvait pas continuer comme ça.

Au fait, c'est l'heure du thé. Salut !

---

1. Faubourg résidentiel au nord de Dublin (*N.d.T.*).

FEUILLES D'AUTOMNE

En feuilletant l'autre jour mon volume fatigué des poèmes de Keats (premier prix de Composition anglaise à Clongowes Wood College[2] en 1888), j'ai relu le sonnet des quatre saisons de l'homme.

Il a son été où, ruminant avec volupté
Les pensées parfumées par le miel du printemps,
Sa rêverie lui fait presque atteindre le ciel,
À l'automne de son âme, dans un havre tranquille
Il replie les ailes...

Tout cela est largement ouï-dire ou à vue de nez venant de Keats, qui est mort très jeune. Mais ce n'est pas tout à fait à côté de la plaque. Je suis suffisamment vieux moi-même pour savoir ce qu'est l'Automne, et je m'aperçois que mes habitudes sont de l'ordre de celles imaginées par le poète. Il n'y a rien que je préfère à une soirée passée dans le coin le plus sombre et le plus tranquille d'un pub à échanger de bonnes pensées en bonne compagnie. Quant à replier les ailes, c'est tout à fait juste. Si on ne replie pas les cordons de la bourse, le pognon s'envole et ma petite pension est loin d'être élastique. Commander de la bière au lieu de commander du vin, ça vous évite un coup dans l'aile, et ce n'est pas un truc à mépriser : une allumette empruntée, une pipe bourrée à la sauvette, toutes ces petites choses s'additionnent à la fin de l'année.

Le bon peuple d'Irlande : Vous êtes vraiment allé à Clongowes ?

Moi : Bien sûr.

Le bon peuple : Un endroit de rêve, avec des fils de riches et tout le bataclan.

Moi : C'est tout à fait ça.

Le bon peuple : Hum... Et ils vous ont appris l'anglais, là-bas ?

---

2. Pensionnat pour garçons fondé par les jésuites près de Clare, dans le comté de Kildare, abondamment décrit par Joyce dans *Portrait de l'artiste en jeune homme* (N.d.T.).

Moi : Ils ont appris tout ce que vous pourrez me demander.

Le bon peuple : Alors pourquoi avez-vous employé l'expression « ouï-dire » au lieu de dire « entendu dire ».

Moi : Il est impensable que vous ayez commis une grossière erreur, mais si vous voulez bien consulter un dictionnaire, vous verrez que les deux formes sont admises... Bande de morveux pleins de morgue.

(Dans ma barbe : espèces de ramassis de connards, bourrés de préjugés, d'ignorance et de streptocoques, à l'esprit poisseux, au cerveau ramolli, à la trogne de poivrot et à la bouche enfarinée !)

★

Il y a quelques semaines, j'ai été interrompu au moment de livrer au public la description très attendue de mon visage. Plusieurs lectrices inquiètes m'ont écrit pour me demander combien de temps elles devraient encore attendre. Ma réponse est : pas plus tard qu'aujourd'hui. Prenons les traits un par un et reculons de quelques pas, comme on recule devant un Titien ou un Van Gogh, pour les admirer dans leur majesté et leur magnificence...

Le bon peuple d'Irlande : Ça va être long ?

Moi : Pas très.

Le bon peuple : C'est-à-dire ?

Moi : Disons dix lignes pour le vaste front homérique, ce front royal mais en même temps humain, avisé et tendre. Puis les yeux, d'un vert d'opale d'une pureté rare, fragiles et pleins de vie, se détachant sur la blancheur d'une neige de l'Himalaya...

Le bon peuple : Encore dix lignes ?

Moi : Disons sept chacun. Ça fait quatorze en tout.

Le bon peuple : Sept chacun ! Mais n'avez-vous pas parlé de différence entre les deux ?

Moi : Pas vraiment de différence, rien qui puisse être répugnant... ou incompatible... il n'y a pas moins une petite divergence dans la façon de vivre, une indéfinissable, mais charmante indépendance, une drôlerie de la paupière qui enchante...

Le bon peuple : Et la gueule pleine de morve ?

Moi : Vous voulez parler du magnifique ovale finement modelé...

Le bon peuple : Vous la connaissez celle-là : « Je suis une beauté mais pas une étoile... il y en a d'autres plus belles sur la toile... »[3]

Moi : Oui, oui, arrêtez !

Le bon peuple : Mais moi ma gueule, je m'en tape, je suis derrière, pas devant, c'est les autres qui prennent les claques !

Moi : Seigneur !

Le bon peuple : Et si on parlait de ça une autre fois ?

Moi : D'accord. Mais Dieu sait qu'il y en a qui vont être déçues.

Moi : Pendant les vacances, j'ai eu des mots avec un as de la barre...

Le bon peuple d'Irlande : Un as de la barre ?

Moi : Pardon, du barreau[4], mais c'est presque pareil : de quoi se taper la tête contre les barreaux.

Bon, ce distingué juriste m'a écrit pour me demander si une propriété en usufruit avec réversibilité du premier au quatrième enfant successivement issu d'estoc pouvait être aliénée sans codicilles de réversion annulant *pro tanto* tous les droits seigneuriaux par présentation devant les tribunaux séculiers, l'argument étant que la jouissance du bien selon la coutume du manoir pouvait être annulée à volonté par l'Acte de 1897 sur le transfert de la terre.

La réponse, malheureusement, est non. Tout bien détenu dans l'indivision sans copie de jouissance accordée à la veuve tant qu'elle reste chaste doit être soumis à donation sous peine de déshérence de toutes charges locatives incorporelles, inféodations en *aperte franche aumoyne*, droits en cours d'instance, frais de copie à prendre, ou devises présentées par fabricant de copies certifiées conformes *possessio fratris*, *pur autre vie*, ou même *qousque*.

Il y a une grande analogie avec le droit de soc qui prime sur la distribution usufruitière de biens garantis par la grosse

---

3. Poème du président américain Woodrow Wilson (1856-1924) (*N.d.T.*).
4. En anglais le jeu de mots est sur « circus » et « circuit » (*N.d.T.*).

conformément au droit interféodal du fief. Le tenant de la sous-copie a droit de présentation absolue, avec droits de vieux bourgage et d'écuage non rachetables là où la propriété est exemptée de loyer selon la loi *quia emptores*. La rédaction de la grosse doit être enregistrée et porter le sceau du Lord Lieutenant, avec reconnaissance des droits du nouveau propriétaire, cessation de *cestui qui caveat en graund playsance du roi*, et copie de tout avis d'opposition interféodal et nouvelles patentes du droit de soc, pro parte en *graund serjaunty*, pro parte en franchises seigneuriales majeures.

Si vous voulez bien, je crois que je vais demander la permission d'arrêter là[5].

KEATSIANA

Il y a bien longtemps que je n'ai pas raconté une anecdote sur la vie de Keats. Écoutez celle-là.

Quand il eut dix-huit ans, le poète décida de faire un voyage sur le continent américain pour ramasser du pognon comme aucun conférencier de merde n'en avait jamais ramassé. À Boston, il rencontra une belle dame, la quarantaine bien en chair, mais avec le teint fleuri du flouze et tout ce qui s'ensuit. Le poète en fit immédiatement le siège, loua la fantaisie coûteuse de ses chapeaux et en fit sa Sombre Dame aux Bibis. Elle accepta plus ou moins ses avances, mais ne fit pas un geste pour lui acheter un attelage et ne consentit pas à le rencontrer ailleurs que dans le parc local pendant la journée. Rendu fou par la cupidité, il décida de jouer son va-tout et lui fit une demande en mariage bidon. La réponse de la dame fut particulière.

– Avez-vous déjà lu les œuvres de notre grand écrivain, Thoreau ? demanda-t-elle.

– Jamais entendu parler de ce poireau-là, dit Keats.

– Eh bien, vous allez en entendre parler, dit la dame. Il se trouve que je suis sa femme.

– Vraiment ? demanda le poète.

---

5. Outre le whiskey, Myles a deux autres dadas : la morve et le Droit. Cet (effroyable) passage témoigne de son amour immodéré du jargon. N'ayant lu ni l'Histoire du droit anglais au Moyen Âge de Fritze & Robinson, ni celle du droit français à la même époque, je ne garantis pas l'exactitude des âneries juridiques de la traduction (*N.d.T.*).

– Comment pourrais-je vous épouser si j'ai déjà un mari ?
– Très facile, répondit le grand esprit. Divorcez immédiatement, c'est le moment ou jamais de prendre le Thoreau par les cornes.

OBJECTION

Le bon peuple d'Irlande : Funérailles !
Moi : Ce n'est rien, écoutez ça.

Quelques années avant la guerre, j'ai rencontré une dame qui s'appelait Lottie, dont je suis tombé profondément, et même excessivement, amoureux. On avait l'habitude, pour nos rendez-vous nocturnes, de se retrouver près de la maison du Dr Mimoller, qui dirigeait le Musée national avant de retourner en Allemagne.

Le bon peuple d'Irlande : Qu'est-ce qu'il y a de drôle là-dedans ? Où est la plaisanterie ?

Moi : Vous ne pigez pas ? « Ces pâles mains que j'aimais sans Mimoller » ?[6]

Le bon peuple : Ben dis-moi...

Moi : Je pourrais vous en sortir une autre du même tabac si j'avais la place.

★

Moi : L'hiver approchant à grands pas, il y a de plus en plus de spéculation sur l'issue du combat titanesque qui se déroule en Russie. Dans cet étrange et lointain pays, des masses énormes d'hommes et de métal sont inextricablement liées sur un front qui va de la mer Noire au lointain isthme de Carélie, un arc qui embrasse une grande diversité de terrains et même de climats. Quand le Führer lança les divisions Panzer à l'assaut de Smolensk et monta la vaste opération en pince dont le point culminant fut la sanglante boucherie du Dniepr, de nombreux observateurs prédirent que la guerre serait longue. Le général Koniev, grand stratège responsable des succès alliés en Moravie, avait déplacé

---

6. En anglais le jeu de mots est sur « Chalet Mahr » et « Shalimar » (« Pâle hands I loved beside the Shalimar », poème de Laurence Hope) (*N.d.T.*).

des forces considérables sur l'axe du front, où la « pince du crabe », se tournant vers le sud, avait porté le *Sturm und Drang* de la bataille en des lieux nouveaux et inattendus. Le...

Le bon peuple d'Irlande : Il doit y avoir quelque chose qui cloche. C'est sûrement l'éditorial.

Moi : Bien sûr.

Le bon peuple : Mais...

Moi : Oui, désolé : il y a quelque chose qui cloche. Mon blabla est mal placé. Un crétin a fait une connerie.

Le bon peuple : Vous ne voulez pas dire que c'est vous qui écrivez l'éditorial ?

Moi : D'habitude, si. Il y a un autre type qui me remplace quand je suis « indisposé », si vous voyez ce que je veux dire. Et il n'y a aucune raison pour que vous ne le pigiez pas, bande de poivrots.

Le bon peuple : Bon... passons. Comment trouvez-vous le temps de faire les deux ?

Moi : Aucun problème. Dans les deux cas, je fourgue le même blabla. En changeant un mot ou deux, ici et là.

Le bon peuple : Vous êtes mieux payé pour l'éditorial ?

Moi : Quelques biftons pour l'édito et je donne le reste de mes conneries pour rien, car je prends mon pied à publier des plaisanteries sur les gens que je ne peux pas piffrer. J'écris aussi chaque semaine des tas de trucs sur « En avant les gars » dans « Allez l'Irlande ».

Le bon peuple : Ben, vous m'en direz tant. Quel type merveilleux vous êtes. Et vous écrivez aussi des pièces pour l'Abbey Theatre ?

Moi : Évidemment.

Le bon peuple : Funérailles !

★

N'oubliez jamais qu'une jouissance par sochemance ensaisinée par copies du rôle de la cour et nouvelle saisine des contrats de donation seigneuriale en franche puissance...[7]

---

7. Nouvelle crise de jargonite aiguë (*N.d.T.*).

Le bon peuple d'Irlande : On dirait les bruits d'eau sale quand on débouche un évier.

... est seulement aliénable par droit de bon faisance subsistant par *francus bancus* de la veuve ou actes revêtus de *saisina facit stipidem,* copie certifiée conforme devant être déposée à la Chambre Étoilée.

En outre, une rente foncière non pourvue par contrat bilatéral de franche seigneurie et bail enregistré avec réemption en marché ouvert, subsiste donc en graund serjaunty du roi, dix-huit bateaux de pêche étant jugés suffisants pour transporter la marchandise de Lisbonne.

Le bon peuple : Qu'est-ce que les bateaux de pêche viennent faire ici?

Moi : Comme d'habitude.

Le bon peuple : Mais non, quel rapport avec ce que vous dites ?

Moi : Aucun. Je voulais simplement m'assurer que vous n'aviez pas décroché. Au fait, je suis tombé sur un truc marrant l'autre soir dans un pub.

Le bon peuple (gloussant) : C'était quoi ?

Moi : Un placard sur le mur qui disait : Nous sommes parvenus à un arrangement avec nos banquiers. Ils ont décidé de ne plus vendre de boissons. Nous, de ne plus toucher les chèques.

Le bon peuple d'Irlande (se tapant sur les cuisses) : Oh, ah, ah, ah ! Oh, oh, oh, oh !

Moi : Je savais que ça vous plairait.

ALLEZ, LES GARS

Il n'y a rien de mieux, c'est sûr. C'est une super idée pour nous empêcher d'aller dans les pubs ou de traîner dans les rues. Un bon divertissement des familles. Allons, dépêchez-vous. Ne me faites pas poireauter toute la journée.

Le bon peuple d'Irlande : Qu'est-ce que vous voulez dire ? De quoi s'agit-il ?

Moi : On va jouer au billard... À quatre si vous voulez. Et je vous filerai vingt-cinq points d'avance.

Le bon peuple (méfiant) : Où sont les queues ?

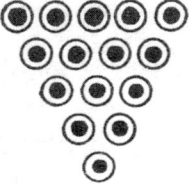

Moi : J'ai bien peur de les avoir oubliées.

Le bon peuple : Et les boules ?

Moi : Où ai-je la tête ? Donnez-moi des claques.

Le bon peuple : En tout cas, pas question de jouer avec ces machins-là. C'est pour rire, peut-être. C'est pas des vraies boules.

Moi : Je vous jure que c'est sérieux.

Le bon peuple : Et elles sont pas rouges.

Moi : Filez-moi un crayon rouge.

Le bon peuple d'Irlande : C'est du pipeau. Si vous êtes sérieux, venez donc un de ces soirs chez Tommie et on verra qui filera vingt-cinq points d'avance, et il y a un gars, là-bas, qui s'appelle Rooney, et qui vous montrera quelque chose.

Moi : Pas de problème.

★

Je saisis l'occasion de vous souhaiter à tous une bonne et heureuse année et réciproquement.

Le bon peuple d'Irlande : Vous êtes très en retard.

Moi : Si ces vœux qui viennent du cœur ne vous plaisent pas, je peux les retirer.

Le bon peuple : Allez-y, retirez-les.

Moi : C'est fait.

Le bon peuple : Il y en a qui ont du culot.

★

Un legs de biens incorporels se perpétuant en sous-assignation peut de facto valoir pour assignation de parts avec seigne moins annexés du petit plaisance, ordonnances de *cestui que cave* et renouvellement des mandats de confiscation des terres.

Il fut autrefois établi (voir Bract., fo. 87a 207ε Vinogradoff, Hist. E. L. XVII, Reg. V Shaughnessy et al.) que le legs d'une servitude accompagnée de rente tenue en franche chaise à moins avec fin de non-recevoir était conforme à la loi eu égard à la fraund puissaunce de la charte des fiefs. Comme le dit Pallas :

« Les legs comportant assignation à comparaître... blablabla... se perpétuent derechef en fief de grosse plaisance... blablabla... en dépit de toutes copies de vassalité d'arrière-fief... blablabla... de grande bâtardise... blalabla... ou de bail à mort d'homme... blablabla... de déshérence du droit d'écuage... ou de tenures « dont les plus hautes sont de chivalry et de graund serjaunty, les quex fiés furent pourveus de defences de... blablabla... »[8]

Cela peut paraître aujourd'hui une déclaration abstruse. Cependant, elle fut à l'époque tenue par les Irlandais comme une justification de leurs droits immémoriaux, et même comme une plus large charte d'autodétermination démocratique que l'Acte du gouvernement local de 1898.[9]

CONSEILS AUX POIVROTS

Jour après jour, je reçois des lettres me réclamant des articles plus « populaires », « plus en rapport avec les gens ordinaires ». « Donnez-nous, dit un lecteur, un conseil qui puisse nous intéresser et nous aider dans la vie quotidienne. »

Très bien. Avouons qu'il nous arrive presque tous les soirs d'être ramené à la maison ou d'avoir sur les bras la tâche de faire tenir debout un ami complètement cuit.

---

8. On connaît le jugement de Myles sur Joyce : « Peut-être, écrit-il, que la vraie fascination de Joyce réside dans son habileté presque surnaturelle à rendre le dialogue dublinois, dans son caractère cachottier, son ambiguïté (sa polyguïté peut-être), ses mystifications, sa malhonnêteté, sa virtuosité technique et son attraction pour les Américains... James Joyce, un illettré dont toutes les citations sont incorrectes... » Le lecteur a compris que ce jugement de Myles sur Joyce est aussi un jugement de Myles sur Myles. Il me saura donc gré d'avoir traduit en le déformant le jargon préféré de Myles, et en lui faisant un chien de sa chienne en le remplaçant par un « blablabla » du meilleur aloi, ainsi qu'en témoigne la citation finale tirée des *Recherches sur la minorité et ses effets dans la France coutumière au Moyen Âge* d'Henri d'Arbois de Jubainville, paru en 1850 (*N.d.T.*).

9. Acte établissant en Irlande un système de gouvernement local, qui mit fin au pouvoir despotique des propriétaires terriens irlandais (*N.d.T.*).

Regardez mon dessin. Votre « ami » a ingurgité quarante-huit pintes et s'est maintenant écroulé sur le dos. Voici mon conseil d'aujourd'hui : Ne lui relevez pas la tête comme sur l'illustration. Gardez son corps complètement à l'horizontale. Si vous lui relevez la tête et les épaules, vous en verserez certainement un peu.

BÊTISES

Le bon peuple d'Irlande : ☞
Moi : Arrêtez de montrer du doigt. C'est un peu fort.
Le bon peuple : Nom de Dieu, c'est qui ?
Moi : Mon pote, M. Claude Monnaie. Un peintre.
Le bon peuple : En bâtiment ?
Moi : Vous n'y êtes pas du tout. *La Mare de Blessington, Place du marché, Équipées*, etc.
Le bon peuple : Alors pourquoi porte-t-il un pantalon d'ouvrier ?
Moi : C'est du velours côtelé, et du plus beau pourpre en plus.

Le bon peuple (avec méfiance) : Vous êtes très difficiles à suivre, vous les intellos.

Moi (sur un ton venimeux) : Je crois que je vais devenir fou *(devenant blanc de rage, la voix s'élevant jusqu'au cri)*. Vous m'entendez ? Dingue, dingue, DINGUE !

*

Dans le Manhattan chic, à New York, vit le blond, grassouillet et souriant James Keats, descendant du fameux poète John. Allergique à la poésie, James Keats est directeur des fameux « Fromages de Manhattan », une firme d'un million de dollars, et il est numéro trois dans le sondage Gallup qui désigne les dix patrons américains les plus compétents. James mène une vie tranquille avec sa femme Anna, une brune piquante, il est incollable sur les fromages et, comme son illustre ancêtre, adore les jeux de mots. Anna aime évoquer le jour où il l'a emmenée voir le match Joe Louis – Max Baer.

Il a passé son temps à s'égosiller : Com'on Baer ! Cam'onbert ! Camembert !

D'accord, ce n'est pas drôle, mais est-ce que cette drôle de façon d'écrire l'anglais vous amuse ? C'est élégant et tout à fait tendance. Elle a été inventée par les petits malins d'un magazine vernissé et copiée par les scribouillards de tous les pays. J'écrirai tous les jours comme ça pour des clopinettes, en gaélique aussi bien qu'en anglais. Parce que ce genre de style est net, plein de sens, tendu, musclé, compact, sensationnel, factuel, tendineux, juteux, élégant, moderne, fragile, chromé, brillant, flexible et omnispectre.

UN AUTRE PROBLÈME RÉSOLU

Je suis heureux de vous annoncer que j'ai découvert un remède pour la pénurie de cigarettes et de tabac. Plus besoin de vous glisser de boutique en boutique en rasant les murs comme un criminel.

C'est simple. Vous n'avez besoin que d'un jeu de cartes. Invitez quatre ou cinq gus chez vous, faites-les asseoir autour d'une table et distribuez les cartes pour un poker. Mais assurez-vous d'abord que les cartes soient dans un ordre tel que chaque joueur ait une main pleine : quinte, carré, brelan, etc. Dès qu'il regardera ses cartes, chaque joueur se mettra à faire de la fumée, c'est-à-dire à cacher son jeu. S'il n'y a pas de nouvelle donne et que chacun garde la main, chacun pourra tranquillement faire de la fumée en cachant son jeu toute la nuit. Avec votre permission, il pourra même ramener sa main chez lui et faire de la fumée au lit jusqu'à ce qu'il s'endorme.

Si vous avez des jeux de cartes dépareillés, n'hésitez pas à les envoyer aux Bonnes Œuvres de Myles na gCopaleen. Nos dames patronnesses se feront un plaisir d'en faire des flushes, des quintes et des carrés, pour les envoyer aux soldats qui ont autant besoin que les autres de faire les morts en s'enfumant.

Le bon peuple d'Irlande : À propos de cartes, rien ne vaut une bonne partie de whist, le seul jeu qui vaille vraiment le coup... Quand on entend ces gamines en jupons causer bridge et le reste, c'est à vous rendre malade.

Moi : Continuez, je vous prie, vous commencez à m'intéresser.

Le bon peuple : Se retrouver le soir dans l'arrière-salle avec quelques gus, deux douzaines de bouteilles de stout dans le coin, et quelques pièces sur la table, Bon Dieu, qu'est-ce qu'un homme peut demander de plus ?

Moi : Personnellement, je ne suis jamais heureux quand je suis loin de mes bouquins préférés.

Le bon peuple : Et pas un seul mot, chaque gus pour lui, chaque carte au compte-gouttes et atout sur l'as de pique aussi souvent que vous voulez.

Moi : Comme vous dites.

POILS À GOGO

Ma crème brevetée pour barbe jouit d'une vogue considérable. Un charlot bien connu (on me conseille de ne pas mentionner son nom pour éviter les poursuites) a commandé trois coffrets de Noël du produit et on s'attend d'un jour à l'autre à le voir apparaître dans les rues en arborant lui-même une barbe, escorté de quatre enfants barbus. Il veille à ce que

ses gosses n'aient pas de poil dans la main et manifestent des talents précoces.

De bonnes âmes m'ont écrit pour me demander si la Crème met longtemps à agir.

Pas du tout. L'illustration ci-dessous montre ce qui arrive en l'espace d'une heure.

Pensez-y ! Le Communisme, l'Art, la Poésie, même la Plongée Sous-Marine, tout en une heure ! Au poil, non ?

Je vois que l'on vient de publier un choix de lettres de Cézanne. Croyez-moi, elles ne valent pas la moitié de celles de Manet, dont je suis en train de préparer l'édition. Le titre du volume sera *Littera Scripta Manet*. Édition limitée à vingt-cinq exemplaires sur vélin de foie de porc fumé à la vapeur et relié par des agrafes irlandaises en peau de chèvre desséchée et piquée. Un véritable trésor qu'il faut prendre soin de boucler au frais par temps chaud.

Au fait, Keats avait une perruche nommée Tess. Dans ses moments de folie, il lui criait : « Toujours là Polly Tess ! »

Quant au bouquin de Manet, on y trouvera autant de révélations croustillantes que de rides sur la trompe d'un éléphant. Il sera hors de prix. Épluchez ce canard pour en savoir plus. Ou mieux, écrivez-moi si vous voulez des tuyaux. Le jockey et l'entraîneur en moi préfèrent tuyauter.

Pour changer les roulettes de votre Steinway, qui font du bruit quand vous jouez, à quoi allez-vous jouer ?

Le bon peuple d'Irlande : À quoi ?

Moi : À la roulette, bien sûr.[10]

La ballade de Chopin en sol mineur – ma préférée à Beverley et à moi – rendra un son dix fois plus tendre.

---

10. En anglais le jeu de mots est sur « castor » / « castor oil » (*N.d.T.*).

Quand il déménageait, Chopin faisait transporter son piano dans les rues en charrette. Affalé sur le piano, le compositeur tentait d'atteindre les touches comme il pouvait. Ce n'était pas de la tarte, car il devait se servir de la mauvaise main sur le mauvais côté du clavier. Keats et Chopin avaient beaucoup de choses en commun : leur œuvre a la même douce langueur maladive, la même nachtschaft obscure pour les nocturnes, la même éruption de symbolisme à l'eau de rose, le matin suivant la fête de Noël à l'hospice. Ils transportent quoi maintenant ? Un cercueil d'enfant, mon bon monsieur... observez les dimensions pathétiques de l'objet. Âgé de deux mois et dix jours. Né et élevé sur place. Mais oui.

UN TÉNOR PLEIN DE TALENT

Sidney MacEwen est un excellent ténor dont je vous conseille d'acheter les disques. C'est un homme de qualité qui chante quelques-unes de nos chansons avec beaucoup plus de distinction que ma pomme, Dieu la bénisse. Son nom indique qu'il est écossais. Il a une voix riche, chaude et juste, dont il se sert avec la grâce et la compétence du véritable artiste. Écoutez-le dans *Elle traverse le champ de foire* et dans *L'Alouette dans le ciel bleu,* cela vaut beaucoup mieux que le prix inscrit sur la pochette.

Le bon peuple d'Irlande : C'est pas tout, mais on n'y comprend pas grand-chose aujourd'hui.

Moi : YXSK ryeamdklwo2&&J hu O'&87 ! Ça, vous comprenez ?

Le bon peuple : C'est pire.

Moi : Alors fermez-la !

★

J'avais l'intention de faire glorieusement paraître aujourd'hui cette chronique en technicolor, mais je me suis heurté à certains obstacles techniques. C'est difficile à expliquer sans diapos. Supposez que je me tienne à la fenêtre, ici, et que je ferme les volets. On est alors dans l'obscurité. Très bien. Mais j'ouvre maintenant le volet de gauche. Lumière dans la pièce.

Le bon peuple d'Irlande : Lumière dans la pièce ? Attendez voir : il n'y a pas un mot qui manque par hasard ?

Moi : Bien sûr, le verbe. « La lumière entre dans la pièce. » Au fait, ça vous embêterait que je remette l'explication à plus tard ?

Le bon peuple : Pas le moins du monde. Si vous nous en racontiez une ou deux bien bonnes ?

Moi : Vous allez vous fendre la pipe, attendez voir. Écoutez celle-là : l'une des prétentions morbides des débris humains du cru qui se croient kultivés et bien idioqués est de préserver le Dublin de l'époque georgienne… vous entendez : protéger ces merveilleuses façades, ces squares exquis, l'infanterie et la cavalerie y étaient à l'époque et cinq cents tailleurs dublinois roulaient sur l'or en confectionnant des uniformes hors de prix. Fitzwilliam Square brillait de mille feux, il y faisait bon vivre avec la grande et vieille noblesse Whig, le Parlement de Grattan[11] et les plafonds en stuc, l'iconographie classique, la civilisation, les Gandon, Fwawnsees Johnston, Cassel, William Chambers, Ivory, Burlington, Cooley, les impostes, le fenêtrage, les commissaires aux grandes artères[12], et ces vieilles briques patinées, regardez comme un siècle d'érosion a transformé la brillante teinte prune d'origine en une teinte vineuse incomparablement douce.

Laissez ce volet tranquille, quand je ferme un volet, ça veut dire qu'il doit rester fermé. Vous voulez savoir la vérité sur cette supercherie georgienne ? Je vais vous la dire (on va sûrement me virer, mais tant pis : mon public d'abord), je vais vous révéler le pot aux roses : Dublin est un fumier. Dublin est un taudis, vous m'entendez. Au mieux (dans Fitzwilliam Square) une cage à poules dorée à usage professionnel. Au pire, un tas de fumier vautré sur pilotis, dégageant constamment une putride odeur de rance et de loyers malpropres. Ah oui, c'est là le vrai Dublin, où on trouve les vieux de la vieille : je suis né dans cette maison et mon père avant moi y est né et son père

---

11. Nom donné aux deux décades d'indépendance parlementaire qui s'acheva en 1800 avec l'Acte d'Union (*N.d.T.*).

12. La Commission aux grandes artères fut établie par un acte du Parlement en 1757 (*N.d.T.*).

avant lui, mais oui. Mais oui, mais oui. Le vieux Dublin est si pittoresque que l'on respire son charme nostalgique quand le navire postal, encore à plus de quinze kilomètres, arrive par Lambay (rappelez-vous qu'on y a fait un pique-nique dans le temps, le pauvre George était encore des nôtres, ce jour-là). Quand, venant de Paris, je rentre à Dublin, je me sens proche des larmes. On est toujours proche des larmes quand on contemple une grande œuvre d'art comme le Pan de la Dresdner Musikschule, ou les fresques exquises à Orvieto, ou le second quatuor de Bloch.

Contemple bloc par bloc la rue de la Petite-Bretagne, Joe, et envoie-moi une carte postale pour me dire avec tes mots à toi le choc émotionnel que t'inspirent ces proportions élégantes, cette délicatesse dans le détail architectural, contrastant avec la crasse charmante des autochtones qui forment une sorte de contrepoint à l'appréhension esthétique du tout.

Le bon peuple d'Irlande : Et les blagues ?

Moi : Attendez, vous allez voir. Diriez-vous que le cousin du prétendant au trône de France est le duc(k) de Guise ?

Le bon peuple : Hein ?

Moi : Diriez-vous que c'est un canard boiteux chez les Oies Sauvages, un Guise chez les Geese ?[13]

Le bon peuple d'Irlande : Dieu sait qu'il y a des raseurs… ces bourses du Conseil général pour les universités là-haut à Dublin font plus de mal que de bien… ces freluquets qui se pavanent tous les jours de la semaine en costume du dimanche quand ils reviennent chez eux pour Pâques, morts de honte d'être vus avec leur paternel… Ô non merci je ne donnerai pas de coup de main pour les semailles, il faut que je bosse le programme, j'ai un exam dans deux mois. Au fait, j'y pense, j'ai besoin de fric pour les bouquins. C'est de la folie. Vous avez dit que vous alliez nous en raconter des bonnes pour nous faire marrer, résultat : on vous montre du doigt. De la folie. Le pays est dans un bel état : dingue, il n'y a pas d'autre mot pour ça. De la folie.

---

13. Myles adore les jeux de mots laids. Les Oies Sauvages (Wild Geese) est le nom donné aux soldats irlandais qui, en 1772, partirent s'engager dans les armées étrangères, et d'abord en France, à l'issue de la guerre entre Jacques II et Guillaume d'Orange (*N.d.T.*).

★

Quelqu'un qui aurait du temps à perdre devrait faire collection de tout-ce-qui-a-été-dit-d'ahurissant sur ce pays par des immigrants maniant plus ou moins bien la plume. On sent d'ici la suffisance et on se prend à espérer qu'elle ne se mette pas à dégouliner sur le tapis. Par exemple, M. Christopher Hollis écrivait l'autre jour qu'il avait mangé un morceau à Maynooth, où tout le monde comprend le latin, ce qui, le moins que l'on puisse dire, est terriblement irlandais. Puis ceci : « On me dit que les Irlandais écrivent beaucoup mieux la prose anglaise que la prose gaélique. Je ne sais pas si c'est vrai. Car il y a très peu de gens qui écrivent en gaélique, et ceux qui le font ne lisent jamais d'autre prose que la leur. » M. Hollis a jadis écrit un livre idiot sur Lénine. On me dit qu'il ignore le russe. Je ne sais pas si c'est vrai.

« Remercions la Film Society car nous n'avons que trois lignes pour dire que *La Femme du boulanger* est un très beau film, plein d'esprit, dans une mise en scène magnifique, avec d'excellents acteurs et une photographie exceptionnelle. » Le critique de l'*Irish Times*.

Vous avez raison, vous avez raison, rien ne vaut le bon vieux film français... du solide on peut dire... c'est comme si vous étiez à Paris avec Maurice Chevalier, les sergents de ville avec des drôles de képis et tout le bazar.

Pendant des années, ils nous ont seriné avec-les-bonnes-manières-de-la-haute à propos *der film al kunst*, bon, ce truc d'Hollywood est pas mal, je veux dire ça va si vous aimez ce genre de choses, mais c'est vulgaire, mon vieux, c'est vulgaire, c'est pas de l'A(w)rt. Regardez ce qu'ils ont fait du pauvre *Che Viva Mexico* d'Eisenstein. Là, je veux dire, il y avait là une œuvre, prête à montrer une nouvelle conception de la bande-son grâce à un traitement télécinétique en surtonalité parfaitement maîtrisé, je veux dire que tout le monde sait que la relative simplicité structurelle des événements acoustiques les rend plus adaptés à un usage contrôlé dans les plus hauts degrés de la hiérarchie du montage selon les critères d'Eisenstein. Et qu'est-ce qu'ils en ont fait ? Ils l'ont donné au montage à Sol Lesser[14], funérailles, appelez-le Tonnerre sur Mexico. (Il y aurait de quoi rire, si ce n'était aussi tragique.)

Oui, mais le film est une grande industrie : elle n'a pas à s'excuser auprès des soi-disant artistes incultes et cradingues, des dingolescents et autres peterpanisés de ne pas être un art. Hollywood a rassemblé les meilleurs cerveaux, les meilleurs techniciens, les meilleurs cameramen, les meilleurs décorateurs, et les meilleurs acteurs du monde. Quand un bon film est fait, c'est Hollywood qui le fait – et tout le monde voit qu'il est bon. Il coûte des millions de dollars. (Ah, ça va comme ça, je sais quel genre de mec tu es, alors file-moi un truc à tourner en seize millimètres sépia avec des acteurs non professionnels, des cameramen épileptiques, pas d'intrigue et des dialogues en français *toute la sainte semaine.*)

Il n'y a aucune raison au monde pour qu'un film s'adresse uniquement à une petite clique.

Chaque film fournit du travail à des armées de techniciens, de commerciaux, de publicistes avant d'atteindre le public, et s'il fait cela, il doit être meilleur que le blabla ou les pets de l'avant-garde. Dans tous les cas, le film est un pur spectacle et n'a rien à voir avec les élucubrations de M. Harris Tottle.[15] (Mais essayez de démontrer ça à ce fringué tendance aux cheveux gominés.)

Le bon peuple d'Irlande : Encore un jour sans se marrer.

Moi : Oui, allez vous faire voir.

★

Je doute qu'il y ait, entre les quatre murs de l'Irlande, un seul homme digne de ce nom à ne pas avoir bâillé devant l'attaque de la diligence. Tous les Irlandais qui se respectent (qu'ils soient sur terre, sur mer ou au ciel) se demandent pourquoi on fait tout ce tintouin autour. Vous direz que c'est

---

14. Producteur et réalisateur hollywoodien, qui produisit *Tonnerre sur Mexico*, compilation du film d'Eisenstein (*N.d.T.*).

15. Alias Aris Tote (*N.d.T.*).

couleur locale. Couleur locale ? Et si je vous laisse faire, vous n'allez pas manquer de me ressortir « les temps héroïques » et combien il est réconfortant de reprendre des couleurs (s'il vous plaît n'en faites pas trop) avec un brin de vieille romance. Oui. Je me demande dans quel canard pour nourrissons vous avez lu ça. COULEUR LOCALE ? Chaque fois que j'entends les mots « couleur locale », je sors mon revolver.

Le bon peuple d'Irlande : Ah, mais c'est vraiment chouette, le temps des diligences, tu vois, et les tuniques rouges au son du clairon, et les palefreniers et les garçons de café et les bols de punch brûlant à l'intérieur du pub. Sûr, c'est tout à fait comme dans le temps, mon vieux.

Moi : Ouais, mais on ne peut pas avoir Tom Mix ou John Wayne descendant des Galtees au grand galop et arrêtant la diligence avec leurs tromblons, la bourse ou la vie, jetez les sacs de poudre d'or et mettez tous vos bijoux dans ce chapeau, personne ne sera blessé sauf si... oh non, vous n'allez pas... PAN ! Pan-pan-pan ! PAN ! Ils m'ont eu Jake... occupe-toi de Cis quand je serai plus là. PAN ! Pan ! Pan ! Pan ! Wheeee... plop ! Suit la séquence comique : une balle a percé la fiasque du tricheur ivre mort (joué par notre vieux pote Joe Kerrigan) et la bibine, plus précieuse que le sang de la vie, se répand goutte à goutte et disparaît tragiquement dans le sable brûlant. Pan, pan, pan ! Mais qu'est-ce que c'est ? Le fracas d'une centaine de sabots ? Ils arrivent à fond de train, rifles étincelants... les Rangers ! Les Texas Rangers arrivent juste à temps ! Sans peur et sans reproche, les Rangers emmenés par Bill Boyd à la gueule d'airain, alias Hopalong Cassidy.

Le bon peuple : Ça y est, ils sont sauvés, ils sont SAUVÉS... Hourrah, bons vieux Rangers !

En effet, Adare[16] n'est pas le seul endroit où la faillite (loin d'être drôle) de notre service de transports est un prétexte à des combats à l'eau de rose avec les tuniques rouges. Il y a, sur le sujet, d'autres gags à se plier en deux dans d'autres endroits. Regardez ce tragique tissu d'âneries paru l'autre jour dans ce... oui ... dans ce canard.

---

16. Pendant la guerre, un service de diligences fut instauré dans le village d'Adare (*Note de l'auteur*).

« Pourquoi pas des lignes d'éléphants ou de lamas, partant de la Colonne et courant (ou plutôt marchant jusqu'aux faubourgs les plus proches ? Pourquoi ne pas utiliser le dromadaire ? Il pourrait même être possible de créer une ligne de gala spécial zèbre pour le carnaval et les fêtes de charité. »

Bon, on peut jouer à deux à ce jeu, jouer les clowns à deux pour achever les lecteurs de l'*Irish Times* avec ce genre de clowneries. Je veux dire : ce ne serait que justice que ces lignes soient nommées en l'honneur des divers quartiers desservis. On pourrait envisager (avec le sourire de quelqu'un atteint de gâtisme prématuré) une ligne Clonskeagh-Whitéléphant, la ligne Ranellamagh, la ligne Dundromadaire et l'élégant zèbriolet à deux places (jusqu'à Cabra et vice-versa).

Allons plus loin (et craignons le pire). Est-ce qu'un tram tiré par un émeu serait émusant ? Si vous aviez un petit cabriolet tiré par un phœnix, serait-il possible, à cause des règles de la circulation, de laisser le phœnix au parc ? Le donkey à Dalkey ? Le droghadaire à Drogheda ?[17]

Oui, c'est beau de se payer la tête des gens. Mais il faut le faire en douceur. *En douceur* et subtilement. Lasses du monde et des mots, les lèvres style Joconde formant Jocondeusement une courbe tendrement ironique. La vie ressemble à une alouette, vous savez, on rigole comme on peut, l'humanité s'amuse à faire des jeux de mots débiles et transpire de joie à grosses gouttes. Mais souvenez-vous qu'il y a dans la vie des moments plus durs. Je veux dire la moisson, le blé, les transports, les holdings financiers, une politique monétaire éclairée et Craobh Ruadh[18]. Il nous faut également travailler de temps en temps. Le travail, c'est ça qui nous remettra sur les rails.

★

---

17. Mots valises sur différents quartiers de Dublin (Clonskkeagh, Whitehall, etc.), un peu plus loin Dalkey, bourgade chère à Myles (*The Dalkey Archive*), plus loin encore Drogheda, chère à Lord Dunsany. « Il y avait deux grands voleurs sur la route de Drogheda, Fingall et Dunsany. Quand on échappait aux pattes de Fingall, on tombait entre celles de Dunsany. » (*N.d.T.*)

18. L'une des trois résidences royales de Conchobar mac Nessa (*N.d.T.*).

Prenez le mot Paris : P-A-R-I-S. Mon premier est fait par le temps, parce que ne t'en fais pas. Mon second par le roc, parce que le roc fait l'R. Mon troisième par le diable, parce que Méphisto fait l'S. Et mon tout est la capitale de la France.

Le bon peuple d'Irlande : Paris, mais il manque le I.

Moi : Bien sûr, mais le con fait I.

Le bon peuple : Houlà ! Oh la vache ! Ça doit être un vrai casse-tête de sortir des trucs comme ça. Pas facile à piger du premier coup. Faut nous faire un dessin.

Moi : Je suis vachement profond parfois, vous savez.

Le bon peuple : C'est pas toujours facile de se hausser à votre niveau surtout quand vous employez des mots à coucher dehors. Vous avez déjà entendu celle-là : quelle est la langue qui vous blesse sans jamais rien dire ?

Moi : Celle qu'on donne au chat ?

Le bon peuple : NON, CELLE DE TA GODASSE !

Moi : Ah, ah, ah ! Très bonne ! je parie que vous allez sécher sur celle-là. Quel est le métier où il est interdit de décoller ?

Le bon peuple (émoustillé) : Lequel ?

Moi : Colleur d'affiches.

Le bon peuple d'Irlande : Oh, ah ah ah ah ah ! *(Plié en deux, se tape sur les cuisses et fait claquer de grosses bretelles de paysan.)*

Les gens dans ma position acquièrent une vision bizarre de la vie, comme le dit l'acrobate cynique suspendu à l'envers à deux cents pieds au-dessus de la terra firma et incognita. Je veux dire que les gens m'écrivent. Toutes sortes de lettres par tous les courriers. Pouvez-vous me dire ceci ou cela. Bien sûr que oui. Une dame de Waterford me dit qu'elle a le visage infesté de taches de rousseur. Est-ce que j'ai un remède ? J'en ai un. Pour enlever les taches de rousseur, prenez une once de jus de citron, un quart de drachme de borax en poudre, et une demi-drachme de sucre. Mélangez, laissez reposer quelques jours dans une bouteille de verre et frottez de temps à autre le visage et les mains.

Écoutez ce Casanova de Belmullet : « Je suis dingue amoureux de dix-huit filles et je ne sais pas laquelle épouser. Pouvez-vous me donner un conseil ? » Sûr que je peux. Épouse la belle petite grosse.

Le bon peuple d'Irlande : Comment savez-vous qu'il y a une belle petite grosse dans le lot ?

Moi : Comment pourriez-vous trouver un groupe de dix-huit nénettes sans qu'il y ait une belle petite grosse dans le tas ?

Le bon peuple : Hum.

Moi : Est-ce que je n'ai pas moi-même épousé une belle petite grosse ?

Le bon peuple : C'est vrai ? Des gosses ?

Moi : Neuf.

Le bon peuple d'Irlande : Ben dites donc.

★

Que feriez-vous avant d'écrire – pardon – avant de vous asseoir et d'écrire ces conneries ?

JE LES BOUFFERAI, VOUS M'ENTENDEZ, VOILÀ CE QUE JE FERAI D'ABORD, JE LES BOUFFERAI.

C'est quoi que vous avez toujours dit ?

Que le pauvre aide le pauvre.

On en a quoi de vous ?

Marre.

Quel est le comble d'une belle journée ?

Qu'il pleuve pas.

Quelle est la seule famille qui a des nageoires ?

Nos potes les poissons.

Des plumes ?

Nos potes les zoziaux.

La famille la plus paumée ?

Nos potes gaéliques.

Le seul véritable symbole de la nation ?

La langue nationale.

Sans quoi serait-il vain de faire revivre la langue nationale ?

Sans notre culture nationale.

Le bon peuple d'Irlande : Qu'est-ce que c'est que cette histoire de nageoires ? Les poissons ne sont pas des hommes, en principe ? Vous voulez parler des tritons ?

Moi : Je faisais allusion aux citoyens des profondeurs.

Le bon peuple (très méfiant) : Ah bon ? *(s'animant)* Vous avez déjà lu *Le Tour du monde en quatre-vingts jours* par Joules Vern ?

Moi : Bien sûr.

Le bon peuple (enthousiasmé) : C'est très bien fait l'histoire de ce type qui parie de faire son trip en quatre-vingts jours et qui pense avoir perdu son pari, en avoir mis quatre-vingt-un, avant de s'apercevoir qu'il a gagné un jour à cause du Gulf Stream, tu vois, de la sphéricité de la terre et tout ce qui s'ensuit. Il a fini par gagner au bout du compte. Pourquoi n'écris-tu pas un bouquin comme ça ?

Moi : Pour une raison très simple : je n'ai pas de chaise.

Le bon peuple : Pas de chaise ?

Moi : Non, pas de chaise. Comment pourrais-je m'asseoir et écrire un livre sans avoir une chaise où poser mes fesses ?

Le bon peuple : Où sont passées toutes les chaises que tu avais ?

Moi : J'ai dû les vendre, c'était la seule façon de sauver l'honneur. Les impôts, comprenez-vous. Vous connaissez l'histoire de cette université où on cause latin et où l'usage du tabac est strictement in...

Le bon peuple : Interdit.

Moi : Oui... Bon, le surgé arrive et voit un étudiant avec une enflure dans la joue, comme s'il était en train de mâcher certain produit interdit. Qui est hoc ? demande le surgé. Hoc est quid, dit le mec aussi rapide à dégainer la repartie que l'apocryphe à poser la question. Cette plaisanterie date de 1873. Ça vous fait quoi comme effet ?

Le bon peuple : Marrer.

★

Il y a maintenant seize ou dix-sept ans que j'ai vu la reine de France – qui était alors la dauphine, à Versailles... et jamais vision plus délicieuse n'atterrit sur ce globe, qu'elle semblait à peine toucher. Je l'ai vue juste au-dessus de l'horizon, ornement et joyau de la sphère élevée où elle commençait juste à se mouvoir, brillante comme l'étoile du matin, pleine de vie, de splendeur et de joie...

Le bon peuple d'Irlande : Ça fait des plombes qu'on lui a fait sa fête à celle-là, vous devez vous tromper de bonne femme.

Moi : À mes yeux la reine de France est immortelle.

Le bon peuple : Et si c'est au-dessus de l'horizon que vous l'avez vue, ça dit bien ce que ça veut dire : il y en a plus d'un à avoir vu beaucoup plus que la reine de France dans sa barque... sorti pêcher avec la bibine et les sandwichs, et failli tomber par-dessus bord, l'œil vitreux de bière et de whiskey, vous êtes sûr de ne pas avoir eu des visions, par hasard ? Dieu nous préserve que vous ne vous preniez pas pour Napolean Boneypart la prochaine fois, en train de planter des navets à La Grange ?

Moi : Je suis allé à une veillée l'autre soir, et tout le monde était bourré – y compris le cadavre.

Le bon peuple d'Irlande : Seigneur Dieu, ne me parlez plus des veillées, des types qui vous valent dix fois sont bien contents de rester chez eux près du feu avec un bon bouquin ou une bonne histoire de cow-boy... avec tout ce qui se passe en ce moment qui se passait pas dans le temps...

ENTENDU EN PASSANT

Ça fait plusieurs fois que j'essaie de me le procurer. Plusieurs fois...

Je n'ai jamais compris ce qu'on y trouvait à redire.

Je l'ai vu une fois dans une boutique sur les quais, mais je n'avais pas assez d'argent sur moi et quand je suis revenu le chercher une semaine plus tard, bon sang il n'y était plus. Et je ne l'ai jamais revu dans une boutique depuis.

Je ne vois pas pourquoi on fait tout ce foin autour.

Tu l'as lu ?

Je n'y ai rien trouvé à redire pour la bonne raison qu'il n'y a rien.

Ça fait un moment que j'essaie de l'avoir...

Rien de rien.

Ça fait un moment que je me suis promis de ne pas le laisser filer.

Personne ne pourrait y trouver à redire, car il n'y a rien là-dedans, mais rien de la première page à la dernière.

Il est à l'index évidemment.

Pas le moindre truc choquant, RIEN À REDIRE, du début à la fin : rien.

Je compte plus les fois où j'ai essayé de l'avoir.

★

N'allez pas croire une seule seconde qu'en digressant j'ai oublié cette loi sur les boissons alcoolisées. Je me prépare à déposer un amendement, car il semble qu'on ne puisse pas faire grand-chose d'autre que s'amender.

Mon idée est de changer les horaires de façon que les pubs ne puissent ouvrir qu'entre deux et cinq heures du matin. Cela signifie que si vous êtes porté sur la boisson, il faudra que vous commenciez tôt.

Imaginez le résultat. On entend un bruissement dans le nid sombre et chaud, bercé depuis des heures par de douces respirations. On aperçoit deux pieds nus qui se posent tendrement sur le tapis et une main tremblante commence à chercher les allumettes à tâtons. Puis on entend une autre personne se réveiller à moitié et se retourner dans le lit.

– John ! Que se passe-t-il ?

– Rien.

– Mais où vas-tu ?

– Boire une pinte dehors.

– Mais John, il est presque deux heures du matin.

– Peu importe l'heure qu'il est.

– Mais il pleut des cordes ! Tu vas mourir de froid.

– Je te dis que je vais boire une pinte. N'essaie pas de me faire une scène ridicule. Partout dans Dublin, des milliers de bonshommes sont en train de se lever. Je n'ai rien bu depuis vingt-quatre heures.

– Mais John, il y a quatre bouteilles de bière dans l'arrière-cuisine. À côté des flocons d'avoine.

– Me fous de ce qu'il y a dans la cuisine à côté des flocons d'avoine.

– Oh John.

Débute alors une crise de sanglots hystériques tandis que le malheureux amateur de pintes, furieux et transi, enfile robes de chambre et manteaux sur son corps frissonnant et descend l'escalier avec précaution.

Ensuite la scène au pub. La visibilité est mauvaise à cause du brouillard toxique que quelqu'un a laissé entrer et qui flotte dans l'air comme d'épaisses couches de fromage de tête. Au comptoir, on aperçoit une rangée de clients échevelés et tremblants, les traits tirés, secoués de frissons, pyjama en accordéon, avec toutes les rayures possibles et imaginables, sortant en tire-bouchonnant des chaussures non lacées. Çà et là, on discerne les guibolles fouettées par le vent du fana de chemises de nuit. Et le taulier derrière le bar bâille à s'en décrocher la mâchoire, au point qu'on entend les larmes tomber dans la pinte qu'il est en train de tirer. Pas un mot : on croirait entendre les mouches voler dans un silence glacial. L'horloge maussade continue de tictaquer. Puis : « C'est l'heure, s'il vous plaît, c'est l'heure. L'heure d'aller au lit, messieurs. » À cinq heures du matin, comme vous le savez sûrement, la pluie qui tombait à verse à deux heures et demie s'est transformée en un vrai déluge.

Le bon peuple d'Irlande : C'est sérieux tout ça ?

Moi : Pourquoi ce serait pas sérieux ? Vous ne pensez pas que je suis en train de plaisanter sur quelque chose d'aussi rigolo que les lois sur les débits de boisson… est-ce que j'ai l'air d'un type à apporter de l'eau à leur moulin ?

Le bon peuple : Vous parlez sérieusement, d'accord, mais ce n'est qu'un truc pour augmenter le débit des journalistes.

Moi : Absurde ? N'en peuvent pas plus. Sont pleins comme des œufs.

Le bon peuple : Oh, ça va comme ça. Ras-le-bol de ces mecs-là. Rappelez-vous : à chaque réunion du Conseil général, ceux qui prenaient des notes en titubant ne pigeaient pas la moitié de ce qui se disait, ils ont été obligés d'inventer.

Moi : Hic !

Le bon peuple : Vous avez une bonne descente… vous pouvez toujours raconter que vous voulez faire baisser la consommation d'alcool.

Moi : C'est qu'un hoquet, compris ?

Je vois un autre aspect domestique à ce nouvel ordre des choses. Il est minuit passé. L'homme de la maison est misérablement accroupi près du feu mourant.

– John, regarde l'heure ! Tu ne viens pas te coucher ?
– Non j'attends l'ouverture des pubs.

★

Jeudi dernier, au cinéma, j'ai vu un grand type du nom de Randolph Scott, dans un film intitulé *Les Pillards*. À la fin du film, Randolph se bagarre dans un pub avec un autre type. À la fin de la bagarre, il n'y a plus de pub. Il y a tellement de castagne que tout est réduit en miettes. Randolph, qui est le méchant, prend une de ces dégelées, je vous dis pas, une de ces dégelées à dégeulo... dégeuli... geulcguelasse...

Le bon peuple d'Irlande : Quelque chose qui va pas ?

Moi : Me sens bizarre... un peu noir... pif en sang... tout chose... où suis-je ?

Le bon peuple : Sûr, c'est un truc qu'on attrape souvent au cinoche... c'est l'altitude. Vous êtes trop haut. Manque d'oxygène. Les pilotes ont souvent ce genre de trou. Descendez un peu plus bas sur la page, vous serez d'attaque.

Moi : D'accord. Merci.

Le bon peuple : Ça va maintenant ?

Moi : Oui, je suis OK. Bon, comme je le disais, Randolph se prend une de ces dégelées... à peine si on reconnaît sa bobine à la fin du film. Mais, le lendemain soir, voilà que je me paye la bobine du même Randolph dans un autre film intitulé, je crois, *Le Texan*. Tout ce que je peux dire c'était qu'il était frais comme un gardon après la raclée qu'il avait pris la veille au soir.

Le bon peuple : Un peu de bon sens, mon vieux. *Le Texan* est un vieux film. Une vraie relique, mon gars. Pas *Les Pillards*, ça vient de sortir. C'est pas parce que t'en as vu un hier soir, et l'autre un autre soir...

Moi : N'en dites pas plus : je suis allé trop vite. Je tournerai sept fois ma langue dans ma bouche la prochaine fois.

Oui. Voyons... pas mal ici. Plutôt... frais. Mon père était réparateur de clochers, mais j'ai jamais été pour m'élever. Même si j'ai bouffé je ne sais combien de cornets de frites chez Vertigo, un rital.

Qu'est-ce que j'ai dans la poche ? Une saleté de bout de papier. La une d'un canard que j'ai découpée : « LE LANGAGE

EN DANGER. » Évidemment, si j'étais un Européen cultivé, je comprendrais que cela veut dire qu'un dangereux raz-de-marée tonguistique menace de noyer la délicate, historique et complexe machinerie destinée aux échanges humains, les articulations subtiles des moyens de communication et le miracle de la parole humaine qui s'est développée il y a des années-lumière grâce au système de référence établi par le service géographique de l'armée, la télégraphie orphique à trois fils, j'en passe et des meilleures.

Mais je connais mieux.

Étant un barbare insulaire de l'Ouest avec des poils épais sur la plante des pieds, je me doute immédiatement que c'est le gaélique, ce fabuleux esperanto presque mythique, qu'il s'agit de mettre sens dessous – pardon – sens dessus dessous.

Oui, il y a vingt ans, la plupart d'entre nous étaient torturés par l'inadéquation des langues les plus civilisées, les plus élaborées, les plus hautement développées aux exigences de la pensée humaine, aux nuances de la communion interpsychique, à l'expression des pathologies douloureusement silencieuses de l'époque post-versaillaise. Nos sentiments, étouffés dans l'œuf, désespérant de trouver un véhicule suffisamment subtil, sont entrés en éruption dans le style grossier des romans de guerre. Mais, ici et là, une intelligence plus fine a fait dévier le cours des choses. Tzara a parié sa chemise sur son dada (expression française pour un pari bidon), le pauvre Jimmy Joyce aboli l'Anglais du Roi, Paulsy Picasso commencé à découper des poupées en papier, et moi...

Moi ?

D'aussi loin que je me souvienne j'ai fondé une branche de la Ligue gaélique à Rathmine College. N'ayant rien à dire, je pensais à l'époque qu'il était important de faire revivre un langage perdu dans lequel on ne pouvait absolument rien dire.

★

Le fils de la fille du Pharaon était la fille du fils du Pharaon. Vous la connaissez celle-là ?

Le bon peuple d'Irlande : Tu nous prends pour des demeurés ? Comment le fils d'un type pourrait-il en même temps être sa fille ?

Moi : J'ai dit que le fils de la fille du Pharaon était la fille du fils du Pharaon. C'est tout à fait juste et je vais vous le démontrer par l'algèbre. Soit X le fils du Pharaon. Allons plus loin : appelons-le M. X. Vous avez alors ceci : la fille de M. X était la fille de M. X, ce qui est une affirmation qui tient le coup par tous les temps, non ?

Le bon peuple : Bon Dieu, t'as raison, on n'avait jamais pensé à ça. Chapeau.

Moi : Attendez. Il y a une autre façon de voir. Appelons Mme Y la fille du Pharaon. Ça donne alors : le fils de Mme Y est le fils de Mme Y. Compris ?

Le bon peuple : Ça fait longtemps qu'on n'en a pas entendu une aussi bonne. T'aurais dû la mettre dans le canard.

Oui, le fils de la fille du Pharaon. Maintenant celle-ci : un type regarde une photo et dit je n'ai ni frères ni sœurs, mais le père de ce type est le fils de mon père. Quelle photo regarde-t-il ? La sienne. Bravo. Une dernière : un premier violon de Cork avait pour frère un premier violon de Dublin. Qu'était le premier violon de Cork pour le premier violon de Dublin ? Son frère ? Non, vous êtes complètement largués, la bonne réponse est : sa sœur.

Vous rappelez-vous la dernière fois qu'on a joué ensemble à ces petits jeux ? La lampe jaune, Spot avec l'oreille en charpie, la barre de fer mise aux volets, la théière noire suspendue à la crémaillère couverte de suie dans la cheminée et le délicat service à thé en porcelaine de Chine ?[19] Le pauvre George était vivant et Annie n'était qu'une petite fille, qui ne pensait pas qu'elle allait bientôt se marier. C'était il y a plus de vingt-cinq ans, à Newcastle Ouest, où le régiment de Papa était stationné[20]. Bons vieux jours enfuis, qui ne reviendront jamais plus.

---

19. Très exactement de Belleek, ville d'Irlande du Nord célèbre pour ses porcelaines (*N.d.T.*).

20. Papa appartenait à un régiment de Black & Tans, c'est-à-dire à un régiment de soldats anglais. L'origine du nom remonte à l'appellation d'une meute de chiens de chasse à courre particulièrement féroces du comté de Limerick (*N.d.T.*).

Chaque fois que je reviens ainsi en arrière, je tombe toujours sur moi. C'est que le passé est... essentiellement ... personnel, tu vois. Je veux dire, une partie m'appartient. Ils ont beau me persécuter, ils n'arriveront pas à m'arracher mes souvenirs. Vous souvenez-vous d'avoir lu ceci récemment dans l'*Irish Times* :

« Si vous ouvrez la porte à un employé du gaz ayant un long visage pâle et maigre rasé de près, coiffé d'un feutre mou gris et portant des lunettes à monture d'argent, assurez-vous que c'est un employé du gaz. Il y a en ce moment, selon la police, un homme qui rôde en ville en se présentant comme inspecteur de la Compagnie du gaz. Il examine la cuisinière et en profite pour rafler tout l'argent qui se trouve à portée de main. »[21]

Je suppose que vous me blâmez. Vous n'hésitez pas à enfoncer dans un fauteuil craquant qui a coûté les yeux de la tête le poids et les plis de graisse d'un corps trop bien nourri et à me dénoncer à votre femme, encore plus grosse que vous, comme voleur, monte-en-l'air, salopard et j'en passe. Pauvre ignoramus bourré de clichés, vous allez probablement commettre l'absurdité de pointer sur moi le doigt du mépris. Cela ne servira qu'à montrer combien je suis gras, rose et bien nourri. Mais laissez-moi vous dire une chose : moi aussi je dois vivre. Moi aussi, je dois manger. Je pourrais passer vous voir un de ces quatre pour vous fourrer la tête dans le four et vous faire rôtir à petit feu.

★

Je remarque aujourd'hui que la Verte Erin est de plus en plus verte. De délicieux ulcères ressemblant à des bourgeons rongent les arbres, on aperçoit des touffes de jonquilles sur l'herbe de la colline. Le Printemps arrive et chaque fille digne de ce nom pense au Printemps qui arrive. Le temps va se faire plus clément pour que Favonius[22] puisse donner un nouveau

---

21. C'est grâce à ces « visites » que Joyce a pu écrire *Gens de Dublin* (*N.d.T.*).
22. Dans la mythologie latine, dieu des vents favorables venant de l'Ouest (*N.d.T.*).

souffle à la rivière gelée et vête de nouveaux atours le lis et la rose qui ignorent le vertige de la semaison. Malheur, mon esprit galope jusqu'aux jours que j'ai passés à Heidelberg. Sonya et Lili. Et Magda. Et Ernst Schmutz, Georg Geier, Theodor Winklemann, Efrem Zimbalist, Otto Grün. Et l'accordéoniste Kurt Schachmann. Et le doktor Oreille, descendant des princes d'Irlande. Ich hab' mein Herz ' in Heidelberg verloren / in einer lauen / Sommernacht / Ich war verliebt / bis über beide / Ohren / und wie rein Röslein : hatt' / Ihr Mund gelächt ou quelque chose comme pim pam poum pim pam poum mein Hertz it schlägtam Neckar strand. Une très belle chanson d'étudiant. Bière, musique et bains de minuit dans le Neckar. Conversations en gaélique avec Kun O'Meyer et John Marquess... hélas, ces carillons...

Und als wir nahmen / Abschied vor den Toren / beim lezten Küss, da hab' Ich Klar erekaant ! dass Ich mein herz / in Heidelberg verloren ! MEIN HERZ / es schlägt am Neck-artrand ! Pim pam poum...

Le bon peuple d'Irlande : On dit que l'allemand et le gaélique sont des langues très gutturales.

Moi : Oui.

Le bon peuple : On veut dire que les sons sont très gutturaux, non ?

Moi : Si.

Le bon peuple d'Irlande : Très, très gutturales, ces deux langues, le gaélique et l'allemand.

MES PENSÉES

J'observais l'autre jour une poule qui marchait dans un jardin. Elle picorait de temps à autre un détritus, mais pouvait passer une heure dans la plus complète oisiveté. Cela m'incita à me demander pourquoi les poules avaient deux pattes et, de là, sous quel prétexte on avait affublé le cheval de ces quatre précieuses articulations. Pourquoi un cheval a-t-il huit genoux, alors qu'une poule n'en a aucun ? Quant aux pattes, je décidai qu'un cheval en avait quatre car c'est un animal de trait et une bête de somme. Il a, sur quatre pattes, une force de traction plus grande que sur deux pattes, de même qu'avoir quatre roues motrices quadruple la puissance d'une locomotive. Mais alors pourquoi un rat en a-t-il quatre ? Pourquoi pas des rats à deux pattes – (j'en ai vu de mes yeux le jour de l'inauguration du nouvel hôtel de ville de Cork) ? Les rats à deux pattes auraient probablement la même façon de nicher que les poules et se percheraient sur les barreaux du lit[23] au lieu de ronger les boiseries comme ils le font en ce moment toutes les nuits. D'un autre côté avoir des poules à quatre pattes poserait un problème : il faudrait fabriquer des perchoirs adaptés à la taille de chaque volatile. Je ferais peut-être mieux d'arrêter...

INCONNUE AU BATAILLON

Monsieur,

« Sir-Sir W. Beach Thomas pose cette question : "Y a-t-il un animal qui soit totalement silencieux ?" Le plus extraordinaire cas d'un animal presque totalement silencieux est celui de la girafe. Elle émet, à ce qu'il paraît, une sorte de faible bêlement quand on lui agite de la nourriture sous le nez. »

Cette lettre a paru récemment dans un journal londonien. Elle me rappelle qu'il y a des années que j'héberge chez moi un étrange petit animal. Il ressemble à un singe, mais comme il se perche pour dormir, ce doit être quelque chose d'autre. Cette créature a un vieux « visage » extraordinairement fané, un corps recouvert d'une fourrure grossière et elle n'a jamais émis le moindre son. Elle se nourrit principalement de livres et de journaux, et prend parfois un bain dans l'évier de la cuisine en tournant sournoisement les robinets avec sa « main ». Elle sort rarement et, à sa manière, est très courtoise. J'ai peur et suis honteux à l'idée que quelqu'un d'autre puisse la voir, au cas où je sois obligé de fournir une explication pénible. Supposez que ce soit un petit homme adroitement déguisé, quelque excentrique savant des Indes orientales venu ici nous étudier. Comment saurais-je s'il n'a pas tout consigné dans un calepin ?

---

23. Myles oublie les rats de bibliothèque (*N.d.T.*).

Le bon peuple d'Irlande : En fait, bonhomme, c'est un blaireau aux dents longues que vous avez chez vous. Du genre à vous emporter la main comme de rien.

Moi : Non ?

Le bon peuple : Vaut mieux pas contrarier ces gens-là. Ils vous boufferaient la gueule pendant que vous roupillez. Fiche-le dehors avant qu'il ait eu ta peau, mon vieux. Y a bien des braves gens qu'ont eu le cou emporté par un coup de griffe. Et les blaireaux qu'aboient pas, c'est les pires.

Moi : Merci pour le tuyau.

Le bon peuple d'Irlande : Un bon vieux blaireau dans la force de l'âge peut casser le bras à un homme d'un seul coup de patte arrière, te trompe pas là-dessus : montre-lui la porte. Chinois ou pas Chinois.

Moi : Vous inquiétez pas, je vais lui montrer le chemin.

★

Pourquoi des chaises ? Considérez que l'homme a été fait avant les meubles. Il a donc été fait pour s'asseoir par terre. S'il trouve aujourd'hui inconfortable de s'asseoir par terre, il faut en déduire que le corps humain a été modifié et affaibli par des milliers de générations d'escrocs fabricants de chaises. Aujourd'hui, les femmes ont été bousillées par les hauts talons. Entre les talons hauts et les chaises, il faut se méfier des mauvaises fréquentations. Mais je vais vous dire une chose. Dans cette partie du monde, aucune chaise ne peut être comparée, dans l'effet désastreux qu'elle exerce sur l'homme, avec cette chaise que les Amerloques ont inventée : la chaise électrique. On risque sa vie quand on s'assoit sur ce truc. (Oui, je sais. Dans un lointain quartier du pénitencier, les lumières ont momentanément été mises en veilleuse. Wallace Beery lance un coup d'œil à Tyrone Power de sous ses sourcils broussailleux – les deux hommes : en tenue de forçats condamnés à perpète – et marmonne : « Ouais, ils ont eu Joe. Ils ont eu Joe, fils. Joe était un chic type. Faut que je me tire d'ici. » Alors, ce maudit projecteur sur le mur de la prison, le crépitement des mitraillettes, puis l'évasion... L'ÉVASION.)

Le bon peuple d'Irlande : Droit dans la jungle ! Avec les mangeurs d'hommes et les serpents à sonnettes, des sangliers gros comme des vaches avec des crocs grands comme ça ! S'en sortiront jamais !

Moi : Et s'ils s'en sortaient. Supposez qu'ils atteignent la côte, quoi d'autre après ? La mer de Timor infestée de requins ?

Le bon peuple d'Irlande : Et les mecs dans les vedettes les canardant à la mitraillette !

Moi : Tu l'as dit, bouffi.

PROBABLEMENT UNE ERREUR

En feuilletant un dictionnaire (oui, l'autre jour) je suis tombé sur cette ânerie :

« Intelligentsia : la partie d'une nation (surtout les Russes) qui aspire à une certaine indépendance de pensée. »

Mais pourquoi affirmer que chaque nation a deux parties, l'une étant Russe ? Il se trouve que je sais que c'est vrai chez nous – ces gugusses de Cork passent leur temps à se regarder le nombril – mais j'ai vu des plaintes dans les journaux en ce qui concerne la position de l'Angleterre. Au fait : qu'est-ce que c'est qu'une pensée dépendante ? Et regardez le bordel que vous faites si vous appliquez cette définition à la Russie.

Une sale affaire : ouvrir un dictionnaire. Chose que je fais très rarement. J'essaie d'avoir pour règle de toujours fermer ma gueule et les dicos en enfonçant des portes ouvertes.

TRISTE PAYS

J'ai fait une malheureuse et mortifiante expérience (oui, l'autre jour). Je suis tombé sur un Irlandais typique et j'allais filer quand il m'a pris grandguignolesquement[24] la main en commençant à parler. Comment va-t-on aujourd'hui ? N'est-il pas vrai que les jours s'allongent beaucoup ? Essayant désespérément de gagner du temps, j'ai branché la conversation sur

---

24. Myles écrit : « He had taken me nappertendywise by the hand ». C'est une allusion à Joyce : « Il me prend la main, Napper Tandy hand » (*Ulysse*, p. 46), lui-même se référant à la ballade *I met with Napper Tandy / And he took me by the hand* (James Napper Tandy (1740-1803) : héros populaire irlandais).

le théâtre. Aimerait-il voir une pièce ? Mais bien sûr, il n'y a rien de mieux que d'être tranquillement assis en passant la soirée dans un fauteuil d'orchestre. Un régisseur m'avait filé quelques places gratuites pour que je cesse de parler du whiskey qu'il vendait à l'entracte, et j'en ai donné une à mon « ami ». Remerciements chaleureux. S'il y allait tout de suite, il arriverait à temps pour le lever du rideau. Merci merci merci. Le voilà parti, mais qu'est-ce que je vois dix minutes plus tard : ce mollusque planté un peu plus loin, en grande conversation. Ai-je besoin de dire que, comme ses pères avant lui, il essayait de vendre la place gratuite ?

★

Elle avait un visage radieux. Elle leva les yeux, sentant la passion inscrite sur chaque ride du maigre visage buriné. Leurs yeux se rencontrèrent.

Mary ! s'écria-t-il.

Il se baissa et la prit dans ses bras. Qu'il était fort, qu'il était impérieux, écrasant le corps frêle de la jeune femme contre son cœur qui battait la chamade !

Mary ! s'écria-t-il de nouveau, cette fois-ci d'une voix altérée.

Leurs lèvres se rejoignirent. Ciel et terre semblèrent...

Le bon peuple d'Irlande : Au nom du Ciel, qu'est-ce que c'est que ce machin-là ?

Moi : Une scène de mon nouveau feuilleton qui démarre ici même la semaine prochaine.

Le bon peuple : Mais ce n'est sûrement pas le début. C'est pas comme ça qu'on commence une histoire.

Moi : Non, pas le début.

Le bon peuple : Alors quoi...

Moi : Vous n'êtes jamais allé au cinéma ? C'est la bande-annonce. Elle fait défiler les grands moments de l'histoire.

Le bon peuple d'Irlande (intéressé) : Oh, bande ? Allez-y, continuez.

Moi : Une seconde. Calmez-vous d'abord.

UN GOUJAT PUNI

Derek ferma la porte et demeura immobile. Le silence était menaçant. Cela ne signifiait rien de bon pour l'obséquieux Carruthers qui se leva du sofa avec un sourire souffreteux.

– Hello, Sternleigh, content de te voir, bégaya-t-il.

Derek ne répondit pas. Les sanglots silencieux de Mary faisaient vibrer les muscles de son visage comme les mèches d'un fouet. Il s'avança vers elle, l'aida à se lever et guida gentiment vers la porte ses pas chancelants.

– Attend, s'il te plaît, dans la pièce voisine, dit-il doucement. J'ai un compte à régler ici.

Dès qu'elle fut partie, il se tourna d'un air menaçant vers Carruthers qui venait d'allumer une cigarette pour se donner une contenance que démentait sa main tremblante.

– Lève-toi immédiatement Carruthers ! aboya-t-il. Surpris de me voir ici, hein ? Tu pensais que j'étais mort quand tes tueurs à gages m'ont fourré au fond de ce vieux puits, hein ? Que tu pourrais enfin poser tes sales pattes sur Miss Shunk, hein ? Debout, crapule. Tu vas voir ce qui t'attend.

Carruthers fit mine de se lever, mais bondit vers le pare-feu pour s'emparer d'un lourd tisonnier qui se trouvait là avec d'autres pincettes.

– Non, fais pas ça !

L'œil de lynx de Derek avait anticipé la manœuvre. Franchissant d'un seul bond l'espace qui les séparait, il balança avec adresse un coup de pied qui fit voler l'arme meurtrière de la main de son adversaire. Pâle de rage, Carruthers pivota sur les talons. Mais Derek, enchaînant immédiatement, l'arrêta net : il lança son fameux gauche en piston et atteignit Carruthers à la pointe du menton. Refroidi d'un coup, il s'écroula sur le sol comme une masse de pierre ou une chose inanimée.

Le bon peuple d'Irlande : Bravo, bravo ! Bien fait pour ce sale chien !

Moi : Taisez-vous ! Il y a une suite.

UN AFFREUX COMPLICE

Carruthers ne bougeait plus. Derek avait les yeux baissés sur lui et le mépris se lisait sur les traits acérés de son visage amaigri. Derrière lui, la porte s'ouvrit sans bruit, révélant la silhouette sinistre de Sloane, le crapuleux marqueur de billard à la face de foie jaune, suspecté d'être l'un des tueurs à gages de Carruthers. Il tenait dans la main une queue de billard plombée. Rampant sans bruit sur le tapis, il fut bientôt derrière Derek Sternleigh, qui ne se doutait de rien. Sans un bruit, il leva la matraque plombée...

Le bon peuple d'Irlande : Retourne-toi ! RETOURNE-TOI !

Moi : Vos gueules ! Vous ne comprenez pas que c'est la scène finale ? Si vous voulez savoir ce qui est arrivé, il va falloir que vous attendiez d'avoir lu l'histoire. Est-ce que Derek le savait ? Est-ce qu'il a fait son célèbre saut périlleux arrière pour mettre hors d'état de nuire son lâche assaillant ? Est-ce que Mary, ne supportant plus l'inquiétant silence, a ouvert la porte juste à temps pour avertir son amant ?

Le bon peuple d'Irlande : Alors, elle l'a fait ?

Moi : Doucement, pas de panique. Achetez votre exemplaire d'abord.

★

La balle monte haut dans les airs. Elle semble s'immobiliser, puis retombe, commence à retomber lentement dans le chaud ciel bleu. Jamstutter quitte la Base deux à toute vitesse, pantalon de flanelle collé par le vent contre ses cuisses agiles... une flèche blanche dans l'herbe brillante de juin. Va-t-il attraper la balle ? Va-t-il réussir ? OUI ! Ses doigts avides s'en emparent avec adresse. Bon vieux Jamstutter !

Elle s'élève de nouveau dans un lent et long lob. Observez l'éclat du soleil sur les œillets dorés des lacets de ses chaussures. Et maintenant elle décrit une courbe élégante en retombant. Jamstutter quitte de nouveau la Base deux comme une flèche et... OUI... il s'en empare de nouveau avec une incomparable aisance.

Encore une fois, et encore plus haut, petite sphère brune en peau de porc virant au noir dans l'insoutenable éclat des cieux. Atteindra-t-il la Base deux cette fois-ci ? Il file dans l'herbe comme un lièvre...

Le bon peuple d'Irlande : Qu'est-ce que c'est que ce jeu et qui est ce type, Jamstutter ? Il n'a pas un nom irlandais.

Moi : Le jeu est... ATTENDEZ ! Il l'a eue ! Il l'a eue de nouveau ! Oh bravo, bravo ! Bon vieux Jamstutter !

Le bon peuple : Qui que soit ce type, il n'est pas aussi bon que Patsy, qui a stoppé cinquante-deux tirs imparables lors de la finale de football gaélique en 1937.

Moi : Mais Jamstutter a une jambe de bois.

Le bon peuple d'Irlande : Dans ce cas-là, c'est différent. S'il a une jambe de bois, très bien. Ça doit être un très bon, lui aussi. Ça doit pas être de la tarte avec une pâte folle.

UNE OCCASION UNIQUE

L'autre jour, à la brune, dans les faubourgs de Dublin, j'ai capturé une diseuse de vers. Moi et un ami, on a filé la petite créature pendant trois heures avant de la prendre au filet. Elle était épuisée quand on l'a prise et n'a pour ainsi dire offert aucune résistance. Elle est maintenant en cage dans un bureau de l'*Irish Times*. Elle est joliment faite et ce serait un cadeau très acceptable pour un membre de l'Association des écrivains, artistes, acteurs et musiciens irlandais, au cas où vous seriez obligé de faire un cadeau de mariage. On peut l'examiner tous les jours entre onze et cinq heures. Demandez Miss Concordia Slush, ma secrétaire privée, qui s'occupe de la cage. Il n'y a évidemment aucune garantie en ce qui concerne la qualité des vers récités, ni même si elle récitera quelque chose. Si on n'arrive pas à en obtenir un bon prix, on la donnera pour une loterie.

Dans le temps, j'ai connu un type qui a eu la malchance de se trouver à un concours de poésie oratoire[25]. Sans un mot, il est sorti en courant et il s'est arraché la gueule. Rien que ça. Il s'est fourré trois doigts dans la bouche, et il a tiré comme un dingue sur la joue gauche pour arracher le toutim. On a

---

25. En France, il faudrait songer à organiser ça en mai, au Marché de la poésie (*N.d.T.*).

retrouvé ça dans un coin, jeté sous un vieil évier : le visage d'un honnête homme arborant l'expression simple et digne de qui trouve que l'auto-anéantissement est le seul acte compatible avec l'honneur.

CAUSETTE

Est-ce que Proust vous fait un effet terrible ? Je veux dire émotionnellement ?

Nan... pas vraiment, tu vois... sa prose n'a pas cette sorte de... scintillement, tu vois... ne procure pas cette sensation de... que procurent les meilleurs *émaux limousins*. Mais nan... ces gens, moches, tu vois... moches, ternes... stioupides.

Mais Swann sûrement... Swann... ?

Ah oui, avec toutes ses oies blanches, c'est mauvais Cygne.

Le Bureau de recherches

UN INSTRUMENT PRATIQUE

Le dessin d'aujourd'hui représente, vous l'avez peut-être deviné, un altineige. Il n'y en a que très peu en Irlande de nos jours. Entièrement en cuivre, l'instrument consiste en un entonnoir ou tuyau capteur qui s'élargit à l'intérieur sur une longueur de quarante-cinq centimètres, et la neige tombe dans un seau placé en dessous. Un caisson qui peut être rempli d'eau chaude entoure la jauge, ce qui permet de faire fondre la neige. Il n'y a ainsi aucun risque que le moindre flocon s'échappe : la neige qui fond est recueillie dans le seau où elle est jaugée au millimètre.

Et alors ? direz-vous. Je vais vous le dire. Il y a un avantage considérable à avoir un altineige à portée de main. Supposez que l'un de ces jeunes couillons à face de lune qui lisent Proust se mette à rôder autour de votre maison en racontant des inepties sur l'art, la vie, l'amour et compagnie. Soyez sûr qu'il a tout un stock de citations à la graisse d'oie qu'il sortira au moment voulu comme on sort une pièce de sa bourse. Inévitablement un jour viendra (même si vous devez attendre des années) où il murmurera en soupirant :

– Mais où sont les neiges d'antan ?

Sautez sur l'occasion. Elle ne se reproduira pas deux fois. Saisissez le crétin par la peau du cou, traînez-le jusqu'à l'altineige et hurlez-lui dans le tympan :

– Dans le seau, crétin !
Je parie que vous vous sentirez mieux après.

POUR VIVRE MIEUX

Pensez-vous souvent que vous allez mourir au milieu de la nuit ? Que vos pieds sont enflés ? Que votre sang est vicié par toutes sortes de saloperies ? Que votre sale gueule a bonne mine ? (Je l'ai aperçu lundi, sa sale gueule avait bonne mine, on aurait juré...)

J'ai le plaisir d'illustrer aujourd'hui mon Vademecum Valétudinaire breveté. Cet ingénieux petit instrument ressemble au chronomètre d'un gangster des cynodromes, mais si vous examinez le cadran de près, vous vous apercevrez que c'est un thermomètre ordinaire. Il se porte dans une poche intérieure, aussi près que possible de la peau. Quel que soit l'endroit, il permet de prendre tranquillement sa température deux cents fois par jour. Que vous soyez au marché, ou glorieusement au bistrot, chez Killiney ou même chez Ballylickey, vous n'avez qu'à sortir votre « montre ». Votre température est déjà enregistrée.

Si vous êtes distrait, la situation peut devenir cocasse.

– Quelle heure est-il, monsieur ?

– Excusez-moi, mais je suis très malade. Il faut que je rentre immédiatement !

Le Vademecum coûte entre deux et sept livres, selon le métal dont il est fait.

★

RECHERCHE fille de cuivre, grande ou petite taille, susceptible d'être tordue. Écrire à...

Telle est l'annonce récemment parue dans un journal du soir. Il est évident, bien sûr, que « fille » est une coquille pour « fil ».

Soyons pour une fois honnête : j'avoue que j'ai inventé l'annonce. Elle n'a paru dans aucun journal. Mais si mes lecteurs pensent que ces petites annonces sont drôles quand elles ont vraiment paru, qu'est-ce qui me retient d'en faire paraître et les citer ensuite ?

Rien. Sauf leur coût prohibitif.

REMÈDE À LA PÉNURIE

Je me suis longuement penché sur le problème du fonctionnement du réseau ferroviaire en ces temps de pénurie de carburant. La solution que je propose n'est pas bon marché mais très ingénieuse. Il faut reposer tous les rails de manière à ce qu'ils ne traversent que des tourbières et équiper les locomotives d'un appareillage breveté de pelles qui creuseront la tourbe sous le train en marche et approvisionneront la chaudière à jet continu. Naturellement la tourbe sera séchée dans la chaudière avant d'être brûlée. Ce principe, qui veut qu'un train en roulant absorbe de l'eau, étant à présent reconnu, il devrait être tout à fait applicable.

Il y a des difficultés, c'est certain. Personne ne les voit mieux que moi. Par exemple, si l'on n'y prend garde, un express lancé à toute vapeur pourrait rencontrer une fondrière et disparaître dans les boyaux de la terre avec ses passagers et tout le tremblement. Pour éviter cet inconvénient, il sera nécessaire de faire précéder tous les convois lourds d'une machine légère équipée à l'avant d'une batterie de têtes chercheuses. À mesure que la machine avancera, ces perches d'acier fonctionneront comme des pistons, fouillant avec précaution les strates de la tourbière et déclenchant, dans la cabine du conducteur, un système d'alarme chaque fois que la résistance du sol sera en deçà du seuil fatal. Au premier coup de sirène, le conducteur appuiera sur un bouton pour mettre en marche un autre appareil, situé à l'arrière de la machine. Les pilons mastodontes descendront dans la tourbière et l'alimenteront en pierraille qu'ils pulvériseront jusqu'à ce que le sol ait la fermeté requise. C'est ainsi, par l'application et la persévérance, que les difficultés sont surmontées.

AUTRES OBSTACLES

Il y a une autre épine : trouver entre, disons Dublin et Galway, un terrain qui soit continuellement marécageux. Ici encore, ne pas se tenir pour battu vaudra de l'or. Il s'agira de suivre la tourbière là où elle se trouve pour rallier Galway par un chemin ou un autre, quitte à passer des semaines dans le train et à parcourir tous les comtés d'Irlande. Le paysage ininterrompu de tourbières au cours du voyage risque d'être lassant à la longue, aussi il faudra prévoir des jumelles pour les vues panoramiques lointaines.

Autre inconvénient majeur : le train marchant à la pelle, la tranchée entre les rails deviendra, au bout d'une semaine ou deux, de plus en plus profonde et, la Nature étant ce qu'elle est, aura tendance à se remplir d'eau. Dans les endroits humides, la pelle de la locomotive embarquera des litres d'eau qui éteindront la chaudière. Contre cet inconvénient, un remède simple : une armée d'hommes équipés d'éponges géantes. Nuit et jour, ces hommes épongeront la tranchée. S'il leur arrive d'être eux-mêmes traités d'éponges, ce n'est pas de ma faute. C'est un qualificatif que l'on m'applique souvent (« Attention, mon vieux, tu bois au-dessus de mes moyens ! »).

DANGER !

Supposons que le train, en creusant son chemin, tombe sur un dépôt clandestin de whiskey. Un baril de ce breuvage explosif est pelleté dans la chaudière... Un éclair bleu

aveuglant enveloppe le tender. Le train s'arrête brusquement.
Les passagers sautent à terre et comme des fous furieux creu-
sent le sol de leurs ongles à la manière des bêtes. Après avoir
déterré tous les barils enfouis dans le voisinage et s'être désal-
térés, ils poursuivent leur voyage au milieu des cris déchaînés
de l'équipe de la locomotive « qui va montrer ce que c'est que
pousser une pinte de vitesse » !

La Compagnie ferroviaire du Nord m'a courtoisement
informé qu'elle ne pourrait donner suite à mon projet, à cause
de la rareté des tourbières dans son territoire. Celle du Sud,
cependant, se livre à des essais dans le comté de Kildare. Le
lecteur ferait bien de s'attendre à une importante nouvelle.

UN PROBLÈME URGENT...

Récemment, le chef des services municipaux de Dublin, le
directeur de la Compagnie du gaz et le président de la centrale
électrique m'ont demandé de les rencontrer pour discuter du
problème des économies d'énergie. Ils ne me connaissaient
pas personnellement, mais un ami, etc. L'admiration pour mes
ingénieuses inventions et l'étendue des ressources de mon
esprit les avait poussés à..., etc. La nécessité de s'unir..., etc.
La fibre du civisme en face d'un péril national..., etc. Avons
pris la liberté de demander l'aide d'un cerveau..., etc. Espérons
la faveur d'une réponse prompte et favorable..., etc. Vous
prions de croire à nos..., etc.

Je les ai donc rencontrés un soir. Nous sommes entrés dans
le vif du sujet, au propre comme au figuré. Les usagers n'étei-
gnent pas l'électricité. Personne à Dublin n'a le courage de
prendre un bain dans le noir. Tout le monde laisse brûler inuti-
lement une ampoule pour que les voisins ne croient pas que le
compteur a été coupé faute d'avoir laissé la dernière facture
impayée. La lumière brûle pendant deux heures dans la
chambre de Lizzie quand elle va se coucher. Papa biberonne la
moitié de la nuit dans le salon. Et ainsi de suite. Pourrais-je
trouver un moyen d'économiser sur l'éclairage public pour
compenser ce gaspillage ? Toujours délicat d'aborder la question monétaire, mais directeurs prêts à faire sacrifices nécessaires, etc.

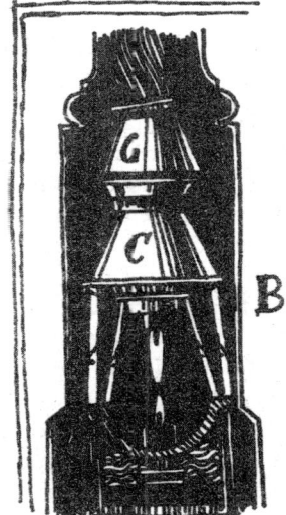

... ET SA SOLUTION

Je dis à ces messieurs que l'argent ne m'intéressait pas, mais que je mettrais mes modestes talents à leur disposition, c'est-à-dire à celle du bon peuple d'Irlande (qui est souverain). Je leur donnai rendez-vous la semaine suivante.

Mon plan est simple : il s'agit d'éclairer les rues au gaz d'égout. L'appareil dessiné à droite, introduit dans un lampadaire, raffine, vaporise et enflamme le gaz d'égout, qui est ensuite transmis à des manchons incandescents posés dans le globe. La flamme est d'un orange intense et pratiquement sans odeur.

Je n'ai jamais vu trois hommes sortir d'un pas plus léger.

*

Le Bureau de recherches de Myles na gCopaleen travaille nuit et jour sur une invention qui mettra peut-être un point final à notre civilisation. Il s'agit d'une nouvelle sorte d'encre, qui n'a rien à voir avec celle qui disparaît au bas des chèques quelques heures après que vous les avez signés et autres gaudrioles de ce genre. Non, monsieur, c'est une invention plus noble qui, lorsqu'elle sera au point, provoquera une révolution mondiale dont on n'est pas près de voir la fin. Elle est provisoirement brevetée sous l'appelation Encre qui boit et ressemble à l'encre noire ordinaire que l'on achète pour deux pence. L'Encre qui boit, cependant, est tout un programme. Une fois couchée sur le papier et séchée, elle émet de subtiles vapeurs alcoolisées qui flottent autour du document et forment pendant plusieurs jours un nuage invisible et inodore. Quiconque jette un œil sur un tel document est entouré par ce nuage. Absorbées par la respiration, les vapeurs se condensent dans les muqueuses, descendent sournoisement dans l'estomac et passent dans le sang. L'intoxication s'ensuit, bénigne ou aiguë, selon le nombre de pages lues.

D'énormes difficultés ont surgi pour perfectionner l'invention, non pas dues à l'apparition d'un obstacle majeur, mais au fait que, jour après jour, les chercheurs sortent en titubant du laboratoire, dans un état d'ivresse tel qu'ils sont incapables de donner aucun compte rendu cohérent de leurs expériences. L'un de nos meilleurs hommes a dû être écarté. L'absentéisme sévit chez les autres, qui ne peuvent travailler deux jours de suite à cause de l'effet paralysant ressenti dès la fin du premier. Le Bureau a pris en compte cette difficulté. Les chercheurs disposeront bientôt d'un nouveau modèle de masque à gaz et pourront s'atteler à la réalisation du grand-œuvre.

NOTRE BUT

Lorsque l'Encre qui boit sera au point, nous imprimerons le *Irish Times* avec. Vous aurez ainsi, pour trois pence, quelque chose de mieux qu'un simple journal. Vous aurez un sacré remontant, non seulement pour vous et votre famille, mais pour quiconque voyage avec vous dans le bus. Chaque fois que vous vous sentirez déprimé, vous n'aurez qu'à lire l'article de tête. Si vous voulez rester une nuit entière dehors, poursuivez jusqu'aux petites annonces.

Cela ne se fera pas sans mal : toute grande innovation est controversée. Droits acquis, influences occultes. L'Association des négociants en vin fera un scandale. Les vendeurs de journaux devront payer une patente, ou le *Irish Times* ne sera vendu que dans les pubs. Le fisc nous crucifiera et nous imposera sans doute de paraître avec la mention : « Débit de nouvelles spiritueuses, 6 jours. » Tout cela ne nous arrêtera pas, pas plus que l'homme au drapeau rouge l'inévitable triomphe de l'automobile. Et souvenez-vous qu'aucun pouvoir sur terre ne pourra obliger votre exemplaire du *Irish Times* à fermer à dix heures. Vous pourrez le lire et le relire jusqu'à deux heures du matin si ça vous chante, et même le déchirer en deux morceaux pour en donner une page à votre petite femme.

Si je laisse là le sujet, ça n'étonnera personne.

BOIRE DES YEUX

Nos expériences avec l'Encre qui boit, cette nouvelle encre qui exhale d'insidieuses vapeurs spiritueuses, se poursuivent à grands pas. Nous n'en sommes pas encore au point de prendre le risque d'imprimer le *Irish Times* avec, mais nous l'avons, l'autre jour, employée pour un ou deux placards destinés à la province. Les résultats, notés par les espions en civil que nous avions délégués sur place, ont été tout à fait satisfaisants. Quelques personnes sur le chemin de leur travail, dans une certaine ville, s'arrêtèrent un moment pour déchiffrer le placard (notre système éducatif est faiblard, rappelez-vous) et méditer sur les nouvelles. Elles étaient mauvaises, comme d'habitude, mais les lecteurs ressentirent un étrange sentiment de bien-être et d'exaltation. Ils poursuivirent leur chemin d'un cœur léger et l'un d'eux, un instituteur sérieux comme un pape, en entrant dans sa classe, la transforma illico en Alexander's Rag-Time Band, menant l'orchestre d'une voix rauque et battant la mesure au bureau avec la baguette du tableau noir. Un cossard, qui s'était appuyé pour la journée à côté du placard, s'effondra à 12 h 15 et fut transporté d'urgence à l'hôpital.

Dans une autre ville, les journaux restèrent à la gare et n'arrivèrent pas dans les kiosques. Le jeune homme chargé du transport fut retrouvé affalé dans l'encadrement d'une porte, la pile de journaux sous la tête. Il fut instantanément congédié par ses employeurs et gagne à présent vingt-cinq livres par semaine dans une usine de guerre à l'étranger, information sur laquelle je vous invite à méditer.

Ainsi va la vie dans le monde nouveau et meilleur que nous prépare le Bureau de recherches de Myles na gCopaleen.

★

Mary, la Rose de Tralee, n'a pas seulement gagné les cœurs grâce à sa beauté – ah non – mais grâce à la vérité toujours présente dans ses yeux. Conscient de ce fait, le Bureau de recherches de Myles na gCopaleen a l'autre jour tenté de vérifier si la vérité pointait toujours dans les yeux des dames d'aujourd'hui. Un enquêteur fut engagé avec mission de converser avec une centaine de femmes et d'examiner leurs yeux pour voir si la vérité y pointait un peu, beaucoup, passionnément, à la folie ou pas du tout.

Il partit une semaine. Voici le résultat de ses recherches :

45 % : mydriase bénigne causée par l'absorption de médicaments obésifuges.

21 % : ptose des paupières due à une défaillance du nerf oculomoteur, anisocorie, ophtalmie, un ou plusieurs petits orgelets.

18 % : hyperthyroïdie prononcée.

14 % : traces d'hémorragies rétiniennes, œdèmes papillaires, exophtalmie.

1 % : maladie de Mikulicz.

1 % : paralysie de l'*orbicularis oculi.*

– Aucune trace de vérité nulle part ?

– Aucune, répondit l'enquêteur, mais je vais me marier avec l'une des personnes interrogées.

– Laquelle ?

– La maladie de Mikulicz. Elle a en prime trois jolis petits orgelets jaunes.

Le considérant perdu pour le célibat, nous changeâmes de sujet en mettant un admirable petit rien de Toselli sur le Gramophone.

★

Il y a quelques semaines, j'ai lu dans le *Evening Mail* l'annonce suivante :

« Ouvrier sobre partagerait chambre avec ouvrier sobre. »

Dites-moi si vous êtes sobre lorsque vous sortez votre porte-monnaie pour partager une chambre avec vous-même ? Ne vous inquiétez pas, il y a pire.

Bien que les Boyards et la vieille noblesse tartare ne fassent plus partie de l'État-Major des armées russes, le commandant suprême n'en a pas moins, dans le courant de l'année dernière montré tant de courage et de fougue, tant de maîtrise dans la stratégie, la tactique, le camouflage, le subterfuge, tant de roublardise dans l'art de la guerre, aussi bien offensive que défensive, qu'on est en droit de se demander s'il ne s'est pas produit une mutation dans la race des seigneurs : elle a viré au Rouge.

EXTIRPEZ LE MAL À SA RACINE !

C'est un placard catholique irlandais. Mais le mal n'a pas de racines et, même s'il en avait, il faudrait pour l'arracher ne pas avoir de poil dans la main.

Au suivant pour la tonsure S.V.P. !

Aucune solution intelligente n'a été donnée à l'énigme que pose le sens de la phrase *Taisc do thicéad go seallfaidhe* imprimée sur les tickets de la Compagnie des transports dublinois. Je garde donc le beau livre du prix. La phrase n'a pas de sens, mais seuls les écoliers reçoivent une volée quand ils s'amusent à ce genre de farce.

À propos de transports hors voiture, est-ce que nos hautes classes bedonnantes se sont remises de leur première extase en commun ?

Le Bureau de recherches de Myles na gCopaleen reçoit près de mille lettres par jour (neuf cent quarante-deux les Jeudis) écrites par des lecteurs nous demandant d'inventer des appareils et des bidules susceptibles de résoudre leurs problèmes personnels. Certains sont trop intimes pour être discutés ici, mais un lecteur de Mitchelstown vient d'attirer notre attention sur une difficulté qui doit être très répandue. Il est de nos jours presque impossible d'acheter des allumettes, et le briquet à essence ne marche pas au milieu de la nuit, car il lui manque la chaleur du corps dont il bénéficie quand il est transporté au fond d'une poche toute la journée. Cela signifie que vous ne pouvez pas lire l'heure la nuit et que vous ne savez quand avaler la dose de pilules que le docteur vous a prescrites – celles qui ne vous feront du bien que si vous vous reprenez et menez « une vie régulière », vous voyez ce que je veux dire, cessez de rigoler.

Jetez plutôt un coup d'œil sur l'appareil que nous avons inventé. A est un brûleur à gaz ordinaire. Seul le bec est modifié et on l'actionne en tirant sur une corde à ressort (B) installée près du lit. En vous mettant au lit (ou en vous « retirant » si vous préférez cet onctueux euphémisme), vous allumez le gaz, qui est réglé pour alimenter une flamme minuscule, presque invisible. Vous avez naturellement déjà planté un gros clou dans le panneau de teck, juste derrière le bec en éventail, et y avez suspendu votre montre. À présent tout est prêt. Lorsque vous vous réveillez et que vous voulez savoir l'heure, vous n'avez qu'à tirer sur la poignée située en B.

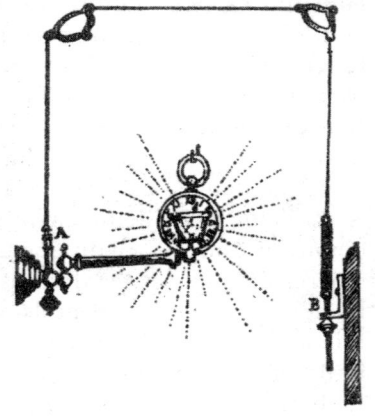

Le bon peuple d'Irlande : Mais ça ne sert à rien. Le gaz est coupé la nuit et de toute façon il n'y a pas de gaz à Mitchelstown.

Moi : Erreur. Vous trouverez demain un diagramme vous montrant comment fabriquer votre propre gaz. Quoi qu'il en soit, j'ai souvent entendu dire qu'on racontait des bobards et qu'il y avait de l'eau dans le gaz à Mitchelstown.

Le bon peuple d'Irlande : Non, ce n'est pas possible ! Dieu nous préserve, ne me dites pas qu'il est une heure moins vingt-cinq.

Moi : En général j'avance un peu.

Le bon peuple d'Irlande : Ah bon. Dieu merci !

★

Le Bureau de recherches de Myles na gCopaleen poursuit ses recherches sur la fabrication de l'Esquimau spiritueux. Notre but est de prévenir l'effondrement du moral national devant la pénurie croissante d'alcool et de bière. (Comment peut-on parler de croissance pour désigner la peau de chagrin d'une pénurie ?) Nous disposons déjà de plusieurs grandes glacières remplies d'une substance rose qui ressemble à de la mélasse, mais la mixture est encore loin d'être au point. Si elle produit une langoureuse et blanche ivresse aussitôt suivie d'un cafard noir, elle a un goût qui rappelle l'huile de vidange d'un tracteur, elle ne peut être digérée même avec l'aide de médicaments contre les gastro-entérites, et les vapeurs ont un effet mortel sur le nerf optique. Cela ne signifie pas que le Bureau abandonne. Nuit et jour, les expériences se poursuivent. Myles na gCopaleen, le p'pa, a déjà décoré plusieurs employés pour conduite héroïque dans le cabinet de dégustation et n'a pas hésité à leur retenir la meilleure chambre à l'hôpital. Au cours d'une émouvante adresse, il dit que la route avait beau être longue, amères et sombres les désillusions, ils étaient déterminés à mener à bien la tâche qu'ils avaient entreprise et travailleraient jour et nuit jusqu'à ce que leur objectif fût atteint : imposer l'Esquimau alcoolisé dans les rues et les cours de Dublin.

En parlant de « cour », il songeait sans aucun doute aux audiences journalières des tribunaux de l'avenir.

Le sergent exposa que le prévenu titubait en sortant de sa voiture et sentait l'alcool à plein nez.

Le prévenu : Il y a dix ans que je n'ai pas bu une goutte d'alcool.

Le juge : Aviez-vous consommé l'un de ces nouveaux Esquimaux ?

Le prévenu : Oui, votre honneur.

Le juge : Combien ?

Le prévenu : J'ai mangé une oublie à deux pence à Drogheda, votre honneur.

Le juge : C'est tout ?

Le prévenu : Non. Sentant venir un rhume, j'ai pris deux cornets chez Swords.

Le juge dit qu'il était déterminé à lutter de toutes ses forces contre la sale habitude qu'avaient pris les gens de se balader en voiture et de s'arrêter en face des confiseries pour manger une glace. S'ils avaient envie d'en manger une, ils n'avaient qu'à laisser leur voiture au garage.

Le sergent dit que le prévenu avait, à l'arrière de sa voiture, une sorbetière qui portait des traces récentes d'Esquimau. Il y avait également des miettes sur les coussins.

Le juge : Il a dû les ramasser quand il est rentré dans l'autre voiture. *(Rires.)*

Le prévenu affirma qu'ayant des caries il n'aimait pas les glaces mais en prenait comme tonique et à titre préventif contre les rhumes. Il comprenait à présent son erreur et s'engageait à ne plus boire que du whiskey.

Le juge demanda quel était le débit du prévenu.

Le prévenu dit qu'il avait souvent absorbé cinq ou six oublies sans se sentir intoxiqué.

Le juge : On doit avoir une tête de linotte après cinq ou six oublies. *(Rires.)*

Le prévenu dit qu'il perdrait son travail et sa pension de l'armée britannique s'il était condamné.

Le juge dit que le prévenu aurait dû y penser avant de toucher aux potions mortelles de la sorbetière. La prochaine fois qu'il aurait devant lui un drogué de l'Esquimau, il le condamnerait à une peine de prison. Pour cette fois il se contenterait d'un avertissement sévère et d'une amende de quarante shillings.

★

Nous commençons également à manquer de veilleuses. Un ami qui en brûle une quantité me dit que sa chandelle est morte et que son fournisseur n'a plus de feu. Cependant, n'allez pas supposer que le Bureau de recherches de Myles na gCopaleen s'endort quand un problème de ce calibre est posé à la Nation. Des expériences très avancées sont en cours pour faire breveter un substitut à la graisse d'oie composé de tourbe, de whiskey, d'ordures et de cidre. Cette saleté brûle avec une flamme bleu pâle qui illumine agréablement les mansardes nocturnes. L'inconvénient (ai-je besoin de le dire ?) est l'odeur. L'odeur est épouvantable. La municipalité nous a déjà avertis que nous portions atteinte aux droits publics en fabriquant cette mixture. C'est évidemment une accusation scandaleuse. L'Irlande doit pouvoir brûler ses chandelles ou tout autre substitut par les deux bouts, sinon elle sera mise en veilleuse et disparaîtra de la civilisation. Sans veilleuse, l'Académie irlandaise ne pourra plus fonctionner et moi-même devrais renoncer à mon travail monumental sur la géométrie inorganique. Les bacheliers ne pourront plus, comme ils l'avaient prévu, lire les œuvres complètes d'Hosto Ievski cet hiver. Ce sera le chaos. Affamés de lumière, les étudiants provoqueront des émeutes dans les rues. Les soutes à veilleuse, sur les quais, seront mises à sac. Les travaillistes réclameront des élections générales.

C'est pourquoi nous essayons désespérément de désempester notre mélasse.

AUTRES PROBLÈMES

Les brûleurs de chandelle ne sont pas la seule classe de la population à être touchée. La pénurie de verre affecte grandement les personnes qui ont l'habitude de jeter des pierres dans le jardin d'autrui, et le Bureau de recherches a reçu une avalanche de lettres nous suppliant de fabriquer un produit de remplacement, « opaque si nécessaire ».

C'est comme ça, m'expliquait l'autre jour l'une de ces personnes, en faisant un terrible effort de volonté, je peux tenir six jours sans... faire ce que nous avons l'habitude de faire dans le jardin d'autrui. Mais le septième jour je n'y tiens plus. Rien au monde ne peut m'empêcher de lancer une pierre. Juste une. Et vous connaissez le résultat. Des avalanches de pierres, de briques, de gravats me tombent sur le dos et il y a de la casse : vingt ou trente carreaux. Mon vitrier me dit que d'ici à une semaine il ne pourra plus rien faire pour moi. Le mastic est devenu une denrée rare qui s'achète à des prix scandaleux au marché noir. Que faire ? Que vais-je devenir ?

Je grommelle que nous allons essayer de faire pour le mieux, et oui les temps sont durs, tout le monde doit être prêt à faire des sacrifices, encore une année de guerre, crise de civilisation.

« Tout ça est bien beau *(voix maintenant perçante)* mais nous devons vivre nous aussi. Que fait le gouvernement ? Il a intérêt à se réveiller et à faire quelque chose, car nous sommes la classe la plus nombreuse dans la communauté. Il y a au moins quatre cent mille personnes en Irlande qui lancent des pierres dans le jardin d'autrui. Leurs revendications doivent-elles rester sans réponse ? Comptent-elles pour du beurre ? »

Et ainsi de suite. Même les filous se plaignent de la pénurie de fil. Le Bureau, ces jours-ci, est mobilisé par l'épinglage.

★

Le Bureau de recherches étudie le problème posé par la pénurie de confiture. Le projet de produire de la confiture avec de l'électricité d'occasion a donné lieu à une enquête approfondie, et l'éminent porte-parole d'une société de confitures industrielles a révélé l'autre soir que les expériences « étaient sur le point de porter leurs fruits ». Il est aujourd'hui impossible d'en dire plus, mais l'on sait de source officielle qu'« il n'est pas déraisonnable » de penser que des contacts ont été pris entre les centrales et les betteraviers, et que le courant passe bien entre les partenaires qui sont prêts à coopérer dans ce secteur vital. Pour mener à bien l'opération, on commencera par envoyer dans tout le pays une petite armée d'agents collecteurs triés sur le volet avec mission de ramasser, de classer et de cataloguer tous les déchets qu'ils trouveront dans les décharges (électriques, bien sûr). Ce matériau « brut » sera absorbé par une usine (à construire quelque part en Irlande) où la nouvelle confiture sera produite par kilos, je veux dire par kilowatts. Le courant de groseille et celui de cassis seront probablement les plus appréciés, bien qu'il ne soit pas inenvisageable de produire, plus tard, une quantité limitée de gelée alternative. Il est en outre question d'implanter une industrie casanière, probablement dans le comté de Donegal, la confiture n'étant pas survoltée quand l'ohm est au foyer. L'un des grands avantages du projet est qu'il élimine les problèmes d'emballage et de mise en pot, puisque la nouvelle confiture sera distribuée aux compteurs. Elle sera également radiodiffusée trois fois par jour, sur des longueurs d'onde pur fruit. Il y a des rumeurs concernant une confiture de plomb, savoureuse et à l'équerre, qui serait extraite pour des prunes de l'aplomb des vieilles portes. Ici : soit prendre un air confit pour parler de la mélasse dans les encombrements, soit murmurer comme la personne cultivée que vous êtes :

Confitur ! Confitur ! (Non domus accipiet te laeta, neque uxor)
Optima, nec dulces occurrent oscula nati
Praeripere et...

PANTALONS D'URGENCE

Avant la chute des feuilles, le Bureau de recherches, talonné par les exhortations de Sir Myles na gCopaleen (le p'pa) aura fourni au bon peuple d'Irlande un nouveau modèle breveté de pantalons d'urgence. Ce vêtement, d'apparence tout à fait conventionnelle, sera équipé de poches intérieures longues comme des anguilles descendant jusqu'aux chevilles. Les poches auront le diamètre exact d'une bouteille de bière, non par l'effet du hasard, mais parce qu'elles ont été conçues pour ne pas avoir à transporter de paquets recouverts de papier d'emballage le samedi soir. Il sera possible de stocker quatre bouteilles dans chaque jambe. Naturellement, au début, la démarche après avoir fait le plein sera plutôt raide et empruntée et on ne tentera le pas de course que lorsqu'on aura parfaitement maîtrisé le pas de promenade.

Que se passera-t-il si un homme reçoit accidentellement un coup dans la jambe et que les bouteilles se brisent ? Rien. Les poches sont étanches, et la bière reposera tranquillement au fond jusqu'à ce qu'elle soit transvasée dans une pinte ou dans la bouche d'un invité, dans l'intimité du foyer. Il est probable que maints buveurs, dédaignant le côté précieux et affecté qu'a un liquide lorsqu'il est mis en bouteille, auront leur pantalon directement rempli de *stout* ou de *porter* et reviendront tout doucement chez eux sur leurs jambes gonflées, tubulaires et spiritueuses. Lorsqu'on se passe de bouteilles, il faut éviter de prendre un tram ou un bus aux heures d'affluence. Si une grosse dame s'assoit près de vous et vous écrase pour faire de la place à sa marmaille hurlante, des cascades de bière jailliront de vos poches, gicleront jusqu'au toit et tout le monde sera trempé par le breuvage mousseux.

Pour les longs voyages, il est conseillé d'emporter un petit tube flexible. Après l'avoir, mine de rien, introduit dans la poche, on se cache derrière le *Irish Times* ou quelque autre intéressant canard national, ce qui permet de biberonner en toute innocence.

★

Incipit Crusculum chronique : sciant universi per presentes inso siables quod sunt vera indubitata agus authentica priathra miulesij copleansis videlicet fer et naem praeclarissimus & imperator ocus taisech Hiberniae alias Ierne alias Foley alias Bonbo alias sauioeurstut herend alias viouille Ourlande, etc.

Ça grince, fils ? Débouches-en une, mets-la sur le piano avec quatre verres et un couteau pour enlever la mousse.

UN PROBLÈME DE ROBINET

L'autre jour il y a eu du grabuge au bureau. Sir Myles na gCopaleen (le p'pa) est arrivé à l'improviste. Il fut évident pour tout le monde qu'il ne se sentait plus et qu'il était

complètement crevé. (Entre nous, c'étaient les pneus de sa
bicyclette qui l'étaient.) Il passa aux savants qu'il emploie un
savon pour qu'ils secouent leurs puces et leur asséna quelques
bonnes vieilles vérités toujours agréables à entendre entre
quatre yeux. En un mot, il leur reprocha d'être à sec depuis des
mois. Ce pavé dans la mare au diable affecta amèrement les
savants. Le principal accusé (un nommé George Shand) se mit
à sa table à dessin et en deux coups de cuiller à pot dessina les
plans du robinet ci-dessous. (Il faillit se noyer et il fallut une
échelle pour le secourir.)

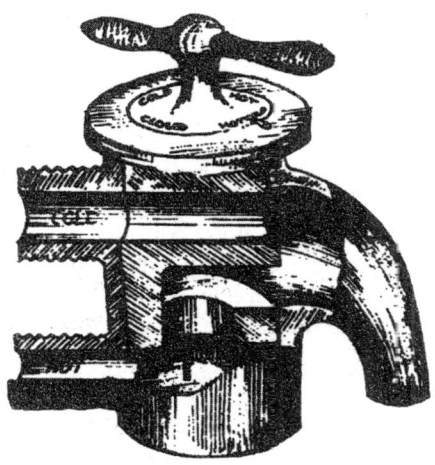

Les dépositaires irlandais devraient étudier ce dessin de
très près. Il y a non seulement deux robinets en un, ce qui est
une économie de matière première en ces temps de crise, mais
l'on peut tirer soit de l'eau chaude, soit de l'eau froide, *soit les
deux simultanément à la température désirée*. Si vous pensez que
ce confort décadent a fait son temps, rien ne vous empêche de
brancher le tuyau d'eau froide sur un tonneau de vieux malt
irlandais de manière à ce que votre famille et vous-même ne
manquiez pas de punch bouillant pour la toilette et la boisson.
Ce serait le comble du chic de servir à vos invités des carafes
remplies d'eaux qu'ils additionneraient à ce qu'ils ont tiré au
robinet.

TÉLÉPHONES

J'ai récemment parlé d'un nouveau modèle de téléphone breveté par le Bureau de recherches. Il a été conçu pour répondre à un besoin social urgent. Presque tout le monde veut avoir le téléphone, non pour une question d'utilité (très douteuse) mais de standing. Avoir le téléphone veut dire que vous avez « un ami » ou « des amis » – c'est-à-dire qu'il y a dans le monde quelqu'un qui juge intéressant de communiquer avec vous. Cela suggère également que vous devez « être au courant », que les grosses affaires et les grands projets municipaux seraient voués à l'échec si on ne pouvait obtenir votre avis sur-le-champ. Bref, avec un téléphone, vous êtes « important ». Mais un vrai téléphone coûte les yeux de la tête et c'est une source d'ennuis sans fin. Pour remédier à cette calamité, le Bureau de recherches a conçu une série de faux téléphones. Entièrement autonomes, ils fonctionnent sur piles sèches et si quelqu'un répond c'est grâce à une minuscule cellule photoélectrique. Chaque instrument est, bien sûr, équipé d'un prétendu fil qui peut être enfoncé dans les lambris. Le modèle le moins cher est un faux rudimentaire. Il ne se passe rien lorsqu'on décroche le récepteur et ce modèle ne peut être employé sans danger que si l'on est certain qu'aucun visiteur ne va dire : « Ça vous ennuie que je passe un coup de fil ? » Le modèle suivant est semblable, mais il a l'avantage de se mettre à sonner le soir à une heure donnée. Dring-dring, dring-dring. Vous devez être plus rapide que l'ami obligeant qui voudrait vous « aider » en décrochant. Le récepteur une fois collé à l'oreille, vous dites : « Qui me demande ? Le Premier ministre ? Oui, passez-le-moi. » La « conversation » qui suit est laissée à votre initiative. Les instruments les plus chers sonnent et parlent, et sont conçus pour qu'un visiteur puisse répondre. Dans l'un des modèles, une voix dit : « Allô, la fonderie d'Hammond Lane ? » Le visiteur répondra automatiquement non et le « correspondant » raccrochera. Dans un autre modèle, une insistante voix de femme dira : « On demande M. Untel (c'est vous) de New York, est-ce que M. Untel est là ? » La voix répétera mécaniquement la formule, avec la voix neutre qu'ont les standardistes. Vous bondissez sur l'instrument aussi rapidement que possible et concluez l'affaire par l'achat d'une demi-action de la General Motors. Ces modèles ne sont pas sûrs, et certains usagers risquent d'avoir la réputation d'éviter les conversations exagérément longues. Le modèle offrant les meilleures garanties est le 2 B, qui donne une ligne occupée quel que soit le numéro que compose l'innocent visiteur. Voilà une garantie à toute épreuve.

Ceux qui cherchent la petite bête diront que vous ne figurez pas dans l'annuaire. Ça n'a pas de sens : il n'y a rien de plus chic que d'avoir le téléphone et de ne pas être dans l'annuaire. En tout cas, si vous possédez le modèle dont la ligne est toujours occupée, rien ne vous empêche d'aller à la poste et de faire inscrire votre nom dans l'annuaire avec, en face, le numéro du Service de ravitaillement. Le préposé vous arrangera ça en échange de deux vieux bouquins.

LA VIEILLE EUROPE

L'autre sam dit, j'ai ramassé ce canard (impossible à lire dans la mare) et lu les lignes suivantes : « ... un pur Européen. L'Europe est un concept tellement galvaudé qu'il est rare de trouver un écrivain qui nous fasse sentir qu'il l'a vraiment dans la peau... »

C'est, bien sûr, une pierre dans mon jardin. Mais je suis au-dessus de ça. Continuons.

Depuis l'époque où, à vingt ans, il rencontra pour la première fois Émile Verhaeren, il fut constamment à l'écoute du « Cœur de l'Europe ».

Hmmmmm. Verhaeren. Hoho. Laissez-moi rire. Vous vous souvenez du porridge... et... et... de la mélasse... et du sirop le charme c'est la santé... et du sucre de canne... et quand la bonne Nounou ne regarde pas... une énorme motte de beurre. Hein ? Quand vous étiez un sale moutard, bien sûr. Les douleurs toute la nuit et les hurlements. Oh non mon Dieu ne me tue pas je serai sage je serai sage. Bien. Si vous vous souvenez de ces moments, vous aurez une vague idée de la tessiture, de la couleur et de la sensibilité de ce colleur d'affiches de sous-préfectures. Voici un fragment de son « œuvre » :

Le monde entier travaille et l'Europe debout
Là-bas, sur son tas d'or millénaire qui bout,
Du fond de ses banques formidables, préside
À ces trafics captés par des cerveaux lucides,
Chiffre à chiffre, dans les mailles de leurs calculs.

Joli tableau, Mac... hein ? (« Cerveaux lucides » est chiadé.)
Européen, il faut le faire. On retrouve toute la force d'un
dépliant pour croisière à vapeur dans *Et les voici tanguer sur
leurs vaisseaux ces hommes / Dont l'âme fit Paris, Londres, Berlin
et Rome.* (Si vous ou moi avions écrit cela, on nous aurait
traités de mirlitons.) C'est tout un programme : *Prêtres, soldats,
marins, colons, banquiers, savants...*

Ne dites rien, mon vieux. Pour moi, il est significatif que cet Européen (Euro-peon ?) ait été écrasé par une loco à la fin de la chasse. Honnête engin !

Alors, direz-vous, *mon* Europe ? Elle est dans l'esprit, la ruse, les expédients, l'invention. Le brillant, la vie. Les obstacles vaincus. Prenez mon Bureau de recherches. Vous y trouvez des hommes qui sont de vrais Européens. *Ils connaissent la vie.* Ils prennent les mesures nécessaires pour se protéger. Poésie, simagrées, balivernes ne sont pas pour eux. À quoi vous servira de connaître par cœur des vers de mirliton si un tuyau de poêle vous dégringole sur le caillou ? Mais ils ne s'en tiennent pas à cette simple question de rhétorique.

Ils ont une idée claire des périls qui menacent la vie dans une ville croulante comme Dublin. Le déluge de gouttières, de tuyaux, de pots de cheminée, de briques, d'ardoises, d'appuis de fenêtres et de balcons de fer dégringolant du ciel sur la tête des citoyens. Et quel est le remède ? Simple comme bonjour. Un chapeau avec un ressort breveté dans la galette, qui pare instantanément le coup et projette le missile à une distance de vingt ou trente mètres.

Personnellement, je ne me sentirais pas européen si j'avais peur de sortir dans la tempête... Ou veut-on nous faire croire qu'il n'y a pas de tempêtes en Europe ?

Bah !

IL N'Y A PAS DE SOTTE INVENTION

Les gens ignorants se plaignent parfois du caractère farfelu de certaines inventions du Bureau. Il n'y a pas d'accusation plus injuste. *Toute invention est pour le pauvre mortel utile... à quelque chose.* Certaines sont même d'utilité publique. Nuit et jour, quelque part sur la terre, des hommes hissent des poids et gaspillent du temps et de l'énergie sur de futiles problèmes d'arrimage. Ici, ils doivent faire un nœud, là en resserrer un autre.

Regardez l'illustration : examinez avec attention l'innovation en haut du crochet. C'est une boucle d'acier amovible juste assez large pour que le câble puisse y passer. Dans ce cas, pas besoin de nœud. Vous passez simplement le câble et vous commencez à hisser. Sous le poids, la boucle d'acier tendra à prendre une position verticale et coincera le câble dans un étau à toute épreuve.

Ce n'est pas évident d'imaginer des trucs comme ça.

UN NOUVEAU PROJET

Le Bureau ne s'occupe pas seulement de mécanique. De grands projets mijotent. Vous avez sans aucun doute entendu parler de l'Irlande cachée. Le professeur Corkery a écrit un livre sur le sujet que nous avons traité à fond, Mulhausen et moi, en 1933. Aujourd'hui, de concert avec le Bureau, j'essaie de trouver quelques capitaux pour un projet – ambitieux,

peut-être, mais qui en vaut la peine –, un projet qui devrait emporter l'adhésion de tous les Irlandais bien-pensants : *cacher de nouveau l'Irlande !* Hmmmmm ? Guerre ou pas, ça pourrait se faire, je vous en fiche mon billet.

COMMENT SOIGNER LES CRISES
DE FLÉMINGITE AIGUË

Ah oui. Vous souffrez évidemment de cette maladie dont les médecins ne veulent pas entendre parler. Vous savez (qui le saurait mieux ?) qu'il n'y a pas d'autre remède que l'hyperpyréxie. Vous choisissez votre flémingite aiguë, puis vous vous fourrez au lit et envoyez le fils chercher une cruche d'anodine boisson tierce. Excellents, ces ferments qui se boivent « intraveineusement ». Les quatre ou cinq jours sombres de l'incubation, vous les passez à lire *Guerre et paix*, le grand roman de Lafayette sur la guerre civile américaine. Vous savez que le

moment de la première crise est capital. Vous savez également
(qui le saurait mieux ?) que les crises de flémingite peuvent à
présent être enrayées – vous vous souvenez de ma monogra-
phie parue dans *Le Bistouri* l'année dernière – par l'hypoglyco-
late de soude bismuthé. Vous devez surveiller l'heure afin de ne
pas être surpris par une crise qui vous empêcherait de vous
faire une injection en temps voulu. Le dessin montre l'ingé-

nieuse invention du Bureau de recherches, qui permet d'avoir
l'heure toute la nuit – et en si gros qu'on peut la lire même
affaibli par dix accès de fièvre et abruti de quinine. La montre
est suspendue à l'envers derrière le projecteur, qui fonctionne
grâce à une lampe à pétrole. Il suffit alors de régler les puissantes lentilles pour projeter l'image sur un écran de verre
dépoli.

La flémingite aiguë peut être mortelle si les crises ne sont
pas convenablement synchronisées. Pourquoi prendre le risque
périlleux d'une déshydratation ou d'une anorexie alors que
notre lanterne magique ne coûte, tout compris, que vingt-cinq
guinées ?

LE MONDE DU RAIL

C'est toujours la même vieille histoire : on n'est jamais mieux servi que par soi-même. Mon dessin (ci-dessous) montre les actionnaires en train de laver en public le linge sale de la Compagnie.

Les zigues qui travaillent dans le tunnel de jonction de la Liffey se sont plaints l'autre jour d'avoir leurs vêtements presque arrachés par Rafferty, qui « navigue » a la cote 493 et tombe sur le poil des poseurs de voies avant qu'ils aient eu le temps de décamper. Ils n'ont pas de pétrole dans leurs lanternes et sont incapables de détecter l'approche du bandit. Ils ont bien essayé de poser des pétards sur les rails, mais Rafferty a paré le coup en lubrifiant les patins, ce qui a détruit les mèches. Un jour il y aura un mort, disent-ils, à moins de trouver un moyen de coincer Rafferty. Nous avons immédiatement étudié le problème au Bureau. La plupart des cheminots savent qu'il existe dans les tunnels une nappe humide, sorte de « purée de pois » qui souffle désagréablement dans la partie inférieure, éteignant toutes les flammes. Le problème a été, bien sûr, résolu, et la solution est illustrée infra. C'est une broche à bougie pour tunnelier. Le truc est que la bougie peut être fichée près de la voûte du tunnel, où la flamme brûlera sans problème, même lors du passage d'un train. Autre avantage : la pointe peut se plier après usage, ce qui permet de transporter commodément l'objet dans sa poche ou dans un sac à main.

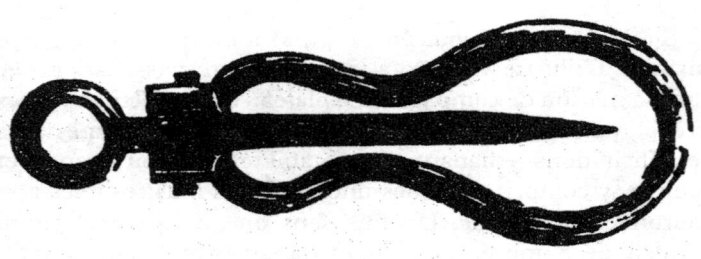

Sir Myles na gCopaleen

Sir Myles na gCopaleen (le p'pa) a eu quatre-vingt-sept ans hier. L'illustre vieillard a tranquillement passé la journée dans sa maison de campagne. Le plateau de son petit déjeuner (frugal, par les temps qui courent) était jonché de messages de félicitations émanant de notabilités de tous rangs et couleur, y compris quelques-unes des plus illustres têtes non couronnées d'Europe. Un flux sans fin de visiteurs (parmi lesquels de nombreuses grandes dames complètement scotchées et mordues au point d'avoir le mors aux dents) ont laissé leur carte où étaient gribouillés des vœux. Quand l'une des grosses rosses de ce haras entra en piaffant dans l'allée, une escouade de palefreniers avinés se jeta sur elle en poussant des « hue » et des « ho » et la fit reculer de force entre les brancards du landau qui attend chaque matin Sir Myles pour sa promenade dans le parc. Elle était presque complètement attelée lorsque la méprise fut découverte. Dans les cuisines, on murmure que ça va barder quand l'incident parviendra aux oreilles de Sir Myles qui porte à cette dame les marques d'une admiration sénile – « meilleure monte d'Irlande, vieux, pas d'équivalent pour la tenue de rênes dans le comté, descend à cheval prendre son petit-déjeuner ».

Une joyeuse cérémonie s'est déroulée dans la soirée. Sir Myles, imposante vieille silhouette d'autrefois en gilet et cravate lavande, recevait les fermiers et les villageois dans la vieille demeure seigneuriale. Le vieux Jem, le plus ancien fermier – on raconte qu'il a cent treize ans – fit un discours de circonstance, grossièrement flatteur et servile, évoquant certains événements « du temps du grand-père de Votre Seigneurie ». On passa ensuite à la raison d'être de la réunion (tonneaux de bière à gogo) et chacun prit part aux libations.

APPRENEZ CECI PAR CŒUR

La baronnie, bien sûr, est l'une des plus anciennes du pays. Sir Myles est le cinquante-septième du nom. Lady na gCopaleen est née Shaughraun de Limerick, une famille huppée du comté. Son assiette et sa tenue de rênes ont soulevé des salves d'applaudissements spontanés dans d'innombrables courses au clocher. Réputée pour son amour du Scotch, c'est l'une des femmes d'Europe qui a le plus de bouteille.

Miss Entrain na gCopaleen ne sort que depuis la saison dernière. Elle est très appréciée de la jeunesse dorée et c'est l'une des plus intéressantes personnalités que l'on peut rencontrer aux bals des chasses à courre. Après une semaine en selle, elle se délasse en écrivant des poèmes, des romans, des pièces de théâtre, en faisant de la danse et en tournant des films. Elle est très appréciée des jeunes corps de ballet et dit que son expérience de la chasse lui est très utile dans cette sphère. Elle reste très simple quand elle n'est pas à cheval. Actuellement elle me dit qu'elle collecte des fonds pour la distraction des troupes. « Je suis réellement positivement convaincue qu'il vaut le coup de vivre », me fit-elle remarquer l'autre jour.

Je suis en mesure de révéler que le teint de Miss Entrain, le rêve de millions de femmes, peut être obtenu à la demande. Elle me dit qu'après une dure journée en selle elle aime se retirer dans sa chambre et se frotter le visage de graisse de rognon. Mais ce n'est qu'une « base ». Elle s'applique ensuite une mixture faite de farine, de mélasse et de purée de pommes de terre. Par-dessus, un généreux emplâtre d'œufs battus et de whisky écossais. Lorsque vous enlevez le masque en temps voulu, vous avez le teint qui a causé des ravages parmi maints jeunes danseurs impressionnables.

LE FRANGIN

Myles lui-même, le brillant jeune journaliste, ne sera pas en ville pendant deux semaines. Inutile de faire suivre les lettres. Infatigable habitué des premières, il s'intéresse de près au théâtre et a écrit plusieurs pièces. La vie est pour lui une dialectique nourrie de pulsions esthétiques extra-humaines, la plupart indubitablement marxistes dans leur manifestation. Son acmé fut la découverte (en 1924) que la vie est en réalité une forme d'art. Chaque personne, croit-il, est engagée pour la vie dans un opus d'expressionnisme grandiose, où le Moi se module et se transforme selon des modèles esthétiques subconscients. Le monde est en fait une vaste galerie d'art où les curateurs eux-mêmes sont exhibiteurs et exhibitionnistes. Le cheval, cependant, est le suprême symbole artistique...

Le rédacteur en chef : Ça suffit, il me faut de la place pour mon papier.

Moi : D'accord, n'hésitez pas à me le dire. Je peux fermer le robinet à volonté.

L'autre jour Sir Myles na gCopaleen (le p'pa) a été réélu président du conseil d'administration de la banque Myles na gCopaleen. Pour faire taire le cousin, O'Shaughraun des Tourbières, on lui a offert le fauteuil de vice-président. Ce dernier poste implique le droit « de pouvoir tirer à discrétion sur le compte du n° 2 » et l'on dit qu'il équivaut à un paquet non de livres sterling, bien sûr, mais de traites de crédit consolidé qui peuvent être réescomptées sur « la masse funéraire » du groupe.

Les boissons furent ensuite servies dans la salle du Conseil. Elles furent suivies d'une très agréable soirée musicale. Sir Myles donna sa fameuse interprétation de « Dans la cave fraîche » et enchaîna avec un émouvant placet sur l'éthique et les fondements philosophiques « de toute véritable opération bancaire ». O'Shaughraun reçut une véritable ovation pour son interprétation de « Crois-moi si tant est » et autres perles tirées de ce qu'il y a de plus beau dans le répertoire de la musique nationale de la vieille terre, les *Mélodies* de Moore.

Le taciturne directeur Theoderick O'Moyle (O'Moyle la Carpe) ne dit rien, comme d'habitude. Il se contenta de rester assis.

*

Sir Myles na gCopaleen (le p'pa) était dans la serre en tenue de soirée immaculée, silhouette presque royale se détachant sur un fond luxuriant de *Banksia alba*, de tomates vertes et de Zephirine Drouhin. L'air chaud était empuanti par des émulsions de paraffine, signe que Jenkins, le chef jardinier, prenait ses précautions pour lutter contre cette maladie que l'on appelle crachat de coucou. Le soir faisait ce qu'il fait chaque soir : il tombait. Dans un arbre lointain un hibou toussait.

Un cliquetis se fait entendre. L'illustre vieillard choque un verre de whisky et soda contre ses dents patriciennes, couronnées d'or, et avale cette nourriture avec le calme d'un homme qui en a l'habitude. Il est perdu dans ses pensées. Il souhaite se rendre dans la bibliothèque. Il a des choses à y faire. Mais il se rappelle que sa bibliothèque (au sens véritable et ancien du terme) est la seule qui reste dans tout le pays. Et il est au courant d'une ou deux choses. Il craint le pire.

Il pose le verre en soupirant et sort de la serre. Il traverse le vieux hall seigneurial, passant devant la file de gCopaleen défunts, dans leurs théâtrales et anachroniques armures. Sir Myles jette un coup d'œil affectueux au dernier d'entre eux, l'honorable Shaughraun na gCopaleen, ancien as de la bouteille à la tête de la police militarisée du Sud. Sir Myles poursuit son chemin, se souriant à lui-même avec une grâce bizarre. Il atteint la bibliothèque et en franchit le seuil.

– C'est bien ce que je pensais, soupire-t-il.

Dans une posture grotesque un cadavre gît sur le sol. Sir Myles a déjà décroché le récepteur et composé un numéro.

– C'est vous, sergent ? La série noire continue. Un autre cadavre dans la bibliothèque ce soir. Vraiment, il ne faut pas abuser des meilleures choses. C'est sans aucun doute lié à la pénurie de bibliothèques. Quoi ? Un jeune homme, très beau. Cicatrice curieuse sur la joue gauche. Habillé ? Ne soyez pas idiot. Je dois vous dire qu'il porte un habit de soirée immaculé. Ne pas bouger le cadavre et ne toucher à rien avant que vous soyez là ? Vous me prenez pour qui... un crétin ignorant ?

Sir Myles repose le récepteur d'un air irrité et se sert un verre de raide. Il s'assoit en sirotant, l'oreille apparemment tendue. On entend bientôt trois coups de feu, suivis d'un hurlement.

– C'est bien ce que je pensais, marmonne Sir Myles. Ce doit être la mystérieuse petite gouvernante belge aperçue récemment dans les parages.

Se levant péniblement, il sort d'une armoire une vieille lampe-tempête. Allumant la mèche, il sort de la bibliothèque. Il arrive devant l'imposant escalier seigneurial et s'y engage. Rampe après rampe, il monte, la vacillante lumière illuminant portrait après portrait de gCopaleen défunts. Il atteint bientôt l'arachnéen escalier en spirale qui mène à la tour. Avec l'agilité que lui permet son grand âge, il empoigne la froide balustrade de fer et poursuit son voyage. Il est bientôt dehors sur les créneaux de la vieille tour normande, le vent glacé jouant sur son visage antique. D'un petit coffre il a tiré des jumelles et son œil d'aigle scrute la mer. Dans les ténèbres, il distingue la silhouette d'un petit bateau dans la baie, échangeant de mystérieux signaux lumineux avec des inconnus sur le rivage.

– C'est bien ce que je pensais, soupire Sir Myles. Une affaire de plans volés par des espions internationaux. Des agents d'une puissance étrangère qui ne laissent rien au hasard. Bien bien bien...

L'illustre vieillard redescend laborieusement vers la bibliothèque. Il a décroché le récepteur et composé un numéro.

– Allô, sergent, je ne vous apprendrai rien en vous disant que le corps a disparu durant ma courte absence de la bibliothèque.

– Je m'y attendais, Sir Myles.

– Comme d'habitude il y a eu les trois coups de feu, le cri et tout le reste.

– Parfait Sir Myles. Je suis ravi que le corps ne soit plus entre vos mains, car j'ai changé d'idée. Je n'ai pas l'intention de me rendre sur place. Cette fois-ci, nous laisserons le soin de résoudre l'énigme à un détective privé qui arrivera par hasard sur le théâtre des opérations. Comme ça la police ne fera pas d'erreurs, ne suivra pas de fausses pistes, n'arrêtera pas d'innocent et ne compliquera pas les choses.

– Je vous comprends, sergent. Bonne nuit.

L'illustre vieillard se débarrassa du verre et commença à attaquer la bouteille.

★

Sir Myles na gCopaleen (le p'pa), enterré il y a quelques mois, a été exhumé la semaine dernière à la suite d'une querelle concernant l'interprétation d'une clause de son testament selon laquelle certains tableaux de la National Gallery devaient être légués à la nation. La nation en question n'étant pas nommée, les juristes décidèrent que le legs était nul pour cause de vague, bien qu'il ne soit un secret pour personne que dans la bouche de Sir Myles des mots comme « la Nation », « l'Armée », « l'Administration », ne pouvaient signifier qu'une seule chose. L'illustre vieillard était vivant et en bonne forme, et sortit du cercueil avec une mine resplendissante.

– Jamais plus, dit-il en plaisantant avec les journalistes avant d'être emmené dans une voiture fermée.

Plus tard, invité à souper au Club des fonctionnaires réunis par Ailtiri na hAiseirghe, il reçut un joli service à découper. Lady na gCopaleen, qui, lors du trépas de Sir Myles, avait épousé en hâte son vaurien de cousin Sir Hose na gCopaleen pour des raisons testamentaires, était également là avec son mari et reçut une jolie sixaine.

Dans un discours de remerciement plein d'esprit, l'illustre vieillard dit que ce n'était point l'effet du hasard si son testament contenait des clauses litigieuses et des points tortueux qui ne pourraient être éclaircis – et pas nécessairement à l'avantage des appelants concernés – que par un politicien comme Gavan Duffy. Il avait pris la précaution d'ajouter quatre codicilles, mais n'en avait pas fait légaliser un seul. Il fut averti que deux des legs qu'il avait faits étaient invalides, attendu que la condition casuelle était que les légataires « se marient de nouveau ». Les parties en question ne s'étant jamais mariés, ils ne pouvaient légalement remplir l'exigence répétitive de la clause. De grosses sommes étaient également laissées à certaines personnes à condition qu'elles fussent toujours au service du testateur à la mort de ce dernier, mais toutes ces personnes avaient été remerciées – en fait, emprisonnées pour vol sur le témoignage non confirmé du testateur. Il fut également averti que quatre clauses du testament étaient contraires à la Constitution. Il avait espéré que le procureur général ferait saisir le document dans son intégralité, mais ce petit projet avait fait long feu.

– J'ai étudié avec soin, dit Sir Myles, l'opportunité de mourir intestat mais j'ai rejeté l'idée comme trop dangereuse. Je suis maintenant tout à fait ravi de ne pas avoir pris ce parti. Je me frotte les mains à l'idée de poursuivre Sa Seigneurie qui est là, et mes prétendus enfants, de tribunal en tribunal pour les faire cracher. Il va m'incomber la lourde charge d'établir de nouvelles règles juridiques. Je vais devoir faire ressortir que l'on peut mourir intestat ou testat, mais qu'il y a un troisième cas, celui où l'on se trouve extestat et que je revendique. Faire ressortir que s'il faut obligatoirement mourir pour être intestat, cela implique de longues définitions légales de la mort. Faire ressortir que la mort n'est pas un point final probant. Ce qui implique des définitions de la vie à peu près aussi abstruses. Ma propre « existence » serait remise en question et j'aurais à prouver – attention sous serment ! – que je ne suis pas mort, nonobstant mon récent décès et les épousailles hâtives de ma chère veuve. Le droit de revoir et de déduire sur la note des obsèques certains frais de « rafraîchissements » imputables à ma prétendue succession devra être clairement établi contre toutes les objections tortueuses qui pourraient surgir de l'esprit tordu d'un Costello. Même l'incontestable droit de participer à ma propre succession en tant que plus proche parent serait remis en question. Le fisc récuserait l'inclusion des frais d'obsèques dans les charges déductibles et insisterait pour me faire payer la taxe successorale. Vous voyez d'ici les ennuis que cela créerait. Je n'aimerais pas ça du tout. Messieurs, je préférerais être mort. *(Tonnerre d'applaudissements)*

Plus tard dans la soirée, l'illustre vieillard fut emmené en fiacre à l'Hôtel de Ville pour une visite de courtoisie. Il lança deux ou trois vacheries qui, quoique grossières, montrèrent qu'il se sentait bien dans sa peau.

Plus tard, le lord maire rendit sa visite à cette peau de vache.

Suite à l'exhumation et au retour à la vie civile de Sir Myles na gCopaleen (le p'pa), nombre d'intéressants points de droit ont été soulevés. Les parents regrettent amèrement l'exhumation et comprennent maintenant qu'il aurait été plus sage de ne pas réveiller le chat qui dort et de prendre le risque de faire valider le « testament » de l'illustre vieillard. Il y aurait eu de prodigieux litiges, mais peut-être auraient-ils réussi à mettre la main sur quelques miettes de la succession. Ils craignent à présent que le testateur en personne fasse opposition à toute présentation de ce document à la Cour, et que la Cour adopte sa thèse en frappant de nullité et d'invalidité les dispositions testamentaires pour cause de non-mort.

D'un autre côté, Sir Myles lui-même, bien qu'en excellente forme et plus chicaneau que jamais, est confronté à des situations délicates. Sa banque a refusé d'honorer ses chèques arguant qu'elle avait en sa possession son certificat de décès, envoyé anonymement par la poste, et gardera son compte bloqué jusqu'à ce que ce document soit invalidé par la Cour. Le conservateur des actes de l'état civil, à qui l'illustre vieillard eut recours, refusa de délivrer un nouvel acte de naissance, arguant que le demandeur ne pouvait être né à l'âge de quatre-vingt-un ans et que le problème ne se posait pas en ces termes puisqu'il ne s'agissait pas d'une naissance mais d'une exhumation.

Sir Myles prit alors conseil de son avocat. On crut que la situation pourrait être dénouée si Sir Myles rédigeait un nouveau testament en se léguant à lui-même la totalité de ses biens. Il lui faudrait payer la taxe successorale – une somme considérable – mais des poursuites pourraient être immédiatement intentées pour obliger le fisc à rendre l'argent. (Le risque était évidemment qu'un projet de loi fût voté à la hâte.) On découvrit cependant que le legs ne serait pas effectif en l'absence de preuve formelle du décès et comme c'est la preuve avérée du décès du testateur qui crée l'imbroglio, la question est terriblement obscure. Le vieil homme hésite à prendre le risque de nouvelles obsèques parce que :

a) Ses obsèques précédentes n'ont pas été concluantes.
b) L'exhumation incomberait à des tiers, dont aucun n'est sûr.
c) La preuve de deux décès eu égard à un seul testateur, rendrait la situation légale, déjà difficile, absolument insoluble.
d) De nouvelles obsèques, plus prolongées, risqueraient de le tuer.

L'illustre vieillard est sincèrement effrayé par l'incroyable imbroglio légal qui résulterait de cette dernière éventualité, surtout si une nouvelle exhumation révélait qu'il n'a jamais été vivant ou mort, mais dans une sorte de transe. Sir Myles est déterminé à ce qu'aucun de ses héritiers ne touche le moindre fifrelin, mais il est à présent dans une situation telle que les mesures qu'il a prises à cette fin l'empêchent de toucher son propre argent.

L'impasse juridique consiste essentiellement en ceci que la vie n'est pas aux yeux de la loi le contraire de la mort, et naître pas le contraire de mourir. La mort est un *processus* aboutissant généralement à une issue fatale. Pour annuler les conséquences légales de la mort, il n'est pas suffisant, eu égard à la cession de ses biens, que le décédé soit manifestement vivant, il est nécessaire qu'il *démeure*, à la satisfaction de la Cour. Comme il semble que personne n'ait encore accompli cet acte mystérieux, l'illustre vieillard hésite, vu son âge, à tenter le coup le premier, et ignore complètement la marche à suivre.

La situation est telle que les deux parties seront finalement obligés à la concertation. Les héritiers ne peuvent rien obtenir puisque le testament est suspecté d'invalidité ; le testateur, pour la simple raison qu'il l'est, ne peut toucher son propre argent.

Sir Myles a consulté plusieurs autres avocats et invité d'éminents praticiens et des croque-morts à se joindre aux tables rondes. La partie adverse s'entoure également de nouveaux conseils et la situation générale est devenue très tendue. Un affrontement sanglant est attendu d'une heure à l'autre. Les suites de l'affaire seront minutieusement relatées dans ce journal.

Entre Sir Myles na gCopaleen (le p'pa) et ses héritiers avides, c'est à qui jouera au plus fin. Lady na gCopaleen qui, à la « mort » de son mari, avait en toute hâte épousé Sir Hose na gCopaleen, son propre à rien de cousin, est déjà noyée sous un déluge de factures de cognac et a déposé un recours en justice demandant l'annulation du mariage et déclarant :

1. Qu'elle était, avant son mariage avec Sir Hose, *non relicta* et incapable de contracter un mariage valide avec lui.
2. Que, nonobstant ce qui précède, son mariage avec Sir Myles avait été résilié à la mort de ce dernier.
3. Qu'elle ne pouvait pas être veuve puisque Sir Myles avait réapparu et qu'elle devait donc être une jeune vieille fille.
4. Que la réapparition *post mortem* de Sir Myles prouvait qu'il était un esprit dépravé, eu égard à la lourdeur des charges fiscales et à l'instabilité du climat social.
5. Qu'en tant que parent le plus proche, le tiers des biens du défunt lui revenait *prima facie* de droit, attendu qu'il était mort intestat (ou après avoir gribouillé un document inadmissible prétendant être un testament) et que pour l'heure, quelle que soit l'opposition qu'il puisse faire aux poursuites, il est dans l'incapacité légale de tester puisqu'il n'existe pas.

Elle demande également des dommages et intérêts. Son actuel mari, Sir Hose, a jusqu'ici ignoré les poursuites, étant depuis vendredi incapable de sortir d'un fiacre stationné dans une ruelle en face de Fade Street. Sir Myles, lui, est en pleine forme : il a déjà fait dix-huit oppositions et s'est constitué en société anonyme par actions perpétuellement renouvelables sur la succession, opposant une fin de non-recevoir aux réclamations de cette dame. Il a, en outre, déclaré :

I.   Qu'ayant été mort il échappe aux compétences de la Cour.
II.   Qu'il n'est cependant pas mort.
III.   Qu'il n'est pas mort intestat mais a fait un testament vexatoire que la Cour devrait saisir et condamner.
IV.   Qu'il est capable de faire d'autres testaments.
V.   Que ses obsèques n'ont été ni authentiques ni probantes, mais qu'elles ont relevé de la nécromancie agricole.

VI.   Qu'il est tout à fait sain d'esprit et ne sait que trop bien ce qu'il fait.

VII.   Que Lady na gCopaleen, ayant précédemment été sa femme et subséquemment sa veuve, est de nouveau sa femme et que son cousin Sir Hose, bigame depuis l'ex-humation, devrait être proscrit par la Cour *a mensa et thoro*.

VIII. Que, d'autre part, Sir Hose et lui étant conjointement mariés à la dame, lui (Sir Myles) en tant que plus ancien mari a droit de priorité sur tous les litiges, et est autorisé à la considérer comme personne à charge et à la déduire de sa déclaration d'impôts selon le Code en vigueur.

IX.   Que Sir Hose est un dangereux maniaque, totalement « inconscient » du mariage que Lady na gCopaleen a contracté avec lui.

X.   Que Sir Hose, né en 1901, n'a pas dessaoulé depuis juin 1909.

Les autres parents prennent également des mesures pour faire main basse sur le magot (c'est ainsi qu'ils appellent les biens et effets ainsi que la cagnotte de Sir Myles) et n'auront aucun scrupule à se porter à des voies de fait contre l'illustre vieillard si c'est le seul moyen de répondre à leurs visées. Un clochard mort a été secrètement enterré dans la tombe de Sir Myles, ceci pour tenter de prouver en temps voulu que Sir Myles est un imposteur et n'a en fait jamais survécu à ses funérailles. Il est cependant admis que la tentative est risquée, car elle peut donner à Sir Myles l'occasion de prétendre qu'il n'a jamais eu de funérailles, et qu'il est victime d'une conspi-ration diabolique dans laquelle trempent sa femme, Sir Hose et d'autres cousins.

Un mystérieux colonel Coplin, qui se dit un lointain grand-oncle, a fait son apparition sur la scène. Cet homme prétend être peiné par « l'inconvenance » de voir le nom de la famille traîné devant les tribunaux dans la boue du scandale et de l'injure, et parle de « certains arrangements » qu'il a en vue. Chaque partie suppose que c'est un imposteur payé par la partie adverse et agit avec la plus grande prudence.

Tout nouveau développement de l'affaire sera suivi de près.

Critique, art, littérature

Vous savez cette escroquerie, l'édition limitée. Si vous écrivez de la poésie très ésotérique (et pourquoi vous en priver, je vous le demande?) qui se vend mal voire pas du tout, vous prétendez qu'il existe une énorme demande et qu'il faut rationner le nombre d'exemplaires. Trois cents seulement seront imprimés, dites-vous, après quoi la fonte sera définitivement abandonnée. Laissez les connaisseurs et les bibliophiles s'entretuer pour avoir l'honneur et la gloire d'intercepter un exemplaire. Absolument aucune réimpression. Reproduction intégrale ou partielle interdite. Trois cents exemplaires, celui-ci étant le numéro 4312. Papier oklamen traficoté à la main, tranche indigo en fibre supérieure et orteil d'écureuil, sans parler des caractères Campile Perpetua douze points créés spécialement pour l'occasion. Édition complète, non abrégée et absolument non expurgée. Trente-cinq shillings la pièce et quelle affaire du tonnerre de l'enfer.

Eh bien j'ai décidé d'aller un peu plus loin. Je me permets d'annoncer respectueusement mon nouveau recueil de vers intitulé *Dépit envers Taurus*. Nous avons décidé d'utiliser la fonte Caslon huit points sur du papier chasseur de dinde et une couverture en velours côtelé violet. Mais attendez la suite. Une fois le caractère choisi, il sera immédiatement détruit et AUCUN EXEMPLAIRE NE SERA JAMAIS IMPRIMÉ. Les serviteurs de la compagnie ne seront en aucun cas autorisés à réaliser ne fût-ce qu'une épreuve d'imprimerie. L'édition sera si limitée que mille livres ne suffiront pas à acheter un seul exemplaire. Voilà ma conception de l'exclusivité.

Le prix s'élèvera à cinq shillings. Ne poussez pas le ridicule jusqu'à me demander ce que vous obtiendrez en échange. Vous n'obtenez rien de visible ni de tangible, pas même une facture. Mais vous gagnez l'honneur de participer à l'une des expériences les plus audacieuses jamais menées dans mon laboratoire littéraire.

MES REGRETS

Pour des raisons indépendantes de ma volonté, la même illustration a récemment été publiée dans cette chronique deux jours de suite. Bien sûr, il devait y avoir deux illustrations différentes. J'entrevois cependant que cette erreur a provoqué des querelles domestiques dans toute l'Irlande. Par exemple :

– Maggie, où est le journal ?
– Ici.
– Où ?
– Ici.
– C'est celui d'hier.
– Non, c'est celui d'aujourd'hui.
– Je te dis que c'est celui d'hier.
– C'EST CELUI D'AUJOURD'HUI. Regarde la date !
– Je n'ai pas besoin de regarder la date, je sais très bien que c'est celui d'hier. Je ne suis pas un imbécile. Je me souviens très bien d'avoir vu cette illustration dans le journal d'hier, chaque jour que fait Dieu je dois faire des pieds et des mains pour retrouver mon journal. Je passe la moitié de ma vie à arpenter ma maison comme un demeuré, je pose une question tout à fait civile au sujet de mon journal que j'ai acheté deux pence et je me vois pratiquement traiter de menteur…

CHOSES MONDAINES ET PERSONNELLES

Lors d'une des réceptions hebdomadaires qui se tiennent au Club Cruiskeen, j'ai surpris une étrange conversation. Une jolie effrontée aux boucles d'or s'entretenait avec son amoureux.

– Vous savez, Godfrey, pas plus tard qu'hier j'ai appris un tas de choses intéressantes sur ma famille. Savez-vous que mon arrière-grand-père a été tué à Waterloo ?

– Vraiment, mon cœur, sur quel quai ?

La tête d'or signifie son mépris.

– Ne soyez pas ridicule, Godfrey. Comme si le quai avait une importance.

Bien sûr je ne peux garantir que ces deux-là aient tenu ces propos ni même qu'ils aient ouvert le bec. L'endroit était rempli de mes escortes.[1]

Je me suis intéressé au *Fantasia* de Disney pour la première fois le jour où j'ai lu, sous la plume d'un critique de cinéma de l'*Irish Press*, que les fans de Disney étaient désormais qualifiés de « fantasiens ». Quand j'ai vu cela, la colère m'a pris. J'ai immédiatement demandé à tous les gratte-papier qui m'écrivent ces trucs pourquoi nous n'y avions pas pensé les premiers. Mémo du patron. Veuillez fournir explication écrite. Pour quelle raison ? POUR QUELLE RAISON ? (Votre homme est dans une colère noire, il fulmine là-haut dans son bureau, houspille tous ceux qui pointent leur nez.) Un retraité de l'Éducation nationale qui m'écrit des articles – c'est d'ailleurs lui qui a écrit ce truc sur le service d'escorte il y a quelques mois, qu'il a fallu retirer parce que ça puait – eh bien ce type a eu le culot de dire qu'il y avait bien pensé mais avait décidé de ne pas l'utiliser parce que ce n'était pas « à notre niveau ». Je n'ai pas trop su que répondre parce qu'il n'avait peut-être pas entièrement tort.

Revenons à ce *Fantasia*. Écoutez ce qu'a dit récemment un écrivain, dans ce journal précisément :

« *Fantasia*, à mon humble avis l'art cinématographique sous sa forme la plus haute – ne vous méprenez pas sur ce point –, n'est pas un spectacle pour enfants. »

Ne vous méprenez pas sur quel point ? L'humilité de cet adulte ?

Fantasia est bien (à mon obséquieux, flagorneur, servile et mielleux avis) la dernière prouesse de virtuosité que l'on ait

---

accomplie dans l'art de la sous-vulgarité. Il suscitera chez les
braves gens un sentiment de honte et d'humiliation.
Je vous explique. Charlie Chaplin a été un clown formi-
dable. Dans les années 1920, son comique saccadé me faisait
pleurer de rire (oui, pleurer). Il était vraiment bon. C'était
un vrai dur – mais des chiffes molles (*Art cinématographique*:
une revue internationale de cinéma « avant-gardiste ») l'ont
démasqué. Un jour, un crétin – un « marxiste » oisif en costume
de velours – a sévèrement reproché aux gens de rire pendant
les films de Chaplin. Vous ne voyez donc pas, mon vieux, que
Chaplin exprime, avec l'art le plus consumé, toutes nos pathétiques aspirations. Je veux dire la quête du bonheur et tout
ça, notre pauvre nature humaine, faite de frustration. Ce petit
vagabond, voyez-vous, c'est vous et moi. Chaplin est un grand
artiste, vous savez. Il ne faut pas rire, voyons. Une sensibilité si
pure, si exquise !
   Et ce pauvre Chaplin, homme candide s'il en est, entend
ces propos et réalise *Le Dictateur*. La fin du *Dictateur* représente
le summum de la dégradation humaine. Je me souviens d'avoir
rougi.
   Maintenant revenons-en à Disney. Cet homme (milord) avait
plus d'un mickey dans son sac. Il savait mieux que personne
divertir de manière intelligente et bon enfant, se moquer des
raseurs, poseurs et jaseurs, c'était l'homme le plus doué pour le
dessin, l'invention, l'imagination et la vitupération. C'est l'un
des gars les plus futés qui soient sortis de Beverly Hills (il y aussi
Goldwyn là-bas au fait). Un jour M. Stokes, qui vend depuis
des années de la « Musique » à de petits snobs américains (au
marché noir), entend parler de monsieur D., dont la sensibilité
et la pureté de sentiment sont encensées par les cornichons
intellectuels. C'est ainsi qu'avec l'aide des euphonies philadel-
phiennes et du Canadian North West Montage, M. Michael
Mouse devient matière artistique. Il devient, comme dirait
The Bell [2], quelque chose de vif, d'alerte, qui occupe une place
privilégiée dans l'expérience esthétique. Et son père, ce pauvre
M. Disney, commence à négliger sa tenue, affecte des vues

---

2. *The Bell* (1940-1954), revue littéraire irlandaise influente à l'époque, créée par
l'écrivain Sean O'Faolain (*N.d.T.*).

extravagantes et fait de longues marches sous la pluie. La suite, vous le savez, c'est tout un cirque pour que n'importe quel idiot ayant l'usage de ses jambes puisse aller voir *Fantasia* muni d'une partition de poche (à tenir soigneusement à l'envers). C'est-à-dire, mon cher, une synthèse de maîtrise artistique en termes de ligne, de couleur et de son. Très vraisemblablement la forme d'art cinématographique la plus haute que l'on puisse imaginer. Une anabase spirituelle à plusieurs niveaux dans le septième art, RÉUNISSANT POUR LA PREMIÈRE FOIS SUR UN ÉCRAN le meilleur de Beethoven, George Raft, Diaghilev et Tom Mix. Avec un orchestre composé de huit cents blondinettes et plusieurs milliers de trombones.

Le rédacteur en chef: Vous avez vu ce film?

Moi: Non.

Le rédacteur en chef: Pourquoi?

Moi: Parce qu'il n'y a plus d'invitations.

Le rédacteur en chef: Mais pourquoi condamner quelque chose que vous n'avez pas vu?

Moi: Pourquoi ne plus donner d'invitations?

Le rédacteur en chef: Alors tout cela n'est que l'expression de votre fiel parce que vous n'avez pas été invité?

Moi: Pas forcément. C'est quelque chose de vif, d'élégant, d'alerte.

FLASH! Quand le toit fuit et que le piano a besoin d'être accordé, quand le chauffe-eau explose et que le frangin (en congé) arrive en douce, que fais-je? J'appelle le spécialiste, celui qui sait, et lui laisse le soin de trouver une solution. Et lorsque arrive le jour de payer la facture, je m'exécute en suivant les tarifs standard consacrés par plusieurs siècles de marchandage collectif. Quand j'ai envie de lire quelque chose, en revanche, je l'écris généralement moi-même.

Mais récemment j'ai remarqué dans les kiosques *Puck Fare*, imprimé sur un papier blanc entièrement glacé et consacré à une fantaisie charmante, à savoir que l'écrivain – l'écrivain, voyez-vous – est un professionnel, un artisan, un individu hautement qualifié qui ne devrait jamais être payé moins de cinq livres pour un bon boulot. (Je pourrais le faire pour 4,50 livres, M. O'Faolain, mais ce ne serait pas du boulot.)

Puisque ce magazine constitue une preuve de l'adoption spontanée par un groupe de minables d'un statut professionnel et puisque les contributions de ces ex-waamateurs peuvent être considérées du moins comme de parfaites réussites techniques (« l'art, finalement, ne se mesure pas avec une règle »), le profane doit être autorisé à examiner d'un œil admiratif ce brillant mécanisme. La grammaire et l'orthographe, j'entends – nous savons que tout va bien, mais nous aimerions voir. Le patron est en droit d'exiger que ses hommes de plume aient un minimum d'instruction.

La page 19 est consacrée au ballet, mais l'auteur a cru bon de se référer deux fois à un gentleman étranger du nom de Jooss, qu'il écourte chaque fois d'un « s » afin d'économiser le papier. Dix pages plus loin, le waamaïste en chef présente un article commençant par « Seano Carissimo » et balance à une pression de cinq cents livres le centimètre carré : « N'est-ce pas un piano que j'ai entendu, derrière l'un de ces volets jaunes éclairés, déverser les averses du Concerto en sol majeur ! » Quiconque sait jouer un concerto au piano mérite indiscutablement plus que cinq livres. Deux autres gentlemen étrangers apparaissent et l'écrivain imagine qu'ils s'appellent Breughel et Bocace. La curieuse expression, d'autre part, « cario mio », qui figure à la fin de cette œuvre, évoque assurément quelque langue romantique (et qui plus est, « cyclope » s'écrit avec un c majuscule).[3]

Page 35 nous avons un aperçu de « Robert Emmett », mais nulle mention de « John Mitchell » ou « Arthur Griffiths ». Deux pages plus loin nous prenons connaissance d'une nouveauté gaélique : Ni thagaim geilleadh do'n chúirt seo Guvóradeeaurinn ![4]

La page 41 nous propose un *divertissement** exquis (ou ce qu'ils appelleraient sans doute un divertisement) – un entretien avec l'homme de *The Bell*. Le registre littéraire est encore plus relevé ici, même si « Dinneen » n'a droit qu'à deux n au total et si des atrocités comme Faoileánn, Faoileánnda et Faoileánndacht sont attribuées gratuitement au grand lexicographe.

---

3. Mais n'oublions pas que tout cela est peut-être voulu (*Note de l'auteur*).
4. Je ne me rends pas devant ce tribunal (*N.d.T.*).

C'est aussi la première fois que le mot « tournédos » fait son apparition dans la littérature[5]. (Il existe bien sûr mais pas avec cet accent mon vieux.) Page 42, nous voyons sous nos sourcils froncés la phrase : « Nuit après nuit j'abreuvais mon camarade des horribles histoires de Jean-Jacque. » (sic, sic, sic)

Ce ne semble être que de mesquines chicaneries ; je suis d'accord avec vous. Mais voilà le problème : si ces snobs savants et écrivants hautement qualifiés, qui sont sûrs de valoir plus de cinq livres, insistent pour tirer des mots étrangers par la peau de leur noble cou, pourquoi ne pas le faire correctement et montrer ainsi que l'usage de ces mots leur est parfaitement naturel et résulte de longs séjours à l'étranger ?

Revenons-en à nos moutons. Page 55, on se réfère à une œuvre de M. Joyce intitulée *Finnegan's Wake*. La fin de ce pauvre écrivain fut hâtée par cette importune apostrophe. Page 63, on trouve une allusion à *L'Illiade* d'Homère ; sur cette même page le mot « Primevera » suit l'article « Le », le mot « Pièta » se substitue à « Pietà », « triptyque » devient « tryptique » et le nom de Mlle Jellett est amputé d'un t, ce qui n'est pas joli joli.

N'importe quel journaliste professionnel serait immédiatement fichu à la porte s'il commettait les erreurs susmentionnées. Les parties responsables méritent peut-être un shilling six pence dans le monde des lettres mais certainement pas cinq livres.

UN MOT SUR LA MUSIQUE

Une belle escroquerie, le coup du « chef d'orchestre invité ». Faites venir dans ce pays un gentleman aux cheveux argentés, censé s'y connaître en matière d'orchestre, et vous ferez salle comble. Vous avez remarqué qu'il n'a jamais besoin de partition ? Vous avez remarqué que si le cor anglais a trois millionièmes de seconde de retard dans le deuxième mouvement de la Symphonie en ré mineur de Franck, on doit lui faire une piqûre de réanimation ? Eh oui, il a mené l'orchestre tout du

---

5. Je ne peux m'empêcher de relever ce genre d'erreurs – des sommes considérables ont été investies dans mon éducation. Clongowes, Oxford, Sorbonne, Leipzig, Harvard, etc. À quatre ans déjà, je parlais couramment le gaélique (*Note de l'auteur*).

long sans avoir devant lui une note de musique. Comme si
« une note de musique » avait pu l'aider.

C'est du pipeau bien sûr. Regardez la chose sous cet angle.
Vous pouvez prendre la liste des gars dans n'importe quel
ordre. Pour commencer, la sélection des symphonies jouées
en concert est strictement limitée : Beethoven, Brahms, Bach,
Berlioz, Schubert, Haydn, Mozart, Mahler, Haendel (disons) –
puis quelques âmes slaves, Rimsky-K., Tchaïk., Prokoviev,
Strav., Dvorak, et ce petit nouveau, Chostakovitch. Puis quelques illuminés « modernes », pas joués souvent cela dit, Schön-
berg, Bloch, Bartok, Honegger, Satie, Hindemith, dochtúir O
Dubhthaigh et des folkloristes comme Gus Holst. Comptez
une dizaine d'opéras (sachant que celui qui se charge de
Wagner ne sera pas chargé de Verdi) et voilà. De chacun de
ces compositeurs, seuls quelques morceaux sont au répertoire.
Mettons qu'au total on joue vingt symphonies, dix concertos et
quelques suites et ouvertures. Toute personne ayant suivi une
bonne scolarité dans un lycée public en viendrait à bout assez
vite, et si vous comparez avec la polyvalence que l'on attend de
moi, tour à tour acteur, chef ou fonctionnaire, qu'est-ce que
vous en dites ?

CRITIQUE LITTÉRAIRE

De ses écrits je n'ai compris
Que cinq pour cent peut-être six
Le reste n'était que mots et sons
Je parle bien sûr d'Ezra Pound.

Toute une vie de cogitation m'a amené à la conclusion qu'au
sein de notre littérature anglo-irlandaise (qui pour l'essentiel
n'est ni anglo, ni irlandaise, ni littérature) (comme disait l'autre)
Synge occupe une place unique au panthéon des imposteurs.
Cette goule comique, avec ses veillées funèbres et ses chopes de
porter, devrait être définitivement anéantie grâce à un festival de
théâtre qui permettrait aux jeunes d'aujourd'hui de redécouvrir
toutes ses pièces. Il faudrait montrer à la jeune génération ce que
ses pères et ses aïeux ont enduré au nom de l'Irlande, qui plus
est à une époque où ce n'était ni lucratif ni populaire.

Nous avons connu des jours difficiles, nous autres, pendant les siècles où l'Angleterre ne nous aimait pas. Mais les mots se bousculent sous la plume pour décrire ce qui arriva lorsque les Anglais découvrirent que nous étions des gens plutôt intéressants au fond, que nous étions sympathiques, spirituels, braves, terriblement celtes et fougueux, aimables, forts, paresseux, saoulards, impulsifs, hospitaliers, honnêtes, et ainsi de suite jusqu'à ce que vos forces flanchent. À compter de ce jour, on vit poindre aux lèvres de nos moins brillants intellectuels (dont nous possédons plus, sur mille naissances, que tout autre pays au monde) la pâle écume de l'épilepsie littéraire. Nos écrivains, fascinés par l'œil sournois des éditeurs londoniens, ont atteint dans l'histrionisme une virtuosité acrobatique. Convulsions et contorsions, viles et masochistes, ont trop longtemps été promues au rang de littérature dans ce pays. Flatter l'étranger, lui faire le numéro de l'esprit celte, du baladin fantasque mais attachant, prendre un air morose, tourmenté et pensif – tout cela est si usé que nous devons le mettre au rebut tout pleins de honte, comme un costume râpé. Même les clients qui viennent au magasin depuis cinquante ans en ont assez. Écoutez la prochaine fois qu'un Paddy mercenaire passe sur la BBC, vous me comprendrez mieux.

Les problèmes ont sans doute commencé avec Lever et Lover[6]. Mais il me semble toujours qu'avec Synge, nous tenons le virus isolé et identifiable. Toute personne qui connaît l'Irlande dont il est question ne peut que trouver ses pièces insupportables. Ce n'est pas que Synge ait rendu les gens moins estimables ou plus mauvais, ni même meilleurs qu'ils ne sont, mais il a exhibé avec la plus grande solennité des clowns parlant une sous-langue de leur crû et il nous a demandé de les prendre au sérieux. C'était encore sans conséquence, parce que nous avons la réputation d'avoir de la jugeote. Mais quand cette vulgaire contrefaçon a commencé à trouver des admirateurs hors d'Irlande en raison de son étrangeté et de son « charme », le monde littéraire n'a pas tardé ici à voir en Synge un poète et une farouche divinité celtique, une sorte de génie en somme,

---

6. Charles Lever (1806-1872), Samuel Lover (1797-1868) : écrivains irlandais, qui évoquèrent le milieu paysan en Irlande (*N.d.T.*).

comme le frangin. Nous, qui connaissions tous les tenants et les aboutissants de l'histoire, avons préféré accepter les jugements d'étrangers incompétents sur ces questions irlandaises. Et maintenant, nous voilà dans de beaux draps, parce que j'ai moi-même rencontré dans les rues d'Irlande des personnes sorties tout droit des pièces de Synge. Elles parlent et s'habillent pareil, sans parler des chopes de porter qu'elles s'enfilent pendant les longues soirées après Samain[7].

Le bon peuple d'Irlande : Y a-t-il un rapport entre cet homme et Synge Street à Dublin où est né Bernard Shaw ?

Moi : Je ne pense pas, parce que Bernard Shaw est né avant Synge.

Le bon peuple d'Irlande : Les Frères ont une très bonne école là-bas – bien des Irlandais respectables y ont fait leurs études. Ils sont très bien classés pour la sixième et la terminale chaque année.

Moi : Ma foi vous avez raison.

Le bon peuple d'Irlande : Mais bien sûr l'ami Shaw n'est pas très catholique.

Moi : Mouais.

Puisque la controverse sur le tableau de Rouault soulève des questions importantes dans les domaines de l'esthétique et de la moralité publique, je sais que de nombreux lecteurs attendent de moi une déclaration qui fasse autorité.

Le tableau a été acheté quatre cents livres par les Amis des collections nationales et offert en cadeau au Musée municipal. (Permettez-moi ici une digression : je réitère une fois de plus ma demande que l'étroite rue où se trouve le musée, autour de Parnell Square, soit rebaptisée Hugh Lane[8].) Le conseil d'administration du musée, vraisemblablement composé de membres de la municipalité, a rejeté le tableau. L'ancienne lord-maire, Mme Clarke, aurait dit qu'il s'agissait d'une toile « grotesque », qui en outre « offense le sentiment chrétien ».

---

7. Samain est une ancienne fête celtique célébrée le 1er novembre pour marquer le début de l'hiver ainsi que d'une nouvelle année (*N.d.T.*).

8. La Hugh Lane Gallery est un musée de peinture fondé par le collectionneur Hugh Lane en 1908. Il est situé dans Parnell Street à Dublin (*N.d.T.*).

M. Keating le juge « puéril, naïf et inintelligible ». En revanche, un noble étranger en aurait fait l'éloge. M. Rouault quant à lui garde le silence.

Le tableau, exécuté dans le style moderne, n'est guère susceptible de plaire à des personnes dont la connaissance de l'art sacré est dérivée de chromolithographies bigotes achetées rue Saint-Sulpice, dont on trouve l'exemple dans toute chambre à coucher irlandaise qui se respecte. Ces personnes cependant ne mettent jamais le pied au musée et il ne semble pas que leur avis doive être pris en compte. Ce qui importe, c'est l'attitude des personnes « intelligentes ». De nombreuses formes d'art moderne sont dépourvues de règles. L'artiste crée les siennes. Le résultat peut être informe ou chaotique, c'est de l'art du moment qu'il exprime quelque chose, éventuellement quelque chose de mauvais et de négatif. Même nos propres avant-gardes qui n'ont jamais appris à dessiner, si pathétiques et débraillées soient-elles, ont droit au titre d'artistes parce qu'elles expriment de manière artistique (et convaincante) le fait qu'elles ne savent pas dessiner. Mais à partir du moment où l'artiste moderne fixe ses propres règles, le spectateur doit aussi avoir le droit de définir ses critères de jugement. En d'autres termes, la faculté d'apprécier une toile « moderne » est tout aussi personnelle et individuelle que celle qu'exerce l'artiste. Le portrait « figuratif » d'un évêque (comme on en réalise trop souvent) peut être évalué en fonction de critères purement mécaniques. Le meilleur juge d'un tel tableau serait un enfant de trois ans qui pourrait dire de manière péremptoire si « ça lui ressemble ». Mais qu'est-ce qu'un tableau « moderne » considéré du point de vue vestimentaire ?

Une autre paire de manches.

On peut raisonnablement avancer que si le portrait de l'évêque produit sur tous la même impression, il est peu probable que deux individus aient une réaction identique face au tableau de Rouault. On a en effet montré à quel point elle peut varier. Son tableau a été jugé « blasphématoire » et « chargé d'une profonde signification religieuse ».

On verra donc que le charme et la valeur d'une telle œuvre tiennent à la diversité des messages délivrés par l'artiste. L'attitude de chaque individu face au tableau est personnelle, et n'est pas nécessairement liée à des critères artistiques conventionnels. Aussi M. Keating fait-il preuve d'impertinence en qualifiant le tableau de « puéril ». Tout le monde se fiche de l'opinion de M. Keating. Nous pouvons nous faire la nôtre. Tout aussi inadmissible est l'attitude d'autres commentateurs qui nous ont assuré que Rouault était tenu en haute estime par le créateur de vitraux Healy, et qu'un groupe de Français (les seuls au monde qui comprennent le bon goût) l'appréciaient tant qu'ils ont consacré une salle entière à son œuvre. Quel est le rapport? Devons-nous « aimer » une chose sous prétexte qu'elle a l'approbation d'un individu ou d'une coterie?

Si impertinente que puisse paraître l'expression d'opinions individuelles dans une telle situation, il est scandaleux que ce Conseil d'administration du musée municipal, ayant apparemment conçu une opinion hors d'appel et fort sombre, décide que les citoyens irlandais ne sont pas autorisés à avoir d'opinion du tout. De quel droit cette clique serait-elle garante de la conscience esthétique de la communauté?

Les membres de la municipalité sont élus pour s'occuper de tâches quelque peu plus matérielles, comme la rénovation des quartiers insalubres et le traitement des ordures. Dans ce domaine, des perspectives s'ouvrent à un service public valable, l'œil embrasse un vaste champ de possibilités. Pourquoi donc les membres empiètent-ils sur des terrains où leur bagage intellectuel ne peut qu'être inadéquat?

Ce qu'on pourrait appeler la maladie de la littérature, voilà un sujet qu'une personne éduquée et intelligente se doit d'examiner. Qu'est-ce qui pousse un homme inoffensif et sain d'esprit à écrire? À supposer qu'« écrire » signifie mécaniquement multiplier la communication (supposition parfois très audacieuse, notamment lorsqu'on écrit un livre sur les paysans en irlandais), quelle vaine éructation d'égoïsme conduit un homme à s'adresser simultanément à une foule de personnes qu'il n'a jamais rencontrées et que peut-être ses « pensées » importunent? Rien ne les oblige à lire ce qu'il écrit, me direz-vous. Mais si. Voilà en effet la névrose plus perverse qui mérite examen. Le besoin aveugle de lire, la soif d'imprimés – c'est là une infirmité si profondément ancrée dans l'esprit d'aujourd'hui qu'elle est (peu ou prou) inextirpable. On accusera l'enseignement obligatoire et Lord Northcliffe[9]. On peut décourager systématiquement l'écrivain, tourner son « œuvre » en dérision, et si tout le reste échoue, recourir au remède moderne qui consiste à « liquider les intellectuels ». Mais que peut-on faire face au mordu d'imprimés passif? Absolument rien.

Considérez la journée moyenne de l'homme moyen ayant une éducation moyenne. L'œil à peine ouvert, il lit cette histoire tragique et désolante que lui répète chaque matin le cadran de sa montre. Encore en retard. Il n'est pas même descendu qu'il a déjà ouvert (sans doute avec l'abandon pathétique d'un être qui se sait perdu) cette grise tablette de mensonges qu'est son journal. Il assimile son narcotique littéraire en silence, accordant cinq pour cent de son attention à la consommation de son petit-déjeuner. Sa femme s'est esquinté la vue à essayer de lire pendant des années le même journal de l'autre côté de la table et il doit donc le lui laisser tandis qu'il part au travail. Notre sujet est tendu durant son trajet, ses mouvements indécis; il est momentanément privé de sa drogue. Notez avec quelle frénésie sont scrutées les publicités qu'il voit depuis vingt ans, méticuleusement parcourus les livres et les journaux de ses voisins dans le bus, le ticket de bus est étudié avec intérêt, il s'essaie timidement à lire ce qui est écrit sur l'étiquette du gant que tient un ecclésiastique deux sièges devant lui. Les horloges sont quant à elles lues et désapprouvées.

Enfin, il arrive au bureau. Hourrah! Des milliers de documents – livres, journaux, lettres, calendriers, agendas, menaces de procès, avis d'huissiers. Écriture, sténographie. IMPRIMÉS! Une orgie de myope dévoration! Pensez aux innombrables millions d'hommes à travers le monde qui passent leurs journées assis dans un bureau à lire leurs écrits respectifs! Des encriers qui se vident à mesure que les mots en sont extraits par centaines de milliers! Téléscripteurs, machines à écrire, presses qui usent leur cœur de métal pour nourrir cet appétit monstrueux de mots imprononcés!

---

9. Lord Alfred Northcliffe (1865-1922) : magnat de la presse britannique (*N.d.T.*).

Et maintenant considérez cet être rare et délicieux (il vit sans doute surtout dans les Balkans) – l'analphabète. Pensez à son paisible univers personnel, que n'affectent ni les catastrophes, ni les traitements contre les maladies cardiaques, ni le fait qu'il y ait marée haute à Galway à 14h31, ni même le décès si regretté d'une personne qui parlait irlandais à une époque où ce n'était ni lucratif ni populaire! Rappelez-vous ce collègue scribe qui rapportait avoir entendu un paysan s'écrier devant le journal « Encore un de coulé! » alors qu'il regardait un cuirassé la tête en bas! Pensez au regard pénétrant que l'analphabète pose sur le monde réel, si éloigné de cette pauvre interprétation typographique à laquelle se résume la vie pour la plupart d'entre nous!

Si vous connaissez un tel homme, laissez-le à son bonheur. Si vous suggérez seulement qu'il est étrange et qu'il a une « histoire » à raconter, il s'inscrira probablement au lycée et finira par écrire un livre, deuxième tirage de 20 000 exemplaires en cours, le document le plus naïf et le plus spirituel de notre temps!

Vieux pédant que je suis, j'ai été bien contrarié il y a quelques semaines, et c'est seulement maintenant que j'ai cessé de fulminer, que je peux m'asseoir (confortablement) et écrire à ce propos (de sang-froid). Je jette un œil dans ce journal étranger qu'est le *Sunday Times*, et vois que mon ami Desmond MacCarthy commente le dernier poème de M. Eliot, « Little Gidding ». Expliquant le titre de l'œuvre, voici ce qu'écrit M. MacCarthy :

« Little Gidding est bien sûr le nom d'un village isolé non loin de Petersborough, où Nicholas Ferrar et ses rares disciples, durant le règne de Charles Ier, construisirent une petite chapelle très sobre pour venir faire leurs dévotions en paix. [...] »

Les bas-fonds de l'imprimé ne peuvent receler formule plus gratuite ni insultante que ce « bien sûr ». Pourquoi « bien sûr » ? Le monde entier ne compte probablement pas plus d'un millier de personnes qui avaient entendu parler de Little Gidding et je récuse, en mon nom et au nom du cercle civilisé auquel j'appartiens, la présomption que tout le monde soit au fait de cette statistique futile. C'est comme dire : « M. Eliot, bien sûr, garde ses bottes lorsqu'il prend un bain. »

Je jette donc cette publication étrangère pour prendre un journal convenable né sur notre sol. Ce mois-ci dans *The Bell*, je suis prié d'accepter comme irréfutable et pénétrant un article sur James Joyce. Tout au long du texte, la dernière œuvre du maître est appelée *Finnegan's Wake*. Cette apostrophe a (je le sais) hâté la fin de l'auteur. Faire fi de l'exactitude n'est pas, je le crains, ce qui rend le plus apte à écrire un article sur M. Joyce.

Que cessent ces inepties.

Après avoir considéré la question sous – bien sûr – tous ses aspects, j'ai résolu que rien n'excuse la poésie. La poésie ne rapporte guère, est chère à publier en raison du gaspillage d'espace dû à sa forme, et propage presque toujours une conception trompeuse de la vie. Mais il existe un meilleur argument pour interdire toute poésie, à savoir qu'elle est généralement mauvaise. Personne ne fabriquerait un millier de tonnes de confiture dans l'espoir que cinq tonnes soient mangeables. De plus, la poésie a pour effet d'inciter les rares personnes qui la lisent à en écrire elles-mêmes. Un poème, s'il est largement diffusé, engendrera peut-être mille copies de qualité inférieure. On ne peut faire la même objection dans le cas de la peinture ou de la sculpture, car ces occupations fournissent du travail aux artisans qui produisent les matériaux. Les poètes sont en outre des gens généralement désagréables, pauvres, et qui tiennent toujours à discuter de ce sujet si incroyablement ennuyeux : « les livres ». Vous avez remarqué plus haut que j'ai utilisé l'expression « conception trompeuse de la vie ». Si vous l'examinez attentivement, vous découvrirez qu'elle ne signifie pas grand-chose, mais depuis quand de tels détails ont-ils de l'importance ? Les poètes n'ont pas d'importance et un brin de conversation futile de temps en temps n'en a guère davantage. Ce qui compte, c'est d'avoir à manger, de l'argent, et des occasions de marquer des points sur ses ennemis. Donnez à un homme ces trois choses et vous ne l'entendrez pas trop gémir.

Dans un violent article paru dans un journal contemporain, M. P. S. O'Hegarty attaque la « philosophie » qui sous-tend le plan Beveridge. Il y voit un plan visant à entretenir les débauchés, les paresseux et les oisifs aux dépens de ceux qui travaillent. Il qualifie de jargon un terme comme « le droit au travail » et affirme que le terme voulu était « la nécessité du travail ». C'est une vue très sensée. Au cours du présent siècle, nous avons amassé une liste inquiétante de « droits » inconnus auparavant. Il me paraît juste de dire que seule une personne inférieure a des droits. Quand vous entendez quelqu'un parler de ses droits, vous pouvez être sûr qu'il essaie d'obtenir à grands cris une chose qui lui manque (ou qu'il avait et a perdue) du fait d'une déficience coupable de sa personne. Vous n'entendez jamais des hommes qui ont réussi parler de leurs droits.

Dimanche soir dernier j'ai tiré une chaise et attrapé en haut de l'armoire la vieille boîte en carton, l'ai ouverte et en ai sorti le marteau à panne fendue, ainsi que le gilet à boutons ronds porté lors du bal donné par le vice-roi en 1907. L'odeur fade de la lavande et des boules de naphtaline ont fait affluer à ma mémoire les bals d'autrefois. J'ai fouillé l'une des poches. Un vieux programme, Gaiety Theatre, 18 juin 1911, Martin Harvey dans *La Folie de Proserpine*. Je ne me souviens ni de la pièce ni de l'homme. Le théâtre est toujours là m'a-t-on dit. Mais où sont les neiges Danton...

En moins de deux je m'étais fourré dans le « costume » et me hâtais vers le centre-ville, serrant dans le taxi qui m'y conduisait mes partitions de poche. En route vers la grande salle bondée où jouait notre Orchestre de la radio gaélique, parfaitement dirigé par M. Constant Lambert, invité d'honneur. Programme intéressant, le ragoût habituel relevé par la Symphonie n° 5 de Tchaïkovski et un morceau de Glazounov. Relevé de manière peu agréable cependant, car je n'ai aimé aucune des deux œuvres, et ne vois pas ce que M. Lambert leur trouve d'admirable. De retour dans ma bibliothèque, un peu déprimé, je m'administre simultanément un stimulant digestif et un mental : quelques gouttes de cognac français et quelques pages du célèbre ouvrage de M. Lambert, *Musique Ho*[10]. Il semble partager mon opinion sur Tchaïkovski :

---

10. *Music Ho* est bien un livre de Constant Lambert paru en 1934 (*N.d.T.*).

« Quant à la symphonie type du XIXe siècle telle que la représente la n° 5 de Tchaïkovski [...] il n'y a franchement rien à en dire ; le mélange de procédé académique et de nationalisme non digéré ou de sentimentalisme, voire les deux, produit un monstre chimérique, un Minotaure musical qui n'a heureusement pas eu de descendants [...]. »

Quant à Glazounov : « Glazounov [...] est retombé prématurément dans l'âge mûr, produisant une série de symphonies ciselées dont les touches de couleur nationale ici et là ne font qu'accentuer l'aspect conservatoire du reste de l'œuvre. »

Il est piquant de voir un chef d'orchestre certifier par écrit que son programme est en grande partie nul, toutefois je doute que cela frappe cette nation de paddies étourdis par l'alcool, dont la tradition musicale ne compte que harpistes aveugles, vagabonds bricoleurs d'archets, connaisseurs de chopines plus que de Chopin, sans oublier John McCormack[11] qui a fait l'éloge de notre aéroport, et pas une rue dans toute la capitale nommée en hommage à John Field.

De la musique on passe à la critique musicale et à la critique en général. Ces temps-ci, l'un des journaux de Dublin charge un jeune campagnard des critiques théâtrales, avec les résultats que l'on peut imaginer – et même lire de temps en temps. Voici une histoire vraie née dans une situation comparable et datant de l'époque du *Freeman's Journal*. Un pauvre bougre doué pour les enterrements, le tribunal de police et ce genre de choses, est chargé par accident de rendre compte d'un récital de Paderewski. En le voyant dans la salle, la direction prend peur. Après avoir étudié la question, elle l'invite dans une pièce en coulisse, lui offre quelques verres, lui explique que la musique est assez ennuyeuse et lui promet de lui remettre une critique réfléchie et professionnelle de l'ensemble du programme, entièrement tapée à la machine, pour lui épargner du temps et de la peine. Le journaliste témoigne sa reconnaissance et revient en temps voulu à son bureau, avec en poche l'un des entrefilets les plus compétents jamais écrits. Il va l'envoyer lorsqu'il se dit qu'un petit commentaire

11. John McCormack (1884-1945) : célèbre ténor irlandais (*N.d.T.*).

de son crû rendrait la chose plus authentique. Il ajoute donc ce dernier paragraphe :

« M. Paderewski a donné une interprétation pleine de musicalité des pièces ci-dessus, et a montré qu'il jouait avec une égale facilité sur les touches noires et sur les blanches. »

Tous ces littérateurs, on le sait bien, ne sont qu'une bande de ratés tchèques et d'imbéciles bohémiens et si je connais un jour la rigidité ultime ce ne sera pas en leur compagnie, mais je prédis que ce jour venu, on entendra gémir aux quatre coins de ce riche et superbe pays, « Ah, ce n'était pas le pire ! » (Mais si je puis dire, omnia post obitum fingit maiora vetustas[12] ou, si je ne me suis pas bien fait comprendre, maius ab exsequiis nomen in ora venit[13].)

C'était exactement pareil avec les anciens. Ce La Fontaine qui s'est rempli les poches en traduisant Aesoip A Tháinic go hEirinn[14]... du père Peter, savez-vous que ce filou, de sa vie, ne tendit jamais la main à un ami dans le besoin ? (Eh oui, c'est connu – c'est bien connu.) Et vous vous rappelez cet autre qui a réécrit en français les contes de Lady Gregory[15] – Francis Villyan ? Villyan était un rouspéteur. Au terme d'une journée passée avec La Fontaine, il rentra chez lui furieux et écrivit le poème qui commence ainsi : « *Je meurs de seuf aupres de la Fontaine, chault comme feu, et tremble dent a dent** [...]. »

Maintenant voici une chose étonnante qui plaira à un certain type de lecteurs, peu importe quel type. Examinez ces quatre mots, qui résument à eux seuls la dernière guerre.

KAISER
SERBIA
JOFFRE
FRENCH

---

12. Tout ce qui n'est plus grandit pour la postérité... (Properce, *Élégies*, livre III, élégie 1, v. 23) (*N.d.T.*).

13. ... et vole de bouche en bouche avec une renommée plus belle (suite du vers de Properce) (*N.d.T.*).

14. Édition des *Fables* d'Ésope traduites en irlandais par Peter O'Leary en 1900 (*N.d.T.*).

15. Lady Gregory (1852-1932) : dramaturge irlandaise qui s'est également intéressée au folklore celte, amie de Yeats (*N.d.T.*).

Prenez votre stylo (un crayon noir fera aussi l'affaire bien sûr) et tracez une ligne verticale au milieu. Si vous lisez chaque colonne séparément, vous obtiendrez les mêmes mots qu'au départ. Compris?

Et maintenant, revenons à notre éternel français. Quelqu'un qui a fait la « critique » d'un truc dans un des numéros du samedi a écrit la chose suivante: « Un contresens sur un passage (cité) d'« Ébauche d'un serpent » de Valéry, une citation erronée [...] et le nom de Laforgue écorché à deux reprises, ce sont là quelques-uns des moindres plaisirs que cet ouvrage réserve au pédant [...]. »

Je n'ai aucun des poèmes de Monsieur V. sous la main au moment où j'écris, parce que j'aurais l'air fin de déballer ma bibliothèque au pub, mais si je ne Mabuse, l'« Ébauche » démarre ainsi:

Parmi l'arbre la brise berce
La vipère que je vêtis ;
Un sourire, que la dent perce,
Et qu'elle éclaire d'appétits,
Sur le jardin se risque et rôde,
Et mon triangle d'émeraude
Tire sa langue à double fil.

Et c'est seulement la première strophe. Est-ce que vous imaginez ces ricaneurs, qui méprisent leurs confrères parce qu'ils ne « comprennent » pas ces sombres élucubrations? Quant à Laforgue, je crois que la bonne façon d'épeler son nom est E-L-I-O-T[16]. Je préfère mille fois la sévère logicacité de la muse allemande (récemment dévoyée par une canaille appelée Rilke, m'a-t-on dit) qui ne tolère ni sottises ni « difficultés » et que les titulaires d'une licence d'allemand peuvent comprendre.

---

16. Le poète T. S. Eliot revendiquait l'influence de Jules Laforgue (*N.d.T.*).

Hat alles seine Zeit.
Das Nähe wird weit,
Das Wärme wird kalt,
Der Junge wird alt,
Das Kälte wird warm,
Der Reiche wird arm,
Der Narre gescheit,
Alles zu seiner Zeit.[17]

Sans mentionner, bien sûr, que der Myles wird müde[18], si j'ose formuler une observation personnelle dans ma sobre syntaxe goethéenne.

Je m'intéresse bien sûr énormément à l'éducation. Et pour cause, car c'est un maître trop zélé qui m'a rendu infirme pour la vie à l'âge de quinze ans (même si je l'ai bien eu ensuite quand je suis revenu de l'hôpital amputé des deux mains). Hier soir, alors que je prenais une douche (toute une histoire de démonter les robinets et de faire passer le truc par la fenêtre), j'ai trouvé des bouts de papier, de couleur bleu et blanc genre compresse, qui traînaient par terre. C'étaient – et ce sont encore sans doute – des copies d'examen. Elles m'ont confirmé que mes soupçons étaient fondés : mon père, que je soupçonne d'être un arriviste rentré, passe le baccalauréat. C'est, le pauvre, un homme riche qui croit (a) que l'« éducation » est une chose assez plaisante et (b) qu'elle peut s'acquérir en passant le bac. Aucune de ces propositions ne tient, bien sûr, n'en déplaise à M. Tierney[19].

L'éducation (au vrai sens du terme) est ce qui m'a rendu inapte au métier de drapier, ce qui me fait mépriser l'argent,

---

17. « Tout vient en son temps.
   Le proche s'éloigne,
   La chaleur froidit,
   Le jeune homme vieillit,
   Le froid se réchauffe,
   Le riche s'appauvrit,
   Le fou s'assagit,
   Tout vient en son temps. » (*N.d.T.*)
18. « Myles fatigue » (*N.d.T.*).
19. Michael Tierney (1894-1975) : président de l'UCD (University College Dublin) de 1947 à 1964 (*N.d.T.*).

rejeter la « beauté » physique du monde car futile, et rechercher la compagnie d'esprits pondérés pour débattre du style grec de tel ou tel défunt hérésiarque – sachant bien que c'est le meilleur usage possible de notre séjour sur cette terre. L'éducation n'est pas, je m'insurge, l'arrangement cynique qui consiste à régurgiter l'été dans une salle d'examen les gargantuesques orgies scolastiques ayant eu lieu l'hiver sous la surveillance d'hommes munis de fouets et de cannes, même si c'est la garantie de devenir coursier de catégorie 3 et d'arriver, grâce à une augmentation annuelle, à quatre-vingt-quinze livres à l'âge de soixante-dix ans. J'ai regardé ces copies d'examen et celles-ci présupposent des convictions véritablement embarrassantes, même pour mon Altesse loyale.

La licence d'anglais est peut-être l'examen qui illustre le mieux ce que j'essaie de dire, et que je dis (à ma manière). Le problème n'est pas tant que l'étudiant soit censé connaître les œuvres de nombreux individus médiocres, car après tout la littérature est-elle autre chose ? Ce qui est inquiétant et intolérable, c'est qu'il soit censé les admirer ou les dénigrer, et qu'il soit noté et par la suite considéré comme éduqué seulement dans la mesure où son admiration et son mépris correspondent à ceux de la personne qui a conçu l'examen (laquelle peut bien sûr avoir son avis mais pas forcément le même que les autres).

Écoutez ceci, je vous prie : « Qualifiez, en vous appuyant sur des citations, la longue métaphore célèbre qui figure à la fin de "L'Étudiant bohémien[20]". Qu'y voyez-vous à admirer ? » La question ne comporte aucune ironie et vous ne serez jamais un employé aux écritures de catégorie 5b si vous y répondez dans cet esprit. « Qu'y voyez-vous à admirer ? » Ailleurs dans le même examen je vois l'expression « Dites plus particulièrement ce que vous trouvez ici à admirer. » Un étudiant excentrique qui admirerait plutôt qu'il ne verrait ou ne trouverait à admirer serait probablement exclu de la salle d'examen (et couvert d'ignominie). C'est je suppose une lecture excessive du français qui conduit à écrire ainsi en anglais. « Appréciez la manière dont Ruskin décrit la riche splendeur et la déso-

---

20. « The Scholar Gypsy », poème de Matthew Arnold (1822-1888) (*N.d.T.*).

lation. » Laissez de côté la tautologie qu'est la « riche splendeur » et dites-moi pourquoi une personne éduquée devrait connaître cette affreuse petite sainte-nitouche, dont la suffisance et l'ignorance atteignaient de tels sommets qu'il n'était autorisé à donner ses « cours » que dans des écoles pour filles. Pourquoi obliger des jeunes gens qui n'ont rien fait de mal à « apprécier » cet inconcevable ovni aux bottines à élastique et à l'estomac rempli de crème anglaise ?

Voici ce que nous trouvons ensuite dans la section des pathologies : « Pourquoi le poète souhaite-t-il ne faire qu'un avec le vent d'Ouest ? » Et moi, pourquoi est-ce que je prends grand soin de ne pas marcher sur les fissures du pavé ? Pourquoi est-ce que ma femme tombe du lit quatre fois par nuit en juillet ? Vraiment, qui veut connaître la réponse à ces questions essentiellement viennoises ?

Je ne dirai rien des autres questions. Elles concernent des noms dont, étant un individu moderne, je n'ai jamais entendu parler – Oueurzuoeurf, Milletonnes, Braouning, William Bleck – je cite de mémoire. Il m'amuse de penser que tout élève partageant ma très raisonnable ignorance de ces gens échouera à l'examen et restera toute sa vie une personne non « éduquée ». Il faut que je me mouche, excusez-moi.

FUTILE, FUTILE

Je vois (où est-ce) que M. Bernard Shaw a écrit aux journaux en réponse à une controverse anodine concernant le lieu où a été écrit *Sainte Jeanne*. Il explique que n'est nullement fondée « la croyance selon laquelle un poète dramatique, lorsqu'il écrit une pièce, s'assied à un endroit précis de la surface terrestre et ne se lève pas jusqu'à ce que, dans un fol élan d'inspiration, il ait écrit la pièce à toute allure, en mettons deux heures ou moins ».

Selon mon Excellence, cette citation n'est mémorable que pour son anglais fautif et discordant : si un homme s'assied, il s'assied à un endroit « précis » et l'endroit (je suppose) doit nécessairement se trouver sur la surface terrestre (à moins qu'il ne soit mineur en plus d'être « poète dramatique »). Des expressions comme « fol élan d'inspiration » et « écrit à toute allure » ne sont pas acceptables, quel que soit le contexte, même si Dieu seul sait ce qui est considéré comme acceptable dans Synge Street. Il est en outre absurde de dire qu'une pièce ne peut être écrite en deux heures. Une tâche bien plus difficile consiste à assister à une pièce pendant deux heures. Mais surtout, l'endroit où fut écrit *Sainte Jeanne* n'a strictement aucune importance et suggérer que l'admirable village de Glengarrif doit être admiré parce qu'une pièce y a été écrite, c'est bien le comble de l'absurde. (Non que Shaw et moi nous soyons disputés : loin de là. Nous restons les meilleurs amis du monde. C'est juste que sur certains points nos avis divergent.)

J'habite à Warrenpoint et je reçois le journal avec presque un mois de retard. J'en viens donc seulement maintenant à traiter la remarque de notre critique de cinéma relative à *Général Souvarov*, présenté au vieil « Empire » par la Royal Irish Film Society. « Réalisée il y a deux ans, écrit-il, par le célèbre Poudovkine, cette épopée historique se distingue fort peu d'un film hollywoodien du même type [...]. »

Je vois. *(Froncement menaçant du sourcil.)* Je vois.

Il semble que je ne sois jamais libre le soir ces temps-ci et il se trouve que je ne suis pas allé au cinéma depuis près de trente ans, la dernière fois que je m'y suis risqué c'était à l'Electric, dans Mary Street. Jimmy Joyce de retour de Paris me snobe connaît personne c'est pas le vieux Simon qu'aurait fait ça.

Mais n'allez pas croire pour autant que je n'entende rien au métier. Rien, vraiment ? Bah ! Qui a soutenu Lumière, qui l'a tenu par la main ? Qui a conseillé Schufftan ? Lancé les frères Warner ? Balancé les frères Warner ? Les frères Pathé ? Qui a suggéré à Griffith de rapprocher un peu la caméra (un soir au Bailey) ? Qui a découvert Mlle Gustafsson ? Pabst, Périnal, Lang, Metzner, Tisse ? Qui a tenu tête aux gars de Wall Street ? Pas Zanuck, ni Joe Meyer ni le frère Kuno, ni Thalberg, ni Schenck – MOI. Moi. Kaplan.

Mais comprenez-moi bien, ne croyez pas que je n'aie pas roulé ma bosse, ne croyez pas que je n'aie pas vu Duvivier, Epstein, Feyder et Renoir aussi, et Cavalcanti, faire les idiots et venir ensuite s'aplatir devant moi, me flatter avec leur « eh bien, Myles, mon vieux, tu veux nous aider encore une petite fois, n'est-ce pas?* ».

Bah !

Et vous savez ce que je vais vous dire, les gars de Saint-Pétersbourg eh bien ils ne valent pas mieux, malgré leurs mots à rallonge et leurs négatifs sépia rayés, ce sont des petits garçons comparés aux types de la côte Ouest, oui, des petits garçons. Le célèbre Poudovkine... je vous prie. Oh oh, j'aurais deux ou trois choses à en dire. Ce type ne faisait même pas la différence entre raccord et fondu déchaîné quand je l'ai pris en main. Je l'ai trouvé un soir dans la salle de projection en train de vérifier quelques rushes et vous savez quoi, l'opérateur passait la bobine à l'envers dans la machine et notre ami n'y a vu que du feu. Que du feu. Quant à Dovjenko, Alexandrov, Vertov, Timochenko, oui, il y avait un Timochenko dans l'histoire – et... oh oh ! M. Sergueï Eisenstein m'en parlez pas, où croyez-vous que ça l'aurait mené son « montage harmonique » et sa théorie du « carré dynamique », sans cet humble Dublinois n'ayant pour bagage qu'une solide éducation (Synge Street), discrétion absolue à son côté jour et nuit pour lui faire piger le truc et au final lui écrire tout noir sur blanc. Le Russe... est un gars très sympathique... un gars très bien... et plein de ressources... *(pause, baisse modestement les yeux avant de hurler)* MAIS POUR L'AMOUR DU CIEL NE LE LAISSEZ PAS SAISIR UNE CAMÉRA OU JE VAIS VOUS DIRE IL LA BOUSILLERA IL LA BOUSILLERA. (Ne m'interrompez pas ou vous êtes fini.) DE MILLE ? DE MILLE, VOUS DITES ? CECIL FERAIT QU'UNE GROSSE BOUCHÉE DE TOUS CES ABRUTIS ! Pff... !

Je n'ai bien sûr pas vu la nouvelle pièce de M. Carroll. *Les femmes n'ont pas parlé.* Mais le titre est bon. Prenez mon cas. J'ai eu une terrible dispute avec ma femme il y a deux semaines – au sujet de Picasso, bien sûr. Toute parole prononcée chez moi depuis l'a été par le speaker de la BBC.

Mais dans cette pièce, je me suis laissé dire – à tort ou à raison – que tous les personnages sombrent dans la folie l'un après l'autre. Cela, bien sûr, ne me dérange pas. Ce n'est pas européen, mais cela ne me dérange pas. Pique ma curiosité.

L'un après l'autre, ils sombrent tous dans la folie. À la fin, tout le monde est fou et vous avez... une tragédie. (Mais au fond avez-vous vraiment une tragédie? Je veux dire... pour... qu'il y ait tragédie, vous devez avoir une personne assez saine d'esprit pour éprouver de la pitié... et de la terreur... ? Sans doute... les Grecs... ont encore quelque chose à nous dire... dans cette Athènes georgienne de l'Occident... ?)

J'ai peut-être été mal informé au sujet des *Femmes n'ont pas parlé* mais ce que j'ai entendu me donne une bonne idée de pièce, trois coups de gong, lever de rideau et sur la scène douze personnages en pleine crise de démence rurale version celtique. Et puis, l'un après l'autre, ils reprennent leurs esprits. Le docteur arrive, électrolyse cérébrale, thérapie occupationnelle, médicaments ultramodernes et tout le monde va mieux, retrouve bientôt la joie et la raison. Ils s'abonnent tous au *Standard*, adoptent un « regard positif » sur la vie et l'un après l'autre, ils vont à Dublin et deviennent des Chevaliers[21] accomplis.

Si le sujet de M. Carroll donne une tragédie, le mien donne-t-il donc une comédie? Je ne crois pas. Le mien est assez tragique lui aussi, vous savez.

Sommes-nous capables, nous autres rustres irlandais (laissons de côté pour l'instant nos faces rougeoyantes, nos pommettes hautes et nos mains noueuses) de devenir un jour de petits gentlemen? On pourrait répondre avec esprit que quand on veut on peut.

Selon le présent rapport des Amis des collections nationales, « toute personne ayant à cœur la future prospérité de l'Irlande ne manquera pas d'être profondément touchée par le souhait qu'a exprimé Mme Shaw de voir la grâce fleurir dans notre pays, et par le geste délicat qu'elle a accompli en vue de sa réalisation ». Ce texte est écrit dans un style déplorable il est vrai, bourré de clichés ; il faut le susurrer plutôt que le dire si l'on veut savourer la délicate onctuosité de « notre pays » et de « grâce ». C'est absolument odieux.

---

21. Voir note 6 p. 69 (*N.d.T.*).

Il est extraordinaire de s'entendre dire par ces « Amis » que nous devons être « gracieux » ! Ce mot, selon mon dictionnaire, signifie « bienveillant, bon (archaïque) ; qui est aimable et souriant (moderne) ; qui a de la grâce [...] ». Sa connotation actuelle en Irlande est assez différente. Pour se montrer gracieux à Dublin par exemple, le fin du fin est d'avoir une petite étagère garnie uniquement de romans cartonnés, tous écrits en français. Ensuite le verre de vin rouge et le pot de moutarde. Ensuite (et ce au petit-déjeuner, au déjeuner et au dîner) ces effarantes, ces monstrueuses conversations sur « l'art » et les « tableaux », Cossa, Tintoret et Piombo (pour l'amour du ciel), sans oublier Filippino Lippi, ce pauvre homme à la lippe gonflée. (On ne parle plus des modernes. Nan. On revient en arrière. Aux valeurs sûres je veux dire. Ces temps étranges.)

L'« art » est à n'en pas douter une plaisanterie. Il n'est bien sûr pas distingué en soi pour un peuple qui, de nature et par tradition, a une perception artistique. Dans la grande métropole cupide de « notre pays », c'est ce que votre paysan nouvellement émancipé trouve le plus irrésistible ; même après deux générations il reste sidéré à l'idée de voir des livres qui ne sont pas des almanachs, des images qu'on ne trouve pas dans les périodiques religieux à Noël, et une « boisson » autre qu'un vieux et redoutable whisky. La gêne qu'elle éprouve à l'égard de l'« Art » est caractéristique de cette bourgeoisie de parvenus. Moi, mes enfants et mes femmes, nous avons toujours été des connaisseurs en matière d'art et nous avons toujours brillé par notre grâce. Nous ne parlons pas d'Argent ni du « prix des choses de nos jours ». Nous avons toujours eu de l'argent. Nous ne demandons pas non plus à vous parler de nos « droits ». Nous n'avons pas de « droits », voyez-vous. Seuls les serfs ou les anciens serfs éprouvent le besoin de revendiquer leurs « droits ».

Mais ce qu'il y a de vraiment inquiétant dans « notre pays », c'est le grand nombre d'individus et d'organisations qui sont profondément mécontents des gens d'ici et qui leur donnent des consignes de bonne conduite. Par exemple, ces « Amis » nous disent que nous devrions être gracieux. De quel droit se permettent-ils cette impudente admonition ? Qui sont-ils pour parler ainsi ? On passe au coin d'une rue pour s'entendre dire par un voyou planté sur un tabouret que l'on devrait avoir honte, que l'on a trahi Emmet, Lord Edward et Tone, que l'Irlande sans gaélique n'est pas l'Irlande. L'orateur pour sa part maîtrise à peine l'anglais et ne possède à l'évidence aucune éducation. Un groupe antivivisectionniste m'interdit de trancher la gorge à mon chien, même s'il m'a arraché la jambe. Muintir na Tire[22] exprime sa désapprobation. L'Association pour la réforme monétaire exprime sa désapprobation. *The Standard* exprime sa désapprobation. *The Leader* est très mécontent. L'Association athlétique gaélique dément même que l'on soit irlandais. Pauvre on ! Pauvre moi, je veux dire.

Quelle horrible excentricité que de se comporter comme on l'entend, sans accepter les ordres ni les conseils de pédagogues autodésignés ! Quel manque de grâce, quelle attitude antipathique !

J'ai parfois ici la dent dure pour les esthètes. À l'égard de la sensibilité, de la réception paranoïaque et tout l'attirail sublunaire des enregistrements infrapsychiques, je n'ai pas, il est vrai, dissimulé mon mépris. Au sujet de l'esprit critique, du discernement et du bon goût, je n'ai rien à dire. Ces questions ne me concernent ni moi ni aucun autre adulte. Ce sont les joujoux de l'enfance et comme l'avion du jeu de Meccano et la consommation de limonade non diluée, je les ai laissés derrière moi.

Inspectez n'importe quel bain d'eau tiède et vous trouverez un de ces esthètes techniciens s'y prélasser. Il prend un bain tiède, c'est plutôt agréable, c'est quelque chose de réel, quelque chose qui a ses racines dans la terre, une expérience verticale, reconstituante, complète, unique, valable, tangible, une cognition spatio-temporelle diatonique en termes d'espacement harmonique réaliste, d'intervalles différentiels et d'analyse vectorielle, de ces inférences orphiques passionnelles qui doivent être consignées protomorphiquement par écrit pour le directeur à ou avant la date limite de clôture. Hmmm.

---

22. Muintir na Tire : « le peuple de la terre », mouvement social d'inspiration catholique fondé en 1937, visant à promouvoir le mouvement coopératif (*N.d.T.*).

Autour de cet individu prenant son bain, la vie continue, rien ne se perd, là-bas à Harlem, Einstein teste une septième diminuée pour thyroïde suractive, à Milan Bonaparte écrit la lettre qui finit par *Ah, Joséphine! Joséphine! Toi! Toi!**, à la Banque d'Irlande Silken Thomas[23] a posé son épée sur le comptoir combien lui en donne-t-on? en Bohême on défenestre les ambassadeurs de l'Empereur, tandis que, toujours dans un dandinement comique, la figure tragique de Charlot disparaît dans l'auréole polyphonique du soleil couchant. Voilà la vie, et bien calé dans la baignoire de porcelaine se trouve celui pour qui elle a été inventée, un garçon qui pousse jusqu'au vice son intérêt pour la structure de l'histoire, la géographie, la linguistique, l'algèbre, la chimie et l'ébénisterie ; il est enfoncé jusqu'au cou dans le carpédiurnal présent et, simultanément, dans l'immédiateté sensuelle transcendante, avisé que sans lui, sans sa perception, son observation, son appréhension diapassionnelle à tous les niveaux, sa fonction à vie de catalyseur, tout cet édifice vaporeux tomberait en poussière. Il aime l'eau tiède. Il s'aime aimant l'eau tiède. Il s'aime s'aimant aimer l'eau tiède. L'esthétique, en d'autres termes, est une affection mentale, la perversion consistant pour le patient à croire qu'une constante... passivité est le summum bonum. L'esthète parfait considère en toute logique l'artiste comme un préposé au bain, stricto sensu. C'est presque toujours vrai mais... considérez mon propre cas. Supposez que j'écrive une symphonie. Non, ne disons pas les choses si grossièrement. Supposez que dans ma boîte crânienne se trouve enclose une œuvre de si vaste dimension, de nature si autonome, si suprême, si trismégiste dans ses modes, qu'elle ne peut être consignée sur le papier. Il suffit qu'elle... explore, découvre, déconstruise, inaugure... stupéfie ! Sa composition n'a pas été sans provoquer dans mon cœur une succession d'agonies cosmopathiques. Cet effort était bien sûr en soi un événement artistique à part entière. Le dire semble à présent superflu, mais je n'ai pas... je ne pouvais pas... condescendre à cette

---

23. Thomas Fitzgerald (1513-1537), dit « Silken Thomas ». Descendant d'une famille anglo-normande établie en Irlande dès le XIIe siècle, il s'opposa à l'autorité royale anglaise et fut exécuté en 1537 (*N.d.T.*).

pratique d'une grossièreté moyenâgeuse qu'est l'…l'…orchestration. Pourquoi y condescendre ? Comment orchestrer une œuvre dont l'interprétation requerrait des instruments que les mains jambonneuses de nos contemporains sont incapables de fabriquer ? Pourquoi inscrire sur le papier un opus, quand tous les virtuoses sont morts ou encore à naître ? Comment transmettre le sens d'une œuvre quand précisément la notation qu'il m'a fallu inventer resterait lettre morte pour mes contemporains ? Enfin, et c'est là une vérité plus aveuglante encore, pourquoi ou à qui voudrais-je transmettre… quoi que ce soit ? Que gagne la grandeur, l'immensité de mon art à être… exprimée ? Je devrais l'exposer à – Juste Eucel, ce serait folie ! – l'… appréciation… de personnes sensibles ? Je devrais regarder en silence ces gens fonder l'Académie royale irlandaise de l'art myles-ien ? Le très honorable. Les Amis des collections nagcopaliennes ? La Société nationale pour la prévention de la cruauté à l'egard des Cruiskeens[24] et les Défenseurs de l'Académie délétère ? Jamais ! J'aime mille fois mieux devenir le grand Aphone, un Milton muet et sans gloire ! Ils doivent me reconnaître au moins ce mérite.

Dans ce livre que j'ai mentionné hier – *L'Art irlandais* – il y a un dossier sur le thème « Qu'est-ce qu'un portrait ? » qui contient bien des choses intéressantes. « Il faut admettre, dit un expert, que le degré de réussite est conditionné en grande partie par le sujet de l'artiste, or de nombreux portraits représentent des personnes dont l'objectif le plus élevé dans la vie ou dont l'ambition suprême consiste uniquement à devenir président du club de golf, responsable d'une association professionnelle, directeur d'une entreprise commerciale, ou la femme de l'un ou l'autre. »

Je ne sais pas ce qu'est la femme d'une entreprise commerciale, et le ciel ne m'a pas donné assez d'esprit pour saisir la distinction entre l'ambition suprême et l'objectif le plus élevé dans la vie. Mais je sais une chose – *(le visage*

---

24. La chronique de Flann O'Brien paraissait sous le titre de « Cruiskeen Lawn » (la petite cruche pleine). La « cruiskeen lawn » était une petite cruche contenant du whisky (*N.d.T.*).

s'empourpre et le cou se dresse) je sais une chose – c'est qu'il n'y a rien de méprisable à être le président d'un club de golf ou le propriétaire d'une fabrique de confiture qui rapporte beaucoup d'argent, et si l'aînée, à Eccles Street, parvient à épouser une fabrique de confiture, ce n'est sûrement pas moi qui irai me plaindre; ce sera un peu plus satisfaisant que la voir barbouiller des toiles, et son visage par la même occasion. Ou bien suggère-t-on qu'il serait « facile » de réussir dans les affaires? (Je ne vois d'emblée rien de plus facile qu'être un « artiste » en Irlande aujourd'hui – si ce n'est être chroniqueur dans un journal.)

« Que les artistes se libèrent, poursuit l'écrivain, de l'influence de ces femmes dont la mondanité doit toujours leur être odieuse – qu'ils cherchent leur inspiration ailleurs, et nous verrons alors fleurir un art qui dans sa définition de la création, à son sommet et à son niveau de signification le plus profond, est au plus près de représenter le sens de la vie. »

Je dois tout d'abord préciser que les femmes font partie de la création. On ne soulignera jamais assez que les femmes sont des personnes. La création n'a pas de « sommet » (à part celui du mont Everest) et pas non plus de niveaux de signification d'une profondeur variable. La création est la création. L'art n'a rien à voir avec la « définition de la création », ni avec la création de définitions. Et je m'étonne qu'il y ait encore des individus en ce monde qui méditent sur une énigme aussi minable que le « sens de la vie ». Les lecteurs que cette question préoccupe auraient-ils la gentillesse de m'adresser un courrier confidentiel en joignant une enveloppe timbrée à leur adresse?

Un autre écrit : « Il a fallu attendre l'époque de Donatello dans le domaine de la sculpture et de Botticelli, Mantegna, Dürer et Van Eyck dans celui de la peinture pour que les hommes et les femmes soient représentés tels que l'artiste les voyait. C'est devenu la règle depuis. »

Je demande pardon à ce monsieur. Ce n'est certainement pas devenu la règle depuis. Saisir la « ressemblance » – la base de l'enseignement dispensé dans les ateliers lorsque j'étais étudiant – relève de l'impossible pour bon nombre de nos « artistes » actuels. Quant à dessiner les mains…

Je n'ai la place de mentionner qu'un autre élément aujourd'hui, à savoir une curieuse omission dans un article par ailleurs remarquable de M. Sean O'Sullivan RHA[25] :

« La médiocrité de nombreux portraits, nous dit-il, peut souvent être attribuée à la gêne du peintre qui se laisse facilement intimider par son modèle. »

Il va de soi que « modèle » est incomplet dans cette phrase, mais de quel modèle s'agit-il – modèle familial, modèle de chaussures ? (En parlant de chaussures, j'ai des cors très douloureux ces temps-ci.)

Lisant, non avec déplaisir, l'article de M. Raymond McGrath sur la maison préfabriquée dans *Irish Art*, il me paraît bon de souligner que les maisons s'élèvent traditionnellement du rez-de-chaussée jusqu'au ciel pour la seule raison que nos ancêtres n'aimaient guère creuser. Rien ne justifie pourtant qu'une maison soit construite en hauteur plutôt qu'en profondeur. Les avantages présumés de la maison conventionnelle (lumière et air) ne tiennent guère à l'époque de l'air conditionné et de l'électricité pour tous grâce à l'ESB[26]. Voici quelques arguments en faveur de la maison souterraine.

1. La plupart des animaux vivent sous terre et apparemment trouvent la situation saine, confortable et hygiénique.

2. Les trois quarts au moins de la maison habituelle ne sont pas utilisés durant la journée et pourraient aussi bien être souterrains en ce qui concerne la lumière ; et la maison souterraine ayant un toit de verre, tout le premier étage recevrait la lumière du soleil.

3. Les frais de chauffage seront réduits car la perte de chaleur par radiation des murs en surface sera éliminée.

4. Les frais de construction seront réduits parce que la « maison » n'aura pas d'extérieur et les habitants ne devront plus se satisfaire d'un intérieur extrêmement inconfortable

---

25. Sean O'Sullivan (1906-1964) : peintre irlandais, membre de la Royal Hibernian Academy (RHA) (*N.d.T.*).

26. Electricity Supply Board : Compagnie nationale d'électricité, fondée en 1927 (*N.d.T.*).

sous prétexte que leur maison est d'abord conçue pour agréer aux nombreux inconnus qui passent dans la rue.

5. Il n'y aura pas de « rues ».

6. De précieux sous-sols seront rendus disponibles pour l'agriculture.

Par souci d'impartialité, je dois cependant mentionner quelques-uns des inconvénients à prendre en compte :

1. Pas de porte arrière.

2. Risque d'inondation.

3. Risque que l'astronomie ne devienne une obsession pour tous les occupants.

4. Risque pour les personnes ivres qui manipulent une porte d'entrée horizontale.

Ajoutez-y, si vous voulez faire de l'humour, le risque que des gens vous tombent dessus à toute heure.

Si vous réfléchissez cependant, vous constaterez que la plupart des désavantages de la maison souterraine viennent de ce que les habitants persistent dans la vieille habitude de sortir – c'est-à-dire d'arpenter la croûte terrestre. Leurs raisons de le faire sont rarement très valables et s'il est disons neuf heures du soir, elles sont indéfendables. Prenez un employé vivant dans un petit appartement en sous-sol de la banlieue de Londres. Il se lève si tôt qu'il le fait dans le noir presque toute l'année. Il se dépêche de monter et de sortir et après quelques secondes à la surface, il a disparu dans les entrailles de la terre pour prendre le métro en direction du centre. Son bureau, même s'il n'est pas en sous-sol, est sombre et sépulcral. Il rentre chez lui en métro et s'endort vite dans son lit souterrain. Il n'a jamais vraiment été debout ni dehors et si l'on pouvait construire des routes souterraines privées reliant les habitations souterraines aux métros et aux différentes voies de circulation, toute une ville pourrait être enfouie en permanence, sans autre inconvénient qu'une population aux yeux de chouette et au teint pâle.

On dit beaucoup de bêtises sur le soleil. Prenez l'air et le soleil, vous dira le médecin. Observez l'effet de l'air et de la lumière du soleil sur les fleurs. Presque sous vos yeux, elles sont contraintes à une floraison précoce, et les voilà déjà fanées et tombant en poussière. Le soleil détraque le doux et lent

cycle de la croissance, force la plante humaine comme il force
la rhubarbe sous serre. Le soleil tue parce que son énergie
directe, à l'état pur et non transformé, ne peut être indéfini-
ment tolérée par aucune forme de vie. La lumière corrosive
qui vient du radium abonde également en lumière du soleil.
Évite le soleil, lecteur. Mieux vaut cette pile bienfaisante qui
a toujours digéré et stocké la lumière solaire – la terre. Allez
sous terre, enfouissez-vous parmi vos ancêtres, rejoignez vos
prédécesseurs qui ont accompli le voyage et en sont revenus,
couchez-vous au-dessus de vos descendants.

Nous qui sommes irlandais, nous venons de la terre d'Irlande et le jour viendra où nous y retournerons. Je ne suis pas
sûr que nous n'ayons pas pris un sérieux risque en la quittant.
(Et songez à l'avantage d'être débarrassé pour toujours de ce
problème assommant, « le temps qu'il fait ».)

N'en soufflez mot à personne mais j'ai reçu une invitation
pour assister, jeudi dernier au 86 St. Stephen's Green, à un
« exposé » sur... devinez?... « La fonction et la portée de la
critique. » Cela m'intéresse en tant que scientifique de savoir
qu'il existe aujourd'hui dans cet humble territoire insulaire
un jeune homme qui tient à m'expliquer cette question et je
regretterai toujours qu'un destin malveillant ait décrété que je
dusse me trouver ailleurs ce soir-là. Je suis assez fatigué, mais
sans doute si l'on explique de manière concise la fonction de
la critique en définit-on aussi la portée ; si la fonction de la
Slieve Gullion est de conduire les trains de passagers à Belfast,
est-il besoin d'ajouter que cette locomotive n'est pas censée,
lorsqu'il y a des courses à Baldoyle, vendre le programme à
Dublin ?

Une fois encore, je vous demande de considérer mon
propos comme privé et confidentiel. Le document que j'ai reçu
indique « Pas de mention presse » et il ne faut pas (ne serait-ce
que par respect pour le chevalier distingué qui compte parmi
les signataires) contrevenir à cette volonté fort compréhensible
de préserver le secret. Voyez-vous, ces organismes s'occupent
d'une chose bien plus secrète que la propulsion à réaction.
Elles s'intéressent (c'est assez incroyable mais je vous le jure)
à l'... Art (!!!!!!).

Enfin. N'est-il pas honteux, Paddy, qu'on te l'ait caché jusqu'ici, qu'on ne te l'ait pas dit, que tu doives te rendre dans des pièces dérobées pour qu'on te l'explique! Pauvre, pauvre Paddy.

Ces gens, méprisant les lignes extraordinaires, ont appelé leur organisation « Point commun ». Avec une audace gigantesque, ils commencent leur lettre par « Cher monsieur » puis continuent de la manière suivante :

« Comme vous le savez sans doute déjà, il y a quelques années, un groupe de personnes férues de littérature a décidé de se réunir environ une fois par mois pour écouter l'exposé de l'un de ses membres. Une discussion a suivi chaque exposé et les personnes présentes en ont tiré un grand profit et une grande joie. »

« Comme vous le savez sans doute déjà » est assurément d'une effronterie peu commune. Autant dire « comme vous le savez sans doute déjà, ma sœur avait un bouton sur le nez il y a quatre mois ». Pourquoi le bouton d'une écolière serait-il de notoriété publique? Pourquoi quiconque devrait-il avoir vent des réunions factieuses d'un « groupe de personnes férues de littérature » – à plus forte raison Ma Très Équitable Palatinité gaélique? (????) Et si elles s'intéressent tant à la littérature, pourquoi n'apprennent-elles pas à écrire? Comment peut-on savoir quelque chose sans le savoir déjà? Ce « groupe » peut-il être autre chose qu'un groupe « de personnes » ? Est-ce qu'un troupeau de moutons des landes peut s'intéresser à la littérature? Est-ce que... est-ce qu'un groupe d'ânes peut s'intéresser à la littérature? Est-ce que le profit et la joie (sic) qui en sont tirés peuvent l'être par les personnes non présentes? « Littérature » mon œil!

« À partir de l'expérience acquise par ceux qui ont participé à "Point commun" à ses débuts, il nous a semblé souhaitable ces derniers temps d'en élargir la portée. Désormais, "Point commun" sera destiné principalement à aider les catholiques qui s'intéressent à la littérature, l'art, la connaissance et la théorie sociale et politique [...]. »

Ne partez pas – continuez à lire. Rien que le style est merveilleux. (Je me sens défaillir.)

« Une série de conférences sont prévues pour les douze prochains mois. Les sujets possibles qui ont été évoqués sont extrêmement variés. La fonction et la portée de la critique; la pensée politique en Irlande – passé et avenir. Il nous a semblé souhaitable de consacrer trois séances successives à chacun de ces thèmes, avec chaque fois un intervenant différent pour traiter d'un aspect particulier. Les points de vue exposés par les intervenants, ainsi que les opinions exprimées par les orateurs suivants, devraient se révéler stimulants et profitables pour tous les intéressés. »

Vous imaginez, si l'un des orateurs (suivants) exposait un point de vue au lieu d'exprimer une opinion! « Pour tous les intéressés » est superbe. C'est la plus virulente éruption de paddyisme à laquelle il m'ait été donné d'assister récemment.

Une drôle d'idée circule à l'étranger (je veux dire en Irlande, bien sûr), à savoir que si vous protestez suffisamment fort contre la « censure », vous êtes par conséquent un homme de lettres et un « intellectuel ». Vous êtes « progressiste » et « lisez des livres ». Voilà un moyen plus commode que le coup de la barbe, même si les deux ensemble sont redoutables. Pour égayer une morne journée, j'ai découpé il y a quelques semaines le passage suivant dans notre horrible page littéraire – vous savez ce poème dont le milieu est fait de rhubarbe et le pourtour de pâte d'amande bubonique :

« [...] L'esprit de censure ne desserre pas son étau sur l'Irlande. En son fond repose la croyance que l'homme est incapable de choisir et de critiquer pour son propre compte – qu'il doit être surveillé, comme le nouveau-né dans la nursery, de peur qu'il ne se brûle au feu de la cheminée. On serait tenté d'y voir une négation du libre arbitre; c'est certainement une négation du principe élémentaire de la démocratie – principe selon lequel l'homme est un adulte, qui a le droit de se faire sa propre opinion. Nous concédons à tout homme et à toute femme le droit de choisir leurs propres dirigeants – ne pouvons-nous leur concéder le droit de choisir leurs livres et leurs films? »

Je ne connais pas le papa Noël qui a écrit cela mais en tant que scientifique, ses propos m'intéressent. J'aime l'idée d'un esprit au fond duquel repose la croyance que l'homme est incapable, etc. Et aussi le passage plus loin où l'on concède à tout homme et à toute femme le droit de choisir « leurs » (sic,

ho-ho!) propres dirigeants. Et la Démocratie? Non merci si
ça veut dire un journal du samedi bourré d'articles sur « la
doctrine du libre arbitre », « le principe élémentaire de la démocratie » et la « croyance », il est temps je crois que nous passions
tous au syndhrum Nietzsche.

J'ai beau être un vieux monsieur aimable et las, je vois que
ce jeune gentleman-writer insinue que... tout ne va pas pour le
mieux ici en Irlande, que ce à quoi l'on assiste en permanence
ressemble fort à une mascarade sinistre, que trop de... nés
gâteurs se plaisent à nier la doct. du l.a., et (b) le princ. élém.
de la démoc., citation au milieu des éclats de rire, le principe
selon lequel l'homme est un adulte fin de citation. Je... Je... Je
ne connais pas cette démocratie (mais en tant qu'Irlandais je
peux discourir savamment des seuls systèmes que nous ayons
essayés ici, la tanistrie[27] et la black-and-tanistrie[28]), toutefois je
suis curieux d'en savoir plus. On l'a testée, sans doute, et on
l'a trouvée satisfaisante, sinon ce littérateur précoce n'en ferait
pas un tel éloge. Euhhhh... où? Veuillez m'envoyer une carte.
Je veux dire si l'on admet que la vie ici n'est pas très brillante,
en quoi différons-nous de qui? Et – pour changer de sujet –
qu'est-ce qui prouve que l'homme est incapable de choisir et
de critiquer pour son propre compte, lui moins qu'un autre?
Comment ce modèle du règne animal a-t-il montré qu'il ne
doit pas être surveillé tel un petit enfant? N'a-t-il pas eu de
toute éternité une regrettable faculté de se brûler? En quoi
a-t-il profité de son... statut d'adulte, de son « droit » de se faire
sa propre opinion, de « choisir » – délicat euphémisme! – ses
propres dirigeants? Où est-il à l'heure qu'il est – ou bien ai-je
dit quelque chose qu'il ne fallait pas?

Quant à cet « adulte » nigaud qui choisit ses propres films... !
Les pauvres exploitants des salles de cinéma eux-mêmes n'ont
pas ce droit.

On n'aime pas rouvrir les anciens égouts, mais la critique
qu'a faite M. Patrick Kavanagh de l'Exposition d'art moderne

---

27. La tanistrie était une loi de succession en vigueur chez certaines tribus celtes
(*N.d.T.*).
28. Black and Tan : panaché de bière blonde et de bière brune (*N.d.T.*).

pose une question assez intéressante. Il a trouvé la présentation « classe moyenne », indiqué sa préférence pour une ou deux œuvres et souligné le contraste entre le respect prudent que les tableaux « difficiles » suscitent à Dublin et le traitement – ah, quel est le mot employé ? – le traitement... infligé aux « écrivains ».

En ce qui concerne les écrivains, disons tout de suite qu'il n'y a pas de personnalité majeure dans les lettres irlandaises aujourd'hui. Au siècle dernier, Joyce et Yeats étaient les deux seuls hommes de génie. Pour le reste, nous avons eu une infestation de vermines littéraires, une éruption de pustules contre laquelle, malgré toute la patience des scientifiques, aucun remède n'a encore été trouvé. Appelons-la si vous voulez bien la « typo-ïde ». Nous les connaissons tous, ce sont des « jeunes » gens très sérieux, leur « œuvre » est importante. Mais mettons fin ici à ce jugement sévère. Il y a fort à douter qu'ils soient aussi mauvais que nos « peintres » (à savoir les quatre-vingt-quinze pour cent affreusement mauvais), en outre les écrivains ne s'adonnent pas à une orgie annuelle comparable à l'Exposition de l'Académie. Non non et non ! (Pare aux protestations de ses mains d'un jaune cireux.) Sérieux, honnêteté, bonne intention – cela ne suffit pas. Il faut apprendre à dessiner. Si, au terme de nombreux étés, vous constatez que vous ne savez pas dessiner, eh bien... eh bien... devenez écrivain. Et il n'y a rien de si infamant à gagner sa vie derrière le comptoir d'un magasin de tissus. L'« Art » n'est si souvent hélas qu'une erreur de vocation.

Mlle Norah McGuiness, que l'on ne peut ranger parmi les ignares, cite ces propos de M. Kavanagh : « Je ne connais rien à la peinture mais je sais qu'à l'exception de quatre tableaux, le reste des pièces exposées ont leur place au fond de la Liffey. » Du côté des artistes à vrai dire, l'image de M. Kavanagh devrait davantage susciter l'intérêt et la réflexion que la colère. Car si cette remarque prouve une chose, elle prouve que M. Kavanagh est un virulent post-post-impressionniste, bien plus intolérant envers les formes « académiques » démodées que Mlle McGuinness. Prenez par exemple ce tableau serein et charmant, *La Seine à Argenteuil* de Sisley. N'aurait-elle pas fière allure au fond de la Liffey, cette eau française si bleue, si lente, vivifiée par la nôtre aux reflets verts ? Qui prétendra que l'art véritable n'est pas matériellement et majestueusement impliqué dans ce flux de modes et de morphologies dissidentes, l'impact du réel sur l'« interprété », l'épinoche dublinoise cherchant à manger sur le rivage gaulois? Ce serait une chose difficile à réaliser concrètement d'une manière qui permette un examen adéquat, mais l'idée est beaucoup moins extravagante que celles des camarades surréalistes français, qui ont sans doute beaucoup moins d'estime pour Sisley que n'en a M. Kavanagh et qui ont souvent supplié ceux qui fréquentent leurs expositions d'apporter des haches et des marteaux afin de pouvoir démolir tout ce qui leur déplaît – et même des boîtes de peinture pour « améliorer » les tableaux qui semblent en avoir besoin!

Les organisateurs de la présente exposition parlent avec respect et admiration des « fauves » – ces bêtes sauvages qui de leurs griffes impitoyables ont dépecé tout ce qui restait d'académisme dans l'impressionnisme, les gars pour qui tout devait être remis en question, qui établissaient leurs propres règles et récusaient absolument l'idée de « bon » tableau. S'y connaissaient-ils en art, plus que M. Kavanagh? L'ennui, c'est que M. Kavanagh est lui-même, d'après toutes les méthodes de mesure artistique connues, un « fauve », et il paraît extraordinaire qu'il soit attaqué pour avoir brandi ce séduisant attribut. L'art, souvenez-vous, ne diffère pas intrinsèquement en fonction des moyens ou des techniques adoptés. La saeva indignatio de M. Kavanagh semble bien être ce que veulent propager les organisateurs de l'exposition. Pourquoi donc écrire au journal des lettres fielleuses à son sujet? Et pourquoi – surtout – prétendre que le jugement et le mécénat artistiques ne sont pas « classe moyenne » ?

Voyons de plus près cette « Exposition d'art continental moderne ». En parcourant le catalogue de quelqu'un d'autre – je ne vais pas immoler la bourse de mon troisième fils pour un tel achat – j'ai pu constater avec soulagement que la pénurie de papier était terminée. Soixante pages, dont quinze blanches. Et savez-vous, lecteur, la date de l'exposition? Non, vous ne devinerez jamais. Ce –

« AUGUST MCMXLIV »

« M » pour « mile », « C » pour « céad »[29] – allez, à vous de terminer. Appréciez-vous cette coquetterie charmante, mouillée de sherry ? Êtes-vous fin – ou fine – latiniste ? Vous avez étudié l'histoire de Rome par Ninive à l'école ? Pardon, Tite-Live je veux dire. Oh, je sais quel élève vous étiez, aucun intérêt pour les livres, tout le temps fourré au cinéma, à boire comme du petit-lait ces histoires de cow-boys, Tom, son lasso, son long nez, ses cheveux noirs et son cheval blanc ! Et *Les Périls de Pauline* ! Ô tempora ! (Ô Grace Moore !)

Mais cette exposition donc. Rien que d'assez banal en vérité (je présume que toutes les personnes présentes sont éduquées) mais elle m'a rappelé un vieux thème que je n'ai pas vu évoqué depuis des années. Nous ne sommes pas tous d'accord ni sur la nature ni sur la fonction de l'art – comment le serions-nous, mon cours là-dessus remonte à si loin. Toutefois, si l'on examine de manière exhaustive et consécutive les œuvres des maîtres français modernes – où l'on trouve de l'imagination, de superbes ressources techniques et certaines... intuitions – on est sans cesse frappé par l'inadéquation et les limites de la peinture en tant que moyen d'expression adulte. La peinture primitive, qu'elle soit purement explicative ou décorative, a pu constituer un *métier*. Certaines branches de la peinture dublinoise actuelle peuvent être qualifiées de distraction épiscopale. (Mais oublions cela.) Mon argument, c'est que des générations successives de peintres, devenant de plus en plus névrosés, plus obsédés par leur « message » et par leur mission évidente d'« interpréter » la décadence et le déclin, ont voulu charger leur médium plastique ordinaire d'implications psychiques... (agite dans le vide une main blanche)... infrahumaines... voire même d'horreur, de distorsion, de laideur. Bien sûr une grande difficulté apparaît ici. (Fronce les sourcils, regarde l'heure, compare sa montre avec la grande horloge située au fond de la salle.) Un tableau sensuel peut parler immédiatement au cœur, car il exerce un pouvoir émotionnel instantanément contagieux. Un tableau investi de ce qu'on peut appeler des... évocations intellectuelles, occupe en revanche toujours une position très

---

29. « Cent » en gaélique (*N.d.T.*).

risquée – ne serait-ce qu'en raison de la diversité de la réceptivité humaine. Il en résulte que des peintres sérieux sombrent dans le désespoir, ou continuent d'expérimenter laborieusement telle une femme qui essaie de nouveaux chapeaux. Ainsi Rouault, dans le tableau qu'a refusé la municipalité étrangère de Dublin, rejette la déférence et le formalisme qui sont de mise lorsqu'on traite des sujets religieux et (tandis que nous avons le dos tourné pour ainsi dire) essaie de pulvériser notre esprit jusqu'à lui faire admettre ses vues, avec une brutalité poussée à son paroxysme. S'il y parvient, cela dépend du goût, de l'instruction et de l'éducation du client. L'art moderne tend donc à s'entourer de « difficultés ». Vous devez apprendre à le connaître, écouter ceux qui en parlent, assister à des conférences dans des salles glaciales. Dans une certaine mesure, c'est aussi vrai pour la musique – bien qu'en musique, l'artiste ne puisse se soustraire à la discipline de ce qui est l'équivalent de la ligne dans l'activité plastique. (Enfile ses moufles pour éviter les engelures, les élèves s'agitent, mal à l'aise.) Mais ce qu'il ne faut surtout pas oublier, c'est le peu d'importance de l'art. C'est une activité qui ne concerne véritablement qu'une minorité. M. Patrick Kavanagh aurait déclaré, lorsqu'il a visité l'exposition avec l'intention d'en rédiger la critique, qu'il « ne connaissait rien à l'art ». Cela lui a été reproché. Je vais devoir traiter toute cette affaire en détail demain je crois. (La cloche sonne soudain la fin de la matinée ; les élèves se regardent, sortent en traînassant et en jetant des regards sournois.)

Mes notes de la semaine dernière m'ont valu des lettres très ennuyeuses sur l'art et compagnie (j'aime le « et compagnie »). Certaines personnes ne comprennent tout simplement pas. Prenez-le sous cet angle – vous êtes (vous-même) un grand artiste, c'est-à-dire que vous êtes arrivé à Paris avant la dernière guerre et avez vécu à Zurich et Lausanne durant celle-ci. Ensuite, vous avez travaillé pour Diaghilev ; les marchands (ces malins joueurs de cartes) de Londres et de New York sont devenus vos agents. Au bout d'un certain temps Berlin et Munich se sont lassés de vous. Mais vous ne creviez plus de faim. Noël 1939 vous étiez à Lisbonne : maintenant vous êtes à New York, le grand rebelle, le grand paria, l'en-

nemi de la société. Seuls les riches vous comprennent, vous
témoignent de la compassion, souhaitent profondément que
vous ajourniez ce suicide... au moins jusqu'à ce que vous ayez
terminé cette magistrale composition, *Homonculus Sapienticu-
lissimus*, votre plus beau tableau jusqu'ici. Vous êtes très riche,
très fatigué ; chez vous la peinture n'est pas un simple talent –
c'est une maladie. Dix-huit heures par jour – toujours créer et
toujours cette hantise de... vous copier. Parfois les critiques ne
comprennent pas, mais tant pis – les marchands eux toujours.
Vous avez dit que votre art n'était pas expérimental, vous n'êtes
pas un homme de laboratoire.

   « Je ne cherche pas, dites-vous, je trouve. » C'est tout. « Ce
que je trouve ce n'est pas toujours le beau. Mais qu'est-ce
que la beauté ? Si vous faites quelque chose de... nouveau,
faut-il que ce soit laid ? Regardez la "fusée" de Stephenson, le
premier avion des frères Wright, ou ce film merveilleux, *Le Vol
du grand rapide* ! Pourtant ces choses ont un jour été pensées
et réalisées – comme il a été facile ensuite de les améliorer, de
faire comprendre aux gens à quel point elles sont admirables !
Qui aujourd'hui nierait la grâce, l'harmonie et la clarté d'un
Boeing, d'un Sikorsky, d'un Curtiss-Wright ? »

   Un bien joli discours – mais qui y prête attention ? Personne.
Ce n'est pas nouveau. La secousse herculéenne de l'innovation, de la découverte, de la création, est incompréhensible
pour tous à l'exception du connaisseur. On ne trouve nulle
part des critères sensés d'évaluation et de jugement. Personne
ne critique un hydravion parce qu'il ne bat pas des ailes au
décollage. Personne ne se moque des automobiles parce
qu'elles ne peuvent remporter le Grand National[30]. Personne
ne peste contre les feux de signalisation parce qu'on ne peut
les éteindre avec sa casquette. Mais lorsque moi, un artiste, je
peins un tableau et que je l'envoie aux marchands (toujours le
peindre d'abord – c'est beaucoup plus sûr), le « public » arrive
et se moque. Des gamins de vingt, trente, cinquante ans me
disent : « Ces tableaux ne valent rien, nous n'avons jamais vu
des croûtes pareilles, un enfant en ferait autant. »

---

30. Le Grand National est une course hippique de steeple-chase qui se tient chaque
année à Aintree, près de Liverpool, depuis 1836 (*N.d.T.*).

Je ne réponds pas à ces larbins, on voit vite d'ailleurs qu'ils ne sont pas vêtus convenablement (cette observation n'importe que parce qu'ils tentent de l'être) : l'allusion aux enfants montrent qu'ils sont aveugles. Qui a l'intelligence d'un enfant? Vous? Ou vous?

Si je vous peins une nature morte (souvenez-vous que vous n'êtes plus le mécène, c'est moi désormais qui ai de l'argent et du « goût »), si je vous fais cette faveur, vous devez comprendre que cette toile peut être placée à côté de n'importe quel objet « naturel » similaire, une fleur, un coquillage, une feuille, dans un rapport de compétition, non d'imitation. Un coquillage, dans ses formes accidentelles, est l'expression phénoménale d'un projet dont le sens ne nous est pas accessible mais qui n'en est pas moins rigoureux, logique, coordonné, formé selon une morphologie qui transcende notre compréhension de ces termes. À l'échelle humaine, ma peinture doit inévitablement présenter les mêmes caractéristiques – sous mon contrôle et grâce à mon usage de la lumière, des pigments, de la toile, de la forme, de la texture, de la couleur, du chromatisme, de la valeur, du sentiment, de la ligne, de l'empâtement et du clair-obscur. Ces... événements sont... organisés de manière à produire non un simple symbole, un décor, mais une... sorte d'organisme légendaire qui doit être apprécié et ne peut être jugé que selon ses propres critères.

C'est vraiment tout ce que je peux dire.

C'est de nouveau la période des examens. Les copies montrent une fois de plus la curieuse immuabilité des notes attribuées. Personne ne nie que la livre vaut aujourd'hui moitié moins qu'avant la guerre et que toutes les autres valeurs ont évolué au même rythme. Pourtant les points donnés aux examens sont exactement les mêmes qu'il y a dix ans. Prenez cet exemple tiré de l'examen du baccalauréat en arithmétique.

« Une personne détient une lettre de change de 1 450 livres payable en six mois. Elle obtient une réduction de 4 % par an à la banque sur cette lettre et investit la somme recueillie dans une action rapportant 10 % pour 245 livres. Quel sera son dividende semestriel? (trente points). »

Vous voyez ? Trente points seulement. Laissez de côté le fait que la première phrase n'a aucun sens, oubliez même l'allusion indélicate à GSR[31]. N'est-il pas ridicule d'offrir trente maigres points, vu les cours actuels du marché, pour des calculs aussi laborieux et aussi abscons que ceux qui découlent de la question ?

Cela suscite une autre réflexion. Toute la théorie qui consiste à attribuer des notes relève d'une erreur psychologique. Entrez dans un pub et examinez l'un de ces flippers électriques. Vous pouvez envoyer six billes pour un penny et votre score dépendra de votre capacité à orienter vos billes dans les trajectoires qui rapportent le plus. Mais supposez que vous ne connaissiez pas le jeu et qu'avec votre première bille vous fassiez le score minimum. Vous serez ravi de constater que vous avez remporté 1 000 points. Encouragé par ce résultat, vous continuez et remportez peut-être 5 000 points. Même si vous savez que le score maximal possible est de 48 000 points, vous jugez votre performance très honorable pour un débutant. Après tout, 5 000 points, c'est beaucoup. Vous introduisez un autre penny.

Il faudrait encourager les élèves de la même manière. Je ne vois pas pourquoi la question posée plus haut ne vaudrait pas 3 000 points. Et s'il y a une raison, pourquoi ne s'applique-t-elle pas aussi à trente ? Pourquoi pas à trois ?

(Pas de réponse bien sûr.)

Ces examens en général mériteraient une étude plus poussée. Ils contiennent des erreurs, bien entendu. On note au passage que si les étudiants anglophones peuvent obtenir des tables de mathématiques auprès du surveillant, les étudiants irlandophones peuvent les obtenir auprès du « serveur ». Dinneen[32] indique que le mot qu'ils utilisent pour « serveur » signifie également « héritier ».

L'examen d'anglais est resté – en 1944 – le pensum qu'a enduré votre pauvre père dans sa jeunesse. Vous êtes censé connaître les « œuvres » de soi-disant poètes comme Wordsworth

---

31. Great Southern Railways, l'une des principales compagnies de chemin de fer irlandaises de la fin XIXe-début XXe siècle (*N.d.T.*).

32. Voir note 9 p. 43 (*N.d.T.*).

(qui portait des bottines à élastique), Shelley, Tennyson (qui appelait les « lotus » « lotos » pour étaler son grec), Hazlitt, Polonius et Gougane Barry[33]. Je vous jure.

En plus – et voilà qui est pire – vous êtes censé « aimer » ces baratineurs principalement saxons. Vous êtes sommé de « rédiger un commentaire » de ceci ou de cela. « Recopiez vos trois strophes favorites de l'"Ode à l'alouette" de Shelley. » Vous imaginez la rustrerie de l'étudiant qui n'a tout simplement pas trois strophes favorites de cette niaiserie maniérée et sentimentale. « Rappelez-vous le passage de "Terre ferme" de Belloc qui vous a le plus touché. » Jamais entendu parler de Belloc ni de sa terre ferme ; mais à supposer que quelqu'un en ait entendu parler et la trouve insupportable – qu'est-ce qui se passe ? Examen raté et dispute avec le paternel ?

Dans une des questions, l'examinateur écrit : « En examinant ses vers sur la France, ou ceux sur l'Italie, montrez que ces mots nous aident convenablement à comprendre le poème. » En fait il veut dire « à comprendre le poème convenablement ». Alors pourquoi ne le dit-il pas ?

Dans un ou deux jours, j'espère exposer mes propres idées sur ce que devrait être un examen.

---

33. Déformation de Gougane Barra, site pittoresque dans le comté de Cork (*N.d.T.*).

Les raseurs

Noël est venu, Noël est passé, hein ? Faisons le tour des bêtises et des lieux communs qu'on y associe.

À tous les coups la première personne est une femme qui dit :

– Noël ? Ah, je souhaite que Noël soit passé

Puis vient la personne qui dit :

– Noël ? J'ai toujours pensé que Noël était triste.

Puis :

– Eh oui ! Encore un Noël. C'est fou ce que le temps passe vite.

La suivante ?

– Le meilleur Noël que j'ai passé, c'était au Maroc. Nous étions nombreux sur le bateau. Je venais de me marier à l'époque et nous avons fait escale à Alger. La première chose que nous avons vu, c'est...

Puis vient le gambit :

– Savez-vous quel est le jour de l'année le plus dur à passer ?

– Non. Lequel ?

– Le jour de Noël.

Ensuite ce sont les commentaires noir et blanc, chacun proféré sur un ton doctoral.

– Je vais vous dire une chose : je n'ai jamais passé de Noël plus tranquille.

– Ce Noël ? Ne m'en parlez pas. Ç'a été le plus épouvantable de tous les Noëls.

Puis on entend cette chose terrible :

– Savez-vous ce que je fais le jour de Noël ? *(Regard intéressé)*

– Non. Quoi ?

– Du lit.

– Du lit ? *(Regard incrédule. On force la dose pour faire plaisir
au crétin.)*

– Au lit après dîner et pas question d'en sortir avant quatre
heures le lendemain. Tant mieux s'il y a une partie de cartes
prévue après, mais sortir du lit *avant quatre heures* ? *(affreuse
grimace)* jamais de la vie !

Enfin ce portrait vivant de la décomposition humaine, non
spécifique à Noël, mais fréquent à cette époque de l'année.

(Il entre dans un pub le jour de la Saint-Étienne, manifestement ravagé par l'alcool. S'assoit avec mille précautions,
agrippe la table pour faire cesser le tremblement dévastateur
des mains. Commande un verre de malt. Renverse de l'eau
partout sur la table. Boit en faisant claquer ses dents contre
son verre. Allume une cigarette en tremblant. Exhale la fumée.
Commence à regarder autour de lui. Choisit son interlocuteur.
Entame sa péroraison.)

– Les gens racontent un tas de conneries sur l'alcool, le
whiskey et tout le reste. C'est toujours la même chanson : le
whiskey était mauvais, l'estomac délabré, etc. Mais *moi* je vais
vous dire une chose...

(S'arrête solennellement. Les pupilles aqueuses, presque
noyées dans leur lac, font le tour de la salle d'un air mala-
divement inquisiteur. Accepte le silence comme preuve d'un
intense intérêt.)

– Vous savez ce que c'est ?

(Ne tient plus normalement sa cigarette entre ses doigts,
mais la tient à la verticale et tapote doctoralement dessus avec
l'index de sa main libre.)

– Vous voyez ça ? Ce truc-là ? Les cigarettes. Les clopes. Eh
bien moi je vais vous dire une chose...

(Est soudain secoué par une effroyable quinte de toux.
Fouille aveuglément à la recherche d'un mouchoir, pendant

que des larmes de pur malt coulent le long de ses joues rubi-
condes. Se remet.)

– Ces clopes-là. *Ils m'ont eu...*

(Est secoué par une nouvelle crise aiguë. Émerge de
nouveau.)

– Je ne parle pas du tout de *ça (désigne le verre)*. Je *sais* ce qu'il
y a là-dedans. Il y a à boire et à manger là-dedans. Ça ferait pas de
mal à une mouche, sauf si on en prend de trop. Mais *ce truc-là...*

(Désigne de nouveau la cigarette. Expression de tristesse et
d'horreur se mêlant sur le « visage ».)

– Les clopes m'ont eu.

★

L'homme qui, ravagé par l'alcool, se croyait ravagé par
le tabac me fait penser à quelques autres types de raseurs à
conversation standard. Par exemple :

LE TYPE QUI A SA MONTRE

Quelqu'un remarque que sa montre en or, quatre-vingt-
dix-huit carats, coût cinquante livres, garantie étanche, s'est
arrêtée après seulement cinq ans de service. Le type sourit
d'un air supérieur, sort son oignon et le pose solennellement
sur la table. Le tic-tac agressif impose silence. Les personnes
présentes remarquent que l'objet, jadis nickelé, est à présent
terne et cuivré sur les bords.

– Savez-vous combien elle m'a coûté ? demande le type.

Tout le monde sait qu'elle ne lui a pas coûté plus de cinq
balles, qu'il l'a achetée il y a dix-huit ans, qu'elle ne s'est jamais
arrêtée une seconde et qu'il ne l'a pas nettoyée une seule fois.
Mais personne n'est assez vache pour dégoiser tout ça. Les
gens sont faibles et flattent la marotte des raseurs.

– Moi je dirais deux livres, risque quelqu'un d'un air innocent.

– Cinq balles, répond le type.

Surprise feinte alentour.

– Savez depuis combien de temps je l'ai ? demande le type.

– Depuis cinq ou six ans, je suppose.

– J'ai acheté cette montre à Leeds en septembre 1925. Ça va faire bientôt vingt ans. Elle ne s'est jamais arrêtée une seconde et *je ne l'ai pas nettoyée une seule fois.*

Faux étonnement sur tous les visages.

– Une trotteuse toujours à l'heure, dit le type en replaçant l'oignon dans sa poche d'un air considérablement satisfait.

(Ce genre de fléau possède aussi d'incroyables vieux tacots, des stylos qui ont plus de cinquante ans, des gants achetés en 1915 jamais perdus ni troués, fait lui-même ses cigarettes avec des filtres maison, juge que chacune lui revient en gros – toujours ce mot « en gros » – à un radis et s'estime convaincu que « les gens sont dingues » de payer plus.)

Mais voici un autre fléau.

LE TYPE QUI A SA LAME DE RASOIR

Quelqu'un dit :

– C'est fou ce qu'il est difficile de trouver de bonnes lames aujourd'hui.

Grimace et se frotte la mâchoire en guise d'explication.

– Ça fait des semaines que je ne me suis pas rasé convenablement, ajoute-t-il.

Le type a l'air abasourdi.

– Ne me dites pas que vous *achetez* des lames de rasoir, dit-il.

Diverses personnes avouent qu'elles le font.

– Pas moi, dit le type. J'admets que j'en ai achetée une, mais c'était il y a deux ans...

On fait de nouveau son devoir en feignant la surprise. Tout le monde connaît les trucs qui permettent d'aiguiser une lame de rasoir – contre une glace, un cuir-lanière, un gobelet – mais personne n'a assez d'estomac pour le dire.

– C'est très simple, dit le type, manifestement content de lui. Prenez un gobelet et enduisez-le de vaseline à l'intérieur. Chaque matin, avant de vous raser, passez et repassez trois ou quatre fois le fil à l'intérieur du gobelet, en appuyant fortement le doigt sur le centre de la lame. C'est tout.

S'arrête pour accepter avec reconnaissance l'incrédulité de mise.

– Vous n'aurez jamais été rasé d'aussi près, mon vieux. Et une lame à deux pence vous durera cinq ans.

(Jurez-moi de ne montrer cet article à personne. Presque tous les gens appartiennent plus ou moins à l'une ou l'autre de ces deux catégories. Vous risquez de vous faire fusiller. Jamais rencontré le type dont le briquet à essence a toujours une flamme et qui explique pourquoi ? « C'est très simple, le secret est de... »)

★

J'ai bien peur de devoir inventorier d'autres types de raseurs (désolé, la fonction de l'historien est d'être complet, et non pas sélectif).

Avez-vous rencontré – écoutez, ça me fait aussi mal au cœur qu'à vous –, avez-vous rencontré le type-qui-achète-tout-en-gros (cette fois-ci vous êtes bon) ?

Vous avez invité cette gargouille à dîner parce qu'elle vous a trouvé quelques affaires au cours de l'année et qu'il y a peut-être quelque chose de plus à en tirer. Le clown entre dans votre chambre en frottant ses mains difformes et calleuses, jette un coup d'œil circulaire, histoire de vérifier l'installation, la décoration, etc. Fond comme un rapace sur votre radio. Vous l'avez achetée l'année dernière, il reste de nombreuses traites à payer. Il l'examine de près, la tapote, la débranche, la retourne, la secoue, casse un fil, la pose sur le côté, sort un mouchoir et s'essuie les mains. Fou de rage, vous réussissez à balbutier :

– Que penses-tu de cette radio ?

– Ah ? La radio. Hum, ouais. En la trafiquant un peu, ouais, ça pourrait être un truc pas mal. Mais j'ai ce qu'il te faut. Ces postes à neuf livres sont de la cochonnerie...

Vous êtes pratiquement raide de haine et de dégoût. Ce chiffre de neuf livres est évidemment un piège – dans lequel vous allez tomber la tête la première. Tout en vous méprisant profondément, vous dites :

– Quoi ?... *neuf livres !* Ce poste-là en vaut quatre-vingt-sept...

L'immonde charlatan bondit comme un ressort, s'approche et vous pose les deux mains sur les épaules :

– Tu es fou, Mac ? Tu es sûr que tu n'as pas perdu les pédales ?

En vous traitant de tous les noms, vous bégayez :

– C'est un très bon poste... qui... marche très bien... et qui vaut quatre-vingt-sept livres au détail. Je pensais que *toi*, tu le savais !

Vous ne sentez plus le poids de ses griffes sur vos épaules. De manière étudiée, le monstre contemple le mur et dit :

– Pas possible, il est fou !

S'éloigne tristement de manière théâtrale, puis se tourne comme une mèche de fouet et postillonne en hurlant :

– *Ça va pas ?* Tu es devenu débile ou quoi ? J'aurais jamais cru ça de toi. Je sais *bien* que c'est le prix au *détail*. Mais acheter au détail, *il faut le faire !* Il n'y a plus de pigeons depuis longtemps. Écoute, j'ai deux postes à la maison...

Suffit pour aujourd'hui ? Ou encore un peu ?

Le type-qui-n'a-pas-besoin-d'avocat ?

– Aller me faire piquer mon fric par ces crapules ? Ces types qui ont un abonnement pour Belfast et louent leurs bureaux à la semaine pour pouvoir se tirer dès qu'ils ont mis le grappin sur le pognon d'un orphelin ? Ah non merci, pas pour moi. Je reste comme je suis. Et je vais te dire une chose : question droit, ils peuvent s'aligner. Je n'ai pas eu besoin d'eux en 1934 quand j'ai obligé le maire à faire abattre et à reconstruire le mur du fond et à remplacer les gouttières, et quand je lui ai fait changer les poutres du salon il en a pris plein les quilles si joyce dire. Te bile pas, je connais mes droits. Quand la mère est morte, j'ai eu besoin de personne pour faire valider le testament et je me suis fait dix livres quand Christie s'est fait éjecter de son vélo par un poids lourd. J' connais la loi et j' connais mes droits.

Les exemples précédents campent des *attitudes*, mais on trouve aussi des spécimens troglodytiques qui produisent leur effet avec une seule et unique phrase. Glissée chaque jour de leur vie dans des milliers de conversations, elle leur permettra de quitter l'humanité avec le sentiment de ne pas avoir été inutile. Vous connaissez celle-ci :

Comment, vous ne saviez pas que Dan O'Connel était franc-maçon ?

★

Si l'on veut tracer un tableau synoptique, il ne faut pas oublier de parler (on le fait souvent sans y penser) du roi des raseurs : le type-qui-parlait-irlandais-à-une-époque-où-ce n'était-ni-lucratif-ni-à-la-mode. (N'oubliez pas ce type-là.)

En voici un autre : le type-qui-ne-donne-jamais-d'argent-aux-mendiants. Cet effroyable je-sais-tout marche auprès de vous, un mendiant approche. Sans y penser, vous glissez dans sa casquette la menue monnaie que vous tripotiez dans votre poche. Poursuivant votre chemin, vous remarquez que « l'ami » est dans un état d'agitation épouvantable : son visage devient de plus en plus rouge, ses épaules se soulè-vent, ses petits yeux de cochon dansent dans leurs poches bouffies.

– Ça va pas, mon vieux ? Vous écriez-vous, inquiet. Tu te sens mal ?

« Rire » qui ressemble à une friture. Le type est fou de rage.

– Je te croyais pas si naïf, dit-il. À ton âge...

– De quoi parles-tu ?

– De ce que tu as casqué tout à l'heure. Tu dois avoir du plomb dans l'aile. Pas difficile de deviner que tu t'es pinté hier soir.

– Je ne rougis pas de ces petites aumônes, si tu veux le savoir. La charité...

– La charité ? La *charité* ? Ah ça, c'est la meilleure. Je te souhaite une chose, écoute-moi bien. Je te souhaite seulement une chose : c'est de gagner en un an ce qu'il paie comme impôts *en une semaine !* Ouais ! Ce type a une maison à tomber sur le cul à Carrickmines. Tu as déjà vu sa femme ?

– Je ne crois pas...

– Évidemment, tu n'es pas invité aux cocktails de la Léga-tion, toi.

– Mais...

Non, lecteur. Tous les mais du monde n'y feront rien. Inutile d'essayer de discuter avec cette personne. Composez le 0 et demandez la police.

Si la conversation suit un autre cours, ce sera inévitablement celui-ci :

Vous avez le bras tordu. Un regard presque effrayé vous scrute.

— Écoute, murmure le monstre, ne me dis pas que tu as donné à cette personne... *de l'argent ?*

— Je lui ai royalement donné trois sous, répondez-vous facétieusement.

Vous n'avez pas encore conscience d'avoir commis l'irréparable. Votre remarque banale a un terrible effet. Le type a la tête enfoncée dans les épaules, les bras raidis dans les poches de son manteau, le regard fixe. Sur le « visage », vous ne savez quelle expression va l'emporter : le dégoût ou l'horrible compassion pour vos faiblesses et pour vos fautes.

Vous bégayez :

— Je ne vois pas ce qu'il y a de mal à donner une pièce à ce pauvre vieux. Tu as vu ses chaussures ?

(Vous parlez avec courage, sans aucun doute, mais vous savez que vous êtes perdu.)

— Ce qu'il y a de *mal ?* Mais Bon Dieu, tu es complètement bouché ?

Le dingue vous a saisi le bras et serre comme un fanatique, maltraitant un petit muscle près du coude.

— Sais-tu ce que ce type va faire avec l'argent que tu lui as donné ?

— Non.

— Entrer dans le premier pub venu pour le boire.

— Oui, mais... ce n'est pas avec trois sous que...

— Trois sous, hein ? Un type comme ça ramasse un billet par jour en faisant la manche et le boit jusqu'au dernier centime. Il se trouve que je sais de quoi je cause. Et ce sont des gens comme toi qui sont responsables de tout ce que dit et de tout ce que fait ce malheureux. Propose-lui de bêcher ton jardin, tu vas voir ce qu'il va te dire. Oh je les connais bien, crois-moi.

— Mais...

Non, lecteur ce n'est pas la peine.

★

J'espère que je ne suis pas un... raseur... mais il y a un autre personnage dont je voudrais vous dire un mot en privé. Vous le connaissez probablement. Il a quitté les Frères de Richmond Street l'année où votre pauvre grand-père est pour la première fois allé à l'école. Malheureusement le grand-père a disparu de la circulation pour une raison hautement technique : il a été enterré en 1908 (*requiescat in pace*). L'autre est toujours en ville, pardessus en poil de chameau négligemment jeté sur les épaules, feutre vert à bords rabattus posé sur un nid de boucles ayant appartenu à un zèbre dont on a perdu les coordonnées. Vous savez de source sûre que l'âge de cet homme (s'il en a un) est de cent quatre ans. Négligence désastreuse, vous oubliez d'ouvrir l'œil – s'il est au beurre noir, allez vous faire soigner – et vous rencontrez cette personne. C'est parti. On vous emmène dans un crédit, je veux dire dans un débit et vous avalez des verres pendant que l'autre vous raconte son emploi du temps. À jeun, le zèbre part au pas de course dans Merrion Strand, puis fait deux sets de jeu de balle contre un mur (toujours à jeun). Ensuite séance d'haltères (indispensable) puis un petit toast et un verre de jus de limette. Après cela, entraînement autour de la pelouse jusqu'au petit-déjeuner, puis leçon d'escrime jusqu'à midi. Après le déjeuner emporte à tout hasard son équipement jusqu'à Lansdowne Road et trouve toujours un match. Joue ailier mais rend plus de services à l'arrière. Prend une douche puis rentre chez lui après quelques sets sur court dur. Après dîner, se rend à la salle pour croiser les gants avec les habitués. Les nuits creuses vous le suspectez de se rendre à Shelbourne Park et de faire des tours de piste dans le cynodrome devant le lièvre électrique pour le crever à l'entraînement.

Vous gobez tout ça sans piper mot puis, à votre profonde horreur, vous vous entendez dire :

– Tu devrais faire gaffe, tu ne peux pas continuer éternellement à ce train-là. Il faut apprendre à se ménager quand on a trente-cinq berges. Parce que...

Il est aux anges. Dieu vous pardonne, il est là – son profil de momie tourné vers la lumière. Il lève la main et vous arrête :

– À ton avis, j'ai combien de berges ?

Vous le regardez avec attention, sans rire : vous savez que vous êtes pire que lui et vous n'hésitez pas à mettre le paquet.

– Écoute Jack, je ne vais pas juger d'après ton *aspect* – sûr que tu ne fais pas ton âge, jamais vu quelqu'un de si en forme. Si je crois ce que j'ai entendu dire de toi un peu partout en ville, je dirais que tu as trente-deux ans, ou plus exactement que tu viens de les avoir. Que tu es un type qui va sur ses trente-trois berges, Jack...

L'immonde clown à présent ne se sent plus. Observez-le : le sourire de sphinx, la « tête » qui lentement fait non, la pause avant de lever le verre et de le vider sans se presser, ce qui révèle les lignes pures du menton et de la mâchoire. Quand le visage est enfin tourné vers vous, vous apercevez le masque cireux manifestement saupoudré de levure artificielle, les fissures apparentes qui dénotent un demi-sourire dépréciateur.

– *Mac, je suis né en 1908.*

Soudain votre propre visage devient blanc d'horreur. Vous tremblez. Vous grommelez vaguement une excuse et sortez dans le froid d'un pas mal assuré en jurant amèrement. Vous *savez* que c'est 1808.

Y a-t-il un remède, une manière de s'en sortir pour les faibles, un espoir pour ceux qui n'osent pas insulter « ces gens-là » ? Il n'y en a qu'un : *Ne sortez pas.* Restez chez vous au lit, fenêtres fermées, rideaux tirés, radiateur électrique à fond. Seuls les raseurs à toute épreuve vous suivront jusque-là – je parle de votre chère famille, n'est-ce pas ? Et vous ne pouvez pas vous y soustraire, n'est-ce pas ?

★

Un lecteur de Dublin a pris la peine de m'écrire pour m'informer qu'un raseur (de l'espèce briquet à essence) infestait un pub local. Apparemment le briquet sert de prétexte pour introduire le parasite dans les cercles de buveurs qu'il ne connaît pas personnellement. Naturellement, cela signifie qu'il se rince le gosier à l'œil. Je suis désolé, mais ce genre de personne n'est pas un raseur au sens où je l'entends. Ce que j'ai essayé de définir, c'est le type idéal du raseur-né. Raser les gens est sa seule occupation, sa seule joie, son seul divertissement. Aucune arrière-pensée cupide ne vient souiller son « art ». Au contraire, il est même prêt à perdre de l'argent – à payer une tournée – pour satisfaire son infâme vocation. Attendez, je vais vous donner quelques exemples. Avez-vous rencontré le type-qui-l'a-lu-en-manuscrit ?

Vous êtes écrivain, vous ne sortez jamais, tout ce que vous demandez c'est qu'on vous laisse seul avec vos chers bouquins. Le type se la ramène. Une conversation à bâtons rompus s'engage. Le type fouine et fourre son nez partout. Vous venez de lire un livre passionnant et vous aimeriez avoir l'opinion de quelqu'un d'autre. En toute candeur, vous demandez :

– À propos, vous avez lu *Un docteur sous Victoria* ?

– Jamais entendu parler, répond le fléau.

– C'est un livre passionnant. Sur la vie du père d'Oscar Wilde, très beau tableau de la vie dublinoise à l'époque

– Oh, *ça* ? répond le raseur qui, le dos négligemment tourné, ne se gêne pas pour lire les documents personnels posés sur votre bureau. Ah oui, j'ai lu ça. Le fait est qu'on voulait appeler le livre autrement, je ne savais pas que ç'avait été publié sous ce titre. Je l'ai lu en manuscrit pour tout dire.

Vous entrevoyez le conseiller occulte, le critique, le confesseur et le Père Noël des écrivains.

– Avez-vous lu *Guerre épée* de T. Olstoi ?

– Oui, j'ai lu ça en manuscrit il y a des années. C'est publié ?

D'accord ? Grrrhhhhhh !

Pas besoin de se casser la tête pour trouver d'autres funestes crétins de la lune. Vous avez, bien sûr – à un moment ou à un autre depuis 1939 –, rencontré le type-qui-ne-brûle-que-de-la-tourbe. Si vous ne l'avez pas rencontré, faites-moi confiance : je vous jure qu'il existe. Son blabla n'est pas loin de çà :

– Charbon, hein ? Cette... saloperie ! Ne viens pas me raconter d'âneries, qu'est-ce que tu as contre la tourbe ? Tu vas peut-être me dire que ce n'est pas le bon vieux combustible de l'Irlande ? Je me suis marié en 1905 et, depuis cet heureux jour jusqu'à aujourd'hui, je n'ai pas laissé un seul boulet de charbon franchir le seuil de cette maison. T' sais pourquoi ? Parce qu'un feu de tourbe *fait comme il faut dans un âtre comme il faut* est le meilleur feu qu'il y ait au monde. Qu'on ne vienne pas te dire le contraire. Je sais de quoi je cause. J'en achetais aux mariniers des péniches – de la bonne tourbe noire –, tu sais combien ? quinze balles la tonne *livraison comprise*. Ah oui...

(Regard d'alcoolique, noir mais triste à l'évocation du bon vieux temps. Puis la voix continue à vidanger.)

– À une époque où il faut casquer trente et même quarante... et même quarante-cinq balles pour ces cochonneries que vendent les charbonnages anglais, qui foutent de la saleté et de la suie partout, sans compter qu'il faut passer une demi-heure le matin à souffler comme un bœuf et à tisonner pour mettre le truc en marche, et après ça on s'étonne que la moitié du pays soit tubard ? Tu me diras ce que tu voudras, rien ne vaut le bon vieux feu de tourbe. Le secret, évidemment, est de bien placer les mottes. Il faut les faire tenir comme ça, regarde...

Des boîtes d'allumettes vides servent à la démonstration. Il faut que vous sachiez une chose à propos de ce type : vous pouvez être sûr qu'il a dans son garage en béton (même aujourd'hui en 1945) au moins trois tonnes de ces beaux boulets qu'on trouvait avant-guerre, à cinquante balles la tonne.

★

Il n'y a pas longtemps que j'ai écrit sur les raseurs. Je ne reviens sur le sujet que parce que j'en ai rencontré un nouveau spécimen. C'est un monstre qu'il faut éviter comme la peste, un pensum effroyable qui vous fera voir rouge et battre le cœur comme un marteau piqué *(à maintenir)*. Je veux parler du type-qui-bricole-tout.

Ce sauvage vit dans une petite boîte de brique rouge, une pièce de quatre mètres sur deux, à l'origine monocellulaire. À l'intérieur il y a lui, sa dame et ses huit filles. La semaine prochaine, l'aînée, Anny, commencera à travailler comme dactylo payée au SMIG dans un cabinet d'avocat. Dans la boîte, le type a fait le maximum. Et pas lésiné sur les moyens. Supposez que vous viviez dans une cabine téléphonique – comme les quatorze blondes qui sont dans celle qui est sous la statue de Moore chaque fois que je vais téléphoner – je pense que vous vous accommoderiez de la situation afin d'en tirer le meilleur parti possible. Pas le type-qui-bricole-tout. Il se pique au jeu – *il élève des cloisons*. Il subdivise la guérite et installe des rayonnages, des banquettes, monte des placards, des calandres, des garde-robes encastrées. Là où il y a de la gêne il y a du plaisir et tout dans cette maison prend la forme et le rythme d'une rumba cubaine. Vos pieds restent là où ils sont, mais vos hanches et vos genoux se trémoussent.

Les cloisons que ce type a montées sont des chefs-d'œuvre d'artisanat domestique. Il sait tout faire de ses dix doigts (voir parenthèse maison) et possède le volume IV de l'*Encyclopédie du petit bricoleur*. Il monte cette... chose, ce « mur », en posant deux baguettes entre les lattes disjointes du parquet gondolé. Puis il introduit un longeron horizontal dans la pièce position cercueil du Prophète, entretoisant les deux murs jusqu'à risquer de fausser le pignon. Entre il y a les bouts de papier. Oui, des journaux : des boules de papier froissé bien imbibé. Vous pigez : il n'y a qu'à attendre que le truc durcisse !

Venez un soir dans cette cabine miracle, ce sera la première fois que vous vous servirez d'un ouvre-boîtes pour entrer dans la maison d'un ami. Il se frottera les mains, l'air réjoui, jettera un regard en biais sur le « bricolage » et vous vous retrouverez, grosse et lâche andouille que vous êtes, en train de dire :

– Ben alors Mac, il y a du nouveau dans la baraque ancestrale à ce que je vois. Qui as-tu pris pour faire le boulot ?

Vous êtes un ami, vous avez dit ce qu'il fallait dire. Maintenant, à lui de faire son cinéma. Étonnement. Se frappe la poitrine, fait marche arrière comme un crabe, ouvre la bouche en se désignant du menton.

– Qui ? *Moi* ? Prendre une entreprise, moi ? Tu me vois *moi* filer mon oseille à tes gars quand j'ai les deux mains que le Bon Dieu m'a données, plus le ciseau, le marteau et la scie à métaux que j'ai trouvée chez Pauls dans Aungier Street ? Filer le fric que j'ai mis de côté pour mes vieux jours à une bande d'apaches et de monte-en-l'air qui ne savent pas distinguer un tournevis d'une alêne plate, avoir ma baraque assiégée pendant des mois par des types qui ne pensent qu'à faire la bringue et à fumer des clopes ?... *de mon temps...* MOI... ?

– Mais... Mais tu n'as pas fait tout ça toi-même ?

(Vous n'osez pas vous appuyer contre la cloison de peur de vous retrouver dans la « salle de bains », mais vous dites de nouveau ce qu'il faut dire, espèce de sale hypocrite !)

– Et pourquoi pas ? C'est pas sorcier, mon vieux. Mais alors vraiment pas. N'importe qui, même toi, pourrait en faire autant. Monte donc, je vais te montrer la commode que j'ai mise dans la chambre des gosses.

Vous avez bien entendu : « Monte » et « la chambre des gosses »... ! Depuis le début vous faites semblant de ne pas voir la femme et les huit enfants endormis sous la « bibliothèque ».

Ce type fabrique aussi ses propres cercueils. Ceux qu'on achète valent des clous, affirme-t-il.

★

Il y a un autre affreux raseur qu'il est de mon devoir de décrire : celui qui veut à tout prix savoir « d'où il les tire » Ce clown monstrueux ne vous regarde jamais en parlant et ne cite jamais de nom. C'est le type qui en a plein les poches, il dit :

– Je suis allé à Leopardstown à vélo samedi. Perdu gros, bien sûr...

Vous êtes ratatiné par cette preuve d'humilité : se rendre aux courses à vélo pour laisser le champ libre à trente-six taxis. Vous savez que ce type est fou et vous attendez lâchement ce que vous savez qui va venir. Il poursuit :

– Qui crois-tu que j'ai vu là ?

– Qui ?

– Notre ami.

– Notre ami ? Lequel ?

– Un particulier que tu connais et que je connais.

Ce qui vous fait trembler de rage, c'est que vous réalisez que vous savez très bien de qui il parle et que vous êtes donc pris dans la toile de sa paranoïa. La voix continue :

– *Et avec le gratin, bien sûr*, papotant avec les jockeys et les propriétaires et n'arrêtant pas de cocher le programme. Sans parler de sa grande bringue de femme qui trônait au milieu en manteau de fourrure. Sais ce que je vais te dire ?

– Quoi ?

– Le gus met cinquante biffetons sur un toquard monté par un jockey qui n'arriverait pas placé même en V2. Et tu crois que ça l'a déplumé... ?

Les gloussements funèbres qui suivent indiquent que le spéculateur n'a pas perdu la moindre plume. Votre bourreau poursuit :

— Retour en ville à six heures et demie, j'ai eu un creux et suis allé manger un œuf au plat sur le zinc de cet endroit que tu connais et que je connais. Qui vois-je là avec deux dames ?

— Notre ami ? *(Ô malheureux ! Vous avez* répondu *au démon, et correctement !)*

— Assis là et prenant toute la place. D'abord un bol de potage, naturellement, mais avec un doigt de madère. Sais ce qu'il a commandé après ?

Le monstre a sorti son canif et fait ces mouvements du poignet qui accompagnent l'ouverture des huîtres.

— Une douzaine par tête. Sais ce qu'ils ont pris après ?

Vous donneriez cher pour dire quelque chose d'extravagant comme « des blancs de paon rôtis », mais vous n'avez pas le courage de tenir tête à votre bourreau. Vous dites :

— Non. Quoi ?

— Une dinde entière à trois. Ils sont restés là deux heures à jaspiner à s'en rompre les tympans. Sans parler des liqueurs qui étaient resservies à gogo et du taxi qui attendait dehors, compteur en marche...

Ici, une pause. Le démon se prépare pour le final, vous entendez presque la flexion de ses nerfs bons pour l'asile. Quand la voix sort de nouveau, elle a changé, elle est grave :

— Je sais de source sûre que le gas travaille à tel rayon de tel magasin et qu'il perçoit le salaire mirifique de trois livres quinze par semaine. *Trois livres quinze shillings par semaine !*

Vous savez que les tristes yeux délavés sont plongés dans un abîme de perplexité. Vous savez qu'il est à présent sur le point de formuler la question suprême. Vous craignez le choc inévitable à la fin de cette « conversation » prédestinée. Mais vous êtes sans défense. La voix dit :

— Ce que je voudrais savoir...

Oui, il y a une pause. Vous saviez qu'il y en aurait une. Puis :

— C'est *d'où il les tire ?*

Vous êtes dans les vaps. Vous remarquez que ses doigts font mine d'appuyer sur les touches d'une caisse enregistreuse. Vous avez reçu une tape sur le dos — cet ogre ne sait dire au revoir que comme ça — et il est parti.

Pas pour dire, mais vous avez de la veine de vous en être sorti vivant.

★

Encore quelques *petites* notes sur les raseurs profession-nels ? Par exemple :

Le type-qui-sait-faire-une-valise. Ce monstre vous observe pendant que vous essayez de fourrer le contenu de deux garde-robes dans une petite mallette. Vous y arrivez, bien sûr, mais vous vous apercevez que vous avez oublié d'y faire entrer vos clubs de golf. Vous jurez comme un troupier, mais votre « ami » est enchanté. Il savait que ça arriverait. Il s'approche, offre ses services et vous conseille d'aller faire un tour pendant qu'il fait le tour des choses. Quelques jours plus tard, lorsque vous défaites votre valise à Glengariff, vous découvrez qu'il y a non seulement mis vos clubs de golf, mais votre descente de lit, la trousse de l'employé du Gaz qui travaillait chez vous, deux vases d'ornement et une table de bridge pliante. En fait, tout ce qu'il avait sous les yeux sauf votre rasoir. Vous dépensez sept livres en télégraphiant à Cork qu'on vous envoie une nouvelle valise (en cuir cartonné) pour rapatrier tout ce bordel. Et vous arrosez de pourboires ruineux le garçon d'étage qui vous a prêté son rasoir. Ou...

Le type-qui-ressemelle-lui-même-ses-chaussures. Vous vous plaignez innocemment de la qualité des chaussures actuelles. En faisant la moue, vous montrez une semelle trouée.

– Dois les apporter demain, dites-vous d'un air vague.

Sidéré par cette attitude passive, le monstre vous a déjà assis de force dans un fauteuil, il vous enlève vos chaussures et disparaît avec dans l'arrière-cuisine. Il revient au bout d'un laps de temps incroyablement court et vous rend votre bien en annonçant que les chaussures « sont comme neuves ». Vous regardez alors les siennes et comprenez instantanément pourquoi il a les pieds déformés. Vous rentrez chez vous en clopinant comme si vous marchiez sur des échasses. Clouée sous chaque chaussure, vous avez une galette épaisse de trois centimètres en « cuir » synthétique faite de gomme laque, de sciure et de ciment. Comme vous êtes plus grand que d'ha-

bitude, vous risquez de vous tuer en montant dans un bus.
Le temps d'arriver chez vous, vous avez perdu deux pintes
de sang et la blessure que vous avez au front a l'air de s'être
infectée. Ou...

Mais non – c'est trop douloureux de décrire en détail
certains de ces démons. Avez-vous rencontré le type-qui-sait-
découper ? Peu importe que le plat soit un misérable pigeon
rôti, la brute enlève son manteau, fait de la place sur la table,
oblige quelques dîneurs inoffensifs à aller prendre l'air afin
d'« avoir sa liberté d'action ». Par miracle, tout ce que ce type
découpe est massacré de telle sorte que *personne* n'a une seule
miette qui soit mangeable.

Ou Le type-qui-croit, (ou ne-croit-pas) en telle ou telle
chose banale. Un tordu ne « croit » pas aux radiateurs électriques. Il est horrifié si vous en branchez un, prétend qu'il
étouffe, fait le geste d'enlever col et cravate. Ils « dessèchent
l'atmosphère », bien sûr. Même cinéma chez l'imbécile qui « ne
croit pas » au chauffage au charbon. Il ne jure que par les radiateurs électriques. Il en a cinq ou six dans chaque pièce, un ou
deux dans l'escalier. Le charbon « ne fait que salir ». Il « donne
du travail » et il faut « passer son temps à bourrer le feu ». Alors
qu'un radiateur électrique (ici il fait le geste de mettre la fiche)
il n'y a qu'à brancher la prise et on n'en parle plus ! Quatre fois
moins cher que le charbon, chauffe deux fois plus, et ainsi de
suite. La seule solution est de faire cadeau d'une chaise électrique à cet abruti.

Ou le-type-qui-ne-veut-pas-avoir-la-radio ?

Ou le type-qui-ne-croit-pas-au-grand-air ? (Je vais te dire
une chose : c'est une épidémie qui fait des ravages...)

Qui est le suprême démon ? Ne serait-ce pas cette personne
non inconnue qui confesse qu'elle ne « regarde » jamais le *Irish
Times ?*

★

Vous avez dit raseurs ?

Ma foi, il y a un monstre que j'ai oublié, mais je vais vous
mettre sur la piste, vous le reconnaîtrez au premier coup
d'œil. Il professe l'amour de sa terre fatale *(à conserver)* parce

qu'elle est foncièrement excentrique. Cette qualité foncière est rehaussée par le lustre des autochtones et la maîtrise de chaque citoyen dans l'art de la saillie, de l'humour, du sens de la repartie et du paradoxe. Tout ce qui arrive « prouve » le point de vue de ce type.

Disons qu'il est sur le trottoir en train de jaspiner comme une pie (= 3,14) et que l'un des gros fourgons du Service de la voierie, en reculant par inadvertance, verse et l'inonde d'un déluge de détritus nauséabonds. Vous vous dites que cette mésaventure va lui clouer le bec. Pas du tout. Deux secondes plus tard, une large nappe de putrescence commence à bouger, puis rampe sur le trottoir et *se relève* ! C'est, bien sûr, notre ami – qui revient vers vous au pas de course. Par une ouverture en haut de la colonne de gadoue, vous comprenez qu'il se fend la pipe. Il avance en boitillant vers vous, salement amoché mais aux anges. Il vous fait signe en agitant un bras couvert de plâtras.

– Un truc comme ça *(vous entendez la voix assourdie)* un truc comme ça ne peut arriver qu'en Irlande !

C'est son suprême et universel apophtegme. Il embrasse, définit et explique la totalité et l'essence de toute l'Irlande et de tout ce qui est irlandais. Il couvre plus particulièrement les sujets suivants :

Retard dans l'arrivée et le départ des trains, des bus, etc.

Non-réparation des montres, chaussures, etc. à la date prévue.

Élection de personnes notoirement analphabètes, vénales, criminelles ou indésirables au Parlement ou aux plus hautes charges publiques.

Absorption d'alcool dans les commissariats après les heures ouvrables.

Découverte que le mendiant du coin parle grec.

Découverte que ce professeur d'université ne sait pas un mot d'anglais ni de gaélique, etc.

Usage de réservoirs truqués sur les véhicules à moteur fonctionnant à l'essence.

Incompatibilité d'heure entre les horloges publiques mutuellement adjacentes.

Découverte que le frère du chiffonnier est feld-maréchal dans les forces armées d'une Grande Puissance dont on tait le nom.

Droit à la pension d'entières populations locales pour cause de service militaire, nonobstant la convention internationale sur l'inaptitude au combat des mineurs, des femmes et des enfants.

Découverte que nombre d'anciens militaires, jadis décorés pour leur bravoure par une personnalité impériale, sont hostiles aux idéaux de l'Empire.

Interdiction pour cause d'obscénité d'ouvrages littéraires au nom de la continence, de la chasteté, de l'honnêteté, etc.

Participation des autorités ecclésiastiques tant au pouvoir temporel qu'à des entreprises de spéculation financière.

Projets philanthropiques de distiller et de brasser les familles.

Aversion pour le *Irish Times*, organe de ministères, etc. relevant de systèmes inventés par des non-ressortissants ne résidant plus dans le pays.

Découverte que ce célèbre romancier est un paysan.

Disposition à signer des chèques dans des pubs où sont affichés des avis notifiant que les chèques ne sont pas acceptés.

Non-fiabilité de semblables avis certifiant l'absence complète de rationnement.

Et ainsi de suite. L'immuable et suprême consolation de ce type est la conviction – forgée par mille incidents et remarques dans les endroits les plus inattendus – que les Irlandais, bien que sauvagement rebelles de cœur, portent un *amour* franc, loyal et chaud à la famille royale d'une monarchie adjacente. Le phénomène concomitant est qu'ils détestent certain empire en tant que tel mais, simultanément, éprouvent une affection dévorante pour le simple particulier anglais.

(Toi aussi, lecteur, tu t'étouffes ?)

★

Je dois vous avertir (un homme averti en vaut deux) de l'existence d'un autre monstre. Vous vous êtes, très imprudemment, plaint du prix des vêtements. Pire, vous avez fait des commentaires peu flatteurs sur la qualité de la marchandise vendue. Vous voyez poindre une lumière dans l'œil du monstre et, avec effroi, vous comprenez que vous êtes fait. Fasciné, vous l'observez prendre, d'un air collet monté, le vêtement qu'il porte entre le pouce et l'index (trop tard pour corriger l'absurde ambiguïté de cette phrase). Il savoure le tissu en connaisseur, puis vous invite courtoisement à faire de même. Hypnotisés, vos doigts lui obéissent et ne répondent plus aux ordres que vous leur donnez. Apparemment il porte du papier de verre, mais votre couardise est telle que vous n'osez pas le lui dire. Vous retirez la main. Secrètement, vous vous frottez les doigts pour voir s'il n'y a pas d'éclats, et lâchement vous murmurez quelques bruits d'approbation.

Depuis combien de temps je porte ces fringues à ton avis ?

Vous êtes rouge comme un homard – de honte, ou de rage, ou les deux – mais vous n'osez toujours pas protester.

Tu me croiras si tu voudras, mais j'ai ce manteau sur le dos depuis dix ans. Sais-tu combien je l'ai payé ?

Vous continuez d'émettre des bruits polis, maudissant plus que jamais le jour de votre naissance.

Cinquante balles !

Autres grognements, jurons rentrés, larmes.

Et je vais l'avoir sur le dos encore dix ans, on peut pas, crois-moi, on peut pas user un truc pareil.

Laissez-moi ajouter que ce gentleman a un frère tu veux savoir Combien Il Gagne Par An, Vas-Y, Demande-Lui, À Ton Avis Il Se Fait Combien Maintenant ?

★

Je suis à la fois humilié et stupéfait de découvrir que dans tous mes écrits, qui sont par ailleurs excellents – ce n'est pas à un vieux Synge qu'on apprend à faire la grimace –, il n'y a pas une seule référence au maniaque du P-S. Certaines personnes sont absolument incapables d'écrire une lettre sans ajouter un post-scriptum, qui suit même lorsque celui qui écrit n'a rien à ajouter. Il arrive que le post-scriptum ait un sens. La maladie réside alors dans le fait qu'il figure comme post-scriptum au lieu d'être pris dans le corps de la lettre.

Cher Tom, Je te remercie pour les livres qui sont bien arrivés. Je pars à Cork mardi pour deux jours et te passerai un coup de fil à mon retour.

Ton Jack

P-S. J'ai vu ton frère samedi aux courses, mais ne lui ai pas parlé. J.

C'est le genre de boniment que vous connaissez aussi bien que moi. Combien de fois avez-vous lu ça :

Cher Tom, Les livres sont bien arrivés et je te remercie de me les avoir fait parvenir. Je te les renverrai dès que possible. À toi bien cordialement

Jack

P-S. J'espère que tous les gens du 8 ont échappé à la grippe deo volente. May était mal samedi mais elle est bien aujourd'hui. J.

Remarquez, je vous prie, que le ridicule addendum est toujours suivi d'une initiale et ainsi authentifié. Comme si quelqu'un pouvait douter de l'identité de l'auteur. Les femmes se servent souvent du P-S avec humour pour donner un charmant (?) coup de patte.

Cher Tom, je serai trop heureuse d'aller danser avec toi samedi.

Betty

P-S. Merci de m'avoir ignorée hier quand nous nous sommes rencontrés dans Dame Street. B.

Si !

Il y a cependant des cas où le P-S a une fonction légitime dans l'art de la rosserie épistolaire.

Un fonctionnaire reçut un jour une lettre de ses supérieurs libellée comme suit :

Nous avons relevé dans votre note de frais la somme de sept livres dix shillings correspondant à une location de voiture entre Bally-mick et Ballypat. La distance à vol d'oiseau entre ces deux points est de deux miles et demi. Prière de nous fournir explications immédiates sur la somme susnommée.

Le bonhomme répond :

En réponse à votre note (réf. N° XZ 86231/Zb/600/7/43) du 4 courant, je vous informe qu'une rivière profonde et non navigable sépare les villes de Ballymick et Ballypat, et que les voyageurs sont obligés de prendre une voiture et de remonter quinze miles en amont avant de rencontrer un pont.

Sean O'Pinion

P-S. Je ne suis pas un oiseau. S. O'P.

Si je me sentais faiblir, j'inventerais un mystérieux ornement épistolaire : l'ante-scriptum.

A-S. Et le billet de cinq livres que je t'ai prêté en 1917 ? M. na gC.
Cher Tom les livres que tu as eu la gentillesse de m'envoyer ont tous été mis à l'index, je ne peux donc pas les lire en entier. Crois-moi, mon cher Tom,
ton affectionné

M. na gC.

Ce genre de chose.

Ou risquez le tout pour le tout : écrivez la lettre la plus courte du monde – *Cher Tom. Merci. Ton M. na gC.* – et ajoutez un P-S de vingt pages écrites recto verso et revenant se terminer en haut de la page un – en faisant ramer tous les mecs, Hegel, Nietzsche, Emerson, Gide, Beethoven, Suarez, dans un océan de blabla prétentieux.

Enfin que dire, je me le demande, des drogués du P-P-S ? Un peu comme dans un journal de famille ?

P-S. Espère que tous ceux du 8 sont OK. J.
P-P-S. May envoie ses amitiés à Bella et espère pouvoir téléphoner mardi deo volente. J.

Le Bon peuple d'Irlande : On écrira ce qu'on voudra.
Moi : Eh ?
Le bon peuple d'Irlande : On écrira ce qu'on voudra dans nos dépaiches pairsonnelles.

Je ne réponds pas. Je n'ai aucune envie d'offenser les gens, qu'ils soient blancs ou noirs, mais j'espère que mes remarques seront prises à Cœur (comme Jacques), observées, notées, méditées et confiées au manuscrit de la mémoire.

P-S. J'espère que vous recevrez ce mot comme je vous l'envoie, en pleine forme. M. na gC.

★

On a remarqué le didactisme du rédacteur en chef dans son éditorial de samedi dernier. « M. de Valera demande *carte blanche* pour mettre en œuvre sa politique absurde : nationaliser le gaélique et l'arrachage des pommes de terre dans la République. »

En tant que savant, je suis terriblement intéressé par ce genre d'écrit. La *carte*, naturellement, doit être *blanche* (on joue à la bataille). Il n'y a plus de trèfle dans ce pays depuis presque quatre ans. On n'en fait plus. Ce que je veux savoir, c'est ceci : Quel est le contraire d'une république de langue gaélique où l'on arrache les pommes de terre ? Étant entendu que le contraire du gaélique est l'anglais, et le contraire de la république la monarchie, quel est le contraire de l'arrachage des pommes de terre ?

Pas de réponse.

Parfait. Sommes-nous condamnés à être une monarchie de langue anglaise arracheuse de patates ? Quel roi rêverait de régner sur une confrérie de paysans à la voix rauque éternellement occupés à exhumer des tubercules ? Ou allons-nous être gouvernés par une dynastie de reines anglaises ?

J'attache une grande importance aux pommes de terre. Elles constituent une nourriture admirable pour l'homme et la bête. Vous vous souvenez de ce qui est arrivé il y a environ cent ans ? La plupart d'entre nous parlaient gaélique alors, mais à cause de circonstances que nous n'avons pas pu contrôler, l'arrachage des pommes de terre a dû être interrompu pendant un an ou deux. Le résultat a été catastrophique. L'affaire n'était pas gérée comme maintenant, bien sûr.

Cette aversion pour l'arrachage des patates est-elle due au fait que l'on arrache pas du bon pied ?

FAITES GAFFE

À propos de patates, voici un traquenard dont vous devez vous méfier. Le meurtre est justifié en de telles circonstances.

Deux hommes vont au restaurant. L'un d'eux prend négligemment le menu et dit :

– *Chouette ! Il y a des pommes de terre nouvelles au menu aujourd'hui !*

L'autre type ne semble pas comprendre et dit :

– *Je te demande pardon ?*

– *Des pommes de terre nouvelles,* dit le premier type. *Pour un supplément d'un shilling seulement.*

L'autre a l'air complètement paumé. Il scrute le visage de son copain.

– *J'ai bien peur de ne pas te suivre.* Qu'est-ce que tu veux *dire au juste ? Des pommes de terre nouvelles ?*

Naturellement, l'autre commence à être exaspéré.

– *J'ai vu qu'il y avait des pommes de terre nouvelles au menu, c'est tout,* répond-il d'un ton sec.

– Des pommes de terre... nouvelles ?

Le visage du type est à présent un océan de perplexité. Il n'y voit que du bleu. Il a l'œil fixe, hébété. Puis lentement... très lentement... la lumière se fait. Il a trouvé le joint. Il s'accroche. Bientôt le sens de la remarque de son ami le pénètre. Son visage se déride. Il sourit.

– *Oh... je comprends. Bien sûr. Des pommes de terre nouvelles...*

Ici, une pause soigneusement entretenue.

– *À la maison ça fait trois mois qu'on en a. On a eu la première, je crois, le jour de la Saint-Patrick...*

Une autre courte pause.

Elles sont un peu en retard cette année. L'année dernière il me semble qu'on les a eues aux environs du premier mars...

(À la seconde pause, vous faites feu.)

Divers

Mes ennemis seront heureusement surpris d'apprendre que mon nom a figuré dans le *Stubbs*[1] la semaine dernière. Leur âme en sera toute revigorée.

Le bon peuple d'Irlande : Vos ennemis ? Quels ennemis ?

Moi : Je ne peux citer de noms. Soyez assurés toutefois qu'ils sont légion, dans tous les milieux. Ils ne demandent qu'à me jouer un mauvais tour. Ils complotent et machinent contre moi jour et nuit. Ils me poursuivent avec une ruse et un venin infinis. Diffamation et calomnie, chuchotements au creux de l'oreille. Coups en douce, intrigues, je crois que notre ami était au tribunal la semaine dernière mais qu'il a évité de l'ébruiter dans les journaux. C'est vrai ? De quoi l'accuse-t-on ? Oh vous allez rire. Écoutez (chuchotements à n'en plus finir). QUOI ! Vous êtes sérieux ? Oh, c'est un vrai acte d'accusation, je le tiens de la police. Et puis sa pauvre femme déguste tous les soirs, il paraît. Il arrive à dix heures dix complètement cuité. Où est le mégot que j'ai laissé sur la cheminée ce matin ? Tu ne sais pas ? Vraiment ? Eh bien prends ça !

La boue n'est jamais trop sale. Noires calomnies et lettres empoisonnées. Attrapez-le par là si vous n'y arrivez pas par ici. De faux amis partout. Le petit mot sadique susurré au bon endroit. Un bon à rien je vous dis, un bon à rien. Où que j'aille

---

1. Voir note 2 p. 2 (*N.d.T.*).

mes calomniateurs sont passés avant moi. Désolé, monsieur, vous ne pouvez pas entrer ici. J'ai des ordres, monsieur, désolé monsieur.

Pas d'explication. Si notre ami se pointe ce soir, claquez-lui la porte au nez. Aucune importance, faites ce qu'on vous dit. Non, ne dites pas que c'est moi qui ai donné l'ordre. Claquez la porte c'est tout. Et n'oubliez pas, hein. Nous ne voulons pas de ce client ici.

Même mes fils, mes innocents petits garçons de douze ans. Bonjour, fiston, ton pauvre père est encore sous les verrous j'imagine. Non? Il est au lit? Malade? Ah, le pauvre homme. Pourtant il n'avait pas l'air très malade à trois heures du matin samedi soir quand il a failli défoncer ma porte et qu'il a cassé quatre bouteilles sur le perron. Le pauvre est au lit, vraiment? Ah là là.

Bien sûr, s'ils pensent que cette campagne va me détourner de ma route, ou fléchir d'un iota mon combat en faveur des profondes réformes auxquelles j'ai consacré ma vie, ils se trompent allégrement.

Inutile d'ajouter quoi que ce soit. Toute cette histoire serait drôle si elle n'était pas si tragique.

La Société bancaire Myles na gCopaleen teste un nouveau type de chéquier. Toute cette histoire serait risible si elle n'était pas si tragique. Chaque chèque a l'air parfaitement normal, mais une fois rédigé, encaissé et retourné à la banque, il se passe en secret des choses étranges. Les employés de la banque se mettent à la tâche, et si vous pouviez les observer, vous verriez que chaque chèque est en réalité composé de deux chèques ingénieusement attachés l'un à l'autre et séparés par une mince feuille de papier carbone. Ainsi, lorsque vous rédigez un chèque de dix livres en faveur de « Moi-même », vous obtenez cette somme, mais la banque reçoit deux chèques de dix livres. De plus, le véritable endossement se trouvant au verso du second chèque et la véritable écriture de l'émetteur au recto du premier, les deux peuvent être établis, devant un tribunal ou ailleurs, comme étant des documents authentiques, en dépit des légers soupçons qu'ils peuvent susciter; il s'agit seulement de contrefaire un endossement plausible au verso du « véritable » chèque placé au-dessus.

Tout cela signifie bien sûr qu'à leur insu, nos clients dépensent leurs richesses deux fois plus vite qu'ils ne croient et ne tarderont pas à rejoindre définitivement les populeuses artères de l'indigence. Pendant ce temps, la banque s'en met plein les poches.

Je vais vous en raconter une bonne. Quelqu'un nous a fait le coup récemment à la Société bancaire Myles na gCopaleen (debout tout le monde et chapeau bas je vous prie), et nous n'avons pas été les derniers à en tirer la leçon et à reprendre cette recette. C'est une nouvelle combine qui vous fera économiser des centaines de livres par an si vous savez l'utiliser. Barrez et remplacez par milliers. C'est une arme secrète, qui entraînera la faillite de nos concurrents distingués de College Green si vous jugez bon d'en faire usage à leurs dépens. (Et pourquoi ne le feriez-vous pas, je vous prie, ces £31 10s 0p[2], vous les avez déjà oubliées ?)

Il s'agit d'une nouvelle encre. Elle ne se distingue en rien de celle que vous utilisez tous les jours. Elle est bleu-noir, nette, fluide, propre, et coule comme un songe de votre stylo-plume. Elle a cependant une grande vertu. Ce que vous écrivez disparaît entièrement au bout de six heures. Le papier est rendu à sa blancheur virginale. Il ne reste pas la moindre trace d'« encre ». Réfléchissez-y un instant.

Vous entrez dans votre banque, sortez votre chéquier et votre stylo spécial et vous écrivez « Payez à l'ordre de moi-même vingt livres. » Vous obtenez votre argent, trois billets de cinq et cinq pièces d'une livre et merci beaucoup, il fait un peu froid aujourd'hui mais que voulez-vous nous sommes en mars. Vous sortez. Le soir, le banquier est surpris de trouver un chèque entièrement vierge dans la pile des chèques marqués « payés ».

Vous n'avez pas chômé entre-temps. Les cinquante patrons de pub qui ne vous connaissent que trop bien sont rappelés à votre bon souvenir. Vous convoquez marchands de tabac, épiciers, bookmakers et avocats. Je suis un peu juste en ce moment, mon ami, vous pourriez me dépanner de cinq livres,

---

2. 31 livres 10 shillings 0 penny.

je le rédige à l'ordre de vous-même ou de votre société ? Merci beaucoup. Le lendemain matin, une centaine de dupes tiennent un chèque vierge entre le pouce et l'index, les yeux écarquillés. Au fait, vous me devez trente-cinq livres, j'ai votre reconnaissance de dette ici. Vraiment ? Montrez-la moi. Ce n'est pas une reconnaissance de dette, où est la signature ? Vous amusez pas à ce genre de choses, mon vieux, je ne vous dois rien.

Écrivez-moi au bureau pour obtenir une petite bouteille. Vingt-cinq shillings et pas de paiement par chèque.

Le dernier des Mohicans

Pour sûr je les ai bien connus, ils vivaient là-bas à Dartry, l'aînée avait une petite santé et le fils a très mal tourné, vendu tous les meubles pour se payer des coups quand ses bons parents passaient trois jours à l'île de Man, pis filé en Amérique, un gâcheur, un vaurien qui biberonnait du whisky quand il était en culottes courtes, et on n'a plus entendu parler de lui depuis ce jour-là. Une cruelle déception pour son père, le vieux Shaun Mohican, un homme infiniment respectable, un parnellite[3] pur et dur qui a suivi le chef jusqu'à la toute fin, qui n'a jamais fléchi contrairement à tant d'autres. Les Mohicans ont toujours répondu à l'appel de l'Irlande, j'ai connu l'oncle qui était dans les Connaught Rangers[4], fallait en faire du chemin

---

3. Charles Stewart Parnell (1846-1891) : grande figure de la lutte pour l'indépendance de l'Irlande (*N.d.T.*).

4. Régiment irlandais au sein de l'armée britannique, créé en 1793 pour contrer la menace napoléonienne (*N.d.T.*).

pour trouver un brave comme le Sieur Mohican, la famille était originaire de Meath et c'étaient des gens très importants là-bas dans le temps. Ah oui. Bien sûr, même le meilleur troupeau a son mouton noir. Il faut de tout pour faire un monde. Qui? Moi? Oh, une autre bouteille de stout je dirais.

La vieille Irlande survivra-t-elle? Seulement à condition que nous travaillions. Nous survivrons si nous méritons de survivre. Notre destinée est entre nos propres mains. Quisque est faber fortunae suae. Nous devons nous unir, oublier nos différences et nous comporter avec dignité et bienséance. Et surtout, travailler. Travailler pour l'Irlande. Voilà qui rend un son étrange. Pas mourir, notez. Travailler. Travailler pour notre vieille terre. Et le soir, nous reposant au coin d'un modeste feu, fourbus de la noble fatigue qu'engendre un honnête labeur, que notre main gauche ne se resserre pas sur une feuille de chou étrangère mais sur le premier livre d'O'Growney[5]. Voilà un idéal, quelque chose que vous pouvez faire pour l'Irlande. « Je ne passerai pas un soir sans mon heure d'O'Growney. » La langue séculaire. La langue séculaire que parlaient nos ancêtres. Apprendre l'irlandais et travailler tous ensemble – pour l'Irlande. Fixons-nous cette tâche et nous survivrons certainement. Erin go bragh[6]! Déployez le vieux drapeau, trois couronnes sur un champ bleu, le vieux drapeau d'Erin. Nos cœurs sont vaillants et nos bras sont puissants. Et notre mot d'ordre? « Travailler. » Que notre mot d'ordre soit désormais ce mot de dix lettres – t-r-a-v-a-i-l-l-e-r. TRAVAILLER!

Discours suivant, discours suivant s'il vous plaît. Applaudissements. Vieux président lent et sénile. Une heure pour se lever et une autre pour se rasseoir. Quel vent glacial, on attraperait la mort ici, sans ce verre de whisky j'étais perdu, vaut toujours mieux se remplir la panse avant de monter à la tribune. Public maussade et clairsemé. Ici seulement parce qu'il n'y a pas de film le dimanche. Discours suivant.

---

5. Eugene O'Growney (1863-1899) : prêtre et érudit irlandais qui s'est consacré à l'étude du gaélique (*N.d. T.*).

6. « L'Irlande pour toujours », slogan utilisé durant la lutte pour l'indépendance irlandaise (*N.d. T.*).

Témoigne d'une extrême considération envers le dernier
orateur. Bien que l'intégrité de ses vues, sa réputation dans le
pays, sa pensée lucide et sa capacité à mobiliser les faits imposent le respect, néanmoins, il s'aventure en toute humilité à
exprimer de légers doutes quant à l'opportunité fondamentale
d'un grand nombre de ses propositions plus radicales. Aborde
la question de la langue irlandaise. A toujours mis un point
d'honneur à rester ouvert d'esprit. Pas inutile de noter qu'il
la parlait à une époque où ce n'était ni lucratif ni populaire.
(Applaudissements.) Mais mouvements culturels éclipsés par
l'actualité internationale. Les experts s'accordent pour dire
que nous sommes témoins d'un combat titanesque entre les
forces du bien et du mal, dont personne ne peut prédire la fin
et dont rares sont ceux qui oseraient présager l'issue. Jeunes
hommes et jeunes femmes de plus en plus nombreux à quitter
le pays, ponction sur nos ressources nationales. Nous devons
manœuvrer avec prudence. Il faut faire quelque chose ; insuffisance des mots ; insuffisance des promesses. Le pays appelle le
gouvernement à agir. Seule une limitation extrêmement dras-
tique aux services essentiels, élimination des luxes superflus,
réduire organisation au strict minimum, diminuer frais généraux, dispositions draconiennes, mobiliser ressources du pays,
importance suprême de l'industrie agricole, la communauté
doit se serrer les coudes en cette heure de péril.

Discours suivant. Vite s'il vous plaît. Qu'on en finisse. Un
ivrogne sur notre gauche essaie de déstabiliser l'orateur. Un
remontant serait le bienvenu, je vais prendre un double après
ça. Suivant s'il vous plaît.

Tiré grand plaisir discours aujourd'hui cette réunion distin-
guée ; surtout sur même tribune dernier orateur. Dernière
fois que nous avons parlé ensemble grand rassemblement de
Longford 1829 ; a sûrement oublié. Chacun a suivi son chemin
depuis. Sans doute pas deux hommes dans ce pays plus repré-
sentatifs pôles pensée politique divergents. Pas ce que venu
dire ici. Venu dire quelques mots crise actuelle nuages sombres
pesant sur doux visage ce pays pauvreté chômage problèmes
de transport tourbe faim ; pays jamais si grand danger. Mais
le courage peuple irlandais triomphera comme toujours,
prévaudra. Seule solution aux problèmes confrontés est un

réel intérêt faire revivre langue que parlaient nos aïeux. Grand travail de régénération doit être entrepris. Patrimoine national, tout le reste inutile s'il n'est pas sauvé, régression rapide à l'ouest. Sauvez-le avant qu'il soit trop tard, seul signe d'une véritable nation.

(Tonnerre d'applaudissements déchaînés.)

Notre objectif, au fait, est de vous donner entière satisfaction. Si cette chronique n'est pas en bon état lorsque vous la recevez, retournez-la à ce bureau et vous serez remboursé. En outre, vous recevrez six bouteilles de stout dans un joli tonneau de présentation. Une fois écrite, la chronique pèse exactement 0,03 gramme. Du fait de la chaleur, de l'évaporation ou de l'humidité, son contenu peut être endommagé ou décoloré. En cas de réclamation, retournez-la au bureau avec le reste du journal et nous nous ferons un plaisir de la remplacer, ou, si vous le souhaitez, de vous rembourser intégralement. Notre objectif est que chaque client devienne un ami pour la vie. Nous souhaitons vous donner entière satisfaction. Nous sommes vos dévoués et obséquieux cireurs de bottes. Nous sommes très doux et très humbles. Un froncement de vos sourcils et notre vie entière nous apparaît comme un échec.

Comme disait l'autre.

MA DÉCLARATION

Récemment, en compagnie variée, tandis que la fournaise des mots crachait fanfaronnades et vantardises de toutes sortes, je me risquai à déclarer (non sans un semblant d'humilité et de modestie) que j'étais le pire fumier qui soit sur cette terre. Immédiatement de vives protestations fusèrent de toutes parts. Comment pouvais-je dire une chose pareille, me dit-on, quand nous avons dans ce pays untel et untel ? Les noms mentionnés étaient ceux de personnalités publiques et semi-publiques que vous connaissez et moi aussi. Qu'il serait doux de les voir imprimés ici ! Mais écoutez, faites votre propre liste. Penchez-vous une demi-heure sur notre exceptionnel assortiment national de crapules et de filous. Il y en a un si évident que son nom sautera à l'esprit de tout le monde – il s'agit de…

Le rédacteur en chef: Hé, stop! Vous débloquez ou quoi?

Moi: J'allais seulement donner un nom. Juste un petit. Un que vous connaissez et que je connais. Quel mal y aurait-il? Tout le monde le sait. Ça ne dépasserait pas huit cents livres plus frais et dépens. Et pensez quelle réputation de franchise, de courage, de bravoure, d'honnêteté, etc. cela nous vaudrait. « Le journal qui ne se laisse pas bâillonner. » D'ailleurs, les dommages et intérêts pourraient bien se limiter à une somme symbolique. Pallas C. B. soutenait que...

Le rédacteur en chef: Pour l'amour du ciel, mon ami, soyez un peu raisonnable. Si vous tentez d'écrire un nom quel qu'il soit, je le barre.

Moi: Bon d'accord, c'est vous le patron.

Sur la place centrale de Dublin, College Green (Excusez-moi. Sur la place centrale de Dublin, College Green, où ronronnent les bus, se pressent les piétons et s'alignent les colonnes grises), j'ai rencontré un pauvre bougre, étranger en ces lieux, qui m'a demandé son chemin. Je le renseigne avec plaisir, ou du moins avec un air visant à le faire croire. Il désigne alors un grand bâtiment et demande qu'est-ce que c'est. Je dis c'est la Banque d'Irlande. Il dit qu'est-ce qu'ils fichent là-dedans. Eh bien, lui dis-je, les banques prêtent de l'argent vous savez. Il regarde l'établissement d'un air rêveur et dit je me demande s'ils me prêteraient dix shillings. Pourquoi ne pas essayer, lui dis-je. Ma parole je crois que je vais tenter, répond-il, tandis qu'à son visage de seconde main monte un jaune afflux de sang maigre et dilué, preuve que la dernière chose à mourir en chacun de nous est bien l'espoir. L'espoir qui triture encore l'âme de la grise charogne, cette qualité qui par-dessus toute autre rend la créature humaine ridicule et pathétique. Je l'ai laissé, espérant qu'il allait tomber raide mort. « Hier, un inconnu... »

ERWOOD STANDARD TYPEWR. Voyons ça. Elle est devant moi sur mon bureau tandis que j'écris. (C'est une expression qu'on trouve souvent dans les livres de voyages – le portefeuille de Stevenson, richement orné et brodé de perles, acheté quelques dhraksi dans un bric-à-brac à Samoa, si l'on en croit ce tranche-montagne ; il est devant lui sur son bureau

tandis qu'il écrit. Peut-on écrire ailleurs qu'à un bureau?)
Mais revenons à cet ERWOOD STANDARD TYPEWR.
C'est écrit en lettres d'or sur le haut de ma machine à écrire.
Vous saisissez? Mon pouce agile, dans ses millions de trajets
annuels pour faire revenir le chariot à la ligne, a effacé les trois
dernières lettres de TYPEWR. L'autre pouce tout aussi actif,
glissant comme une flèche pour ramener le rouleau, a effacé le
UND. Tout s'explique mon vieux.

Il est assez évident que je n'ai pas grand-chose à dire
aujourd'hui. Et alors? Ha ha, l'escroc à tête de truie, le
bouffon, débitant sa bouillie d'ineptes calembours. Le traîne-
savate bedonnant avachi sur sa caqueteuse, le regard éteint et
sirupeux, errant dans les livres des autres à la recherche d'une
blague minable. Anglais aujourd'hui", faut que je fasse un peu
attention, le crime est plus risqué en anglais. Voyez la grosse
main blême qui trébuche sur le clavier. La main d'un homme
qui pense d'abord à son ventre, pour sûr. Pas grand sens du
sacrifice. Oui, mais il a une conscience souvenez-vous. Il a une
conscience. Il ne se sent pas très bien aujourd'hui. Il jette des
regards furtifs et cataractiques (du grec katarrhaktes) sur son
ancien moi. Pourquoi suis-je ici? Je veux une réponse claire
qui puisse être soumise à des critères intellectuels. Non, je
sais ce que vous vouliez dire, vous n'allez pas m'avoir comme
ça. Pourquoi cet homme est-il ici? Pour quoi faire? Mange
trois copieux repas par jour, porte des vêtements. Dort la nuit.
Surpayé pour un travail bâclé. On le garde par pitié pour sa
femme. Inquiet. Ha ha. Éprouve un sentiment d'insatisfaction.
Sent qu'il devrait faire quelque chose. Se sent... déplacé. Ne
remplit pas les devoirs d'un homme qui se respecte. Combien
de fois per diem lève-t-il son verre? Se sent... sale. Incapable
d'écrire un article de journal court, brillant et bien construit,
alors que les rédacteurs en chef ne demandent qu'à publier
et à rémunérer en conséquence des articles appropriés, je
connais un type qui a pris des cours à l'École de journalisme
de Birmingham et qui gagne maintenant 12 000 livres à ses
heures perdues. Si vous pouvez écrire une lettre vous pouvez

---

7. La chronique était parfois écrite en irlandais (*N.d.T.*).

écrire des articles pour les journaux. Les rédacteurs en chef attendent. Payé à raison d'une guinée les mille mots. Toujours joindre une enveloppe pour le retour au cas où l'article ne conviendrait pas. Dactylographie soignée requise. ERWOOD STANDARD TYPEWR. Les rédacteurs en chef n'ont pas le temps de déchiffrer étudier décrypter des gribouillages illisibles des deux côtés de la feuille. Lettre d'accompagnement non essentielle. Mais si jugé souhaitable brève note courtoise indiquant prend la liberté de soumettre à la considération article littéraire sur la manière dont a passé ses vacances d'été. Ou sur les tribulations du collectionneur de timbres.

Je me souviens un jour dans un train allemand où il faisait une chaleur d'étuve (avant la présente guerre, bien sûr), oh il y a longtemps, j'ai oublié l'année, peut-être 1933 ou 1934. Courtois offizier dans le compartiment fumant un cheroot. Moi, indiquant la fenêtre : « *Bitte, ist das der Donau ?* » Le lieutenant-kolonel, sourire béat découvrant une dentition en or : « Nein, nein, das ist die Donau. » Et le visage qui s'empourpre[8].

Le caractère est l'un des extrêmes de l'évolution typographique, l'autre étant le symbole mathématique. La chose consiste, du moins en Occident, à représenter les sons au moyen de formes purement arbitraires, et à les arranger de telle sorte que les initiés puissent reproduire oralement les mots visés. Ce processus est connu sous le nom de lecture, et très inhabituel chez les adultes. Très inhabituel, car, premièrement, il est dans de nombreux cas franchement impossible, du fait du nombre inadéquat des symboles phonétiques ; deuxièmement, en raison de l'extrême familiarité qu'entretient avec la forme des mots une population dont l'expérience dérive nécessairement pour l'essentiel de signes imprimés. C'est cette seconde circonstance, la familiarité avec la forme des mots ou des expressions, qui a conduit à la naissance non préméditée d'un langage visuel.

Bon, vous (oui, VOUS), avant de réduire cette feuille en confettis, veuillez avoir l'obligeance de me dire si ce dernier paragraphe est signé de ma plume, dans le cadre de ma sata-

---

8. La plaisanterie n'est pas de moi cela dit (*Note de l'auteur*).

nique campagne contre la décence et la raison, ou s'il est tiré d'un livre écrit avec le plus grand sérieux par quelqu'un d'autre. De votre réponse à cette question dépendra davantage que je ne saurais dire en public.

M. Quidnunc[9] est encore plus stimulant que d'habitude aujourd'hui. Allez voir sa rubrique, vous ne le regretterez pas.

On parle beaucoup aujourd'hui de rapatrier nos acides étrangers. Je soutiens de tout cœur ces revendications. J'ai un réservoir d'acide citrique qui attend à Lisbonne depuis deux ans, jusqu'ici on n'a pas trouvé de bateau pour me le ramener. Le réservoir est sur les quais, sérieusement dégarni suite aux incursions de ces petits voyous amateurs de marmelade, qui pillent chez d'autres les oranges et le sucre, et doivent ensuite ajouter mon acide citrique à leur jaune et corrosif breuvage.

Lavoisier, en passant, pensait que les acides étaient des composés binaires de l'oxygène, l'eau qu'ils contiennent constituant un « élément » extérieur passif, servant uniquement de solvant. C'est vraiment lui le père de la théorie absurde selon laquelle tous les acides sont monobasiques. L'un de mes ancêtres (qui débarqua à Killala lorsque l'Irlande avait besoin de renfort, à une époque où ce n'était ni lucratif ni populaire) soutenait avec force la théorie de la polybasicité, et a défendu son argument malgré l'opposition farouche de Lavoisier et de ses copains Guy-Lussac et Gamelin, qui ne valaient guère mieux. C'était il y a longtemps bien sûr.

J'ai lu que les acides irlandais étaient estimés à £300 000 000 en Angleterre. Il s'agit principalement d'acides organiques du groupe carboxyle, mais nous avons plusieurs réservoirs d'acide malonique et succinique et des milliers de cuves d'acides mélangés où l'intrusion d'atomes de carbone (sans doute l'œuvre de personnes qui n'aiment guère l'Irlande) rendent impossible la classification selon des formules moléculaires empiriques. Comment cette énorme quantité d'amertume sera-t-elle rapatriée après la guerre, ou quel en sera l'usage possible, je n'en ai pas la moindre idée.

---

9. Chroniqueur de l'*Irish Times*, Seamus Kelly de son vrai nom (*N. d. T.*).

Le bon peuple d'Irlande: Là vous avez raison, nous avons assez d'amertume dans ce pays.

Moi: Je ne vous le fais pas dire.

Le bon peuple d'Irlande: Mais bien sûr l'acide sulfurique est très pratique pour les batteries.

Moi: En effet.

RECETTE

Garnir le blanc de poulet avec une partie de la chair à saucisse. Placer le thermomètre à sucre dans le sirop pendant qu'il bout. Retirer la casserole du feu dès que la température souhaitée est atteinte. Laver le sagou. Mélanger la fécule de maïs avec une partie du lait froid jusqu'à obtention d'une pâte. Remplir avec la pâte ainsi préparée, en utilisant un couteau bien chaud ou un chalumeau. Transférer dans un moule préalablement couvert de papier huilé et mettre au four pendant 1h45, thermostat 4. Mélanger et démouler sur une planche farinée, former des croquettes avec la préparation, les enrober d'œuf et de chapelure et faire frire dans de la graisse chaude pour le restant de vos jours.

L'autre jour en marchant dans O'Connell Street, cette rue de Dublin dénuée de voitures et fourmillant de demoiselles aux ongles roses (la plus large artère d'Europe souvenez-vous), j'eus un sursaut en remarquant que le bâtiment de la Banque d'Irlande est surmonté de la devise BONA FIDES REIPUBLICAE STABILITAS. En anglais ordinaire, cela signifie « Les buveurs autorisés sont les garants de la stabilité de l'État »[10]. Notez bien. Ces avaleurs de bière et siroteurs de liqueurs sont non seulement de braves gens, des citoyens méritants, des créatures délicieuses qui gagnent à être connues, mais ils constituent le pivot et la raison d'être de tout ce que signifie pour nous l'« Irlande ». C'est leur existence qui rend possible notre existence en tant qu'État indépendant. Ils forment une sorte

---

10. Certains voyageurs, ayant déclaré leur statut de « bona fide » (c'est-à-dire voyageant pour des motifs honorables et non expressément pour boire) avaient le droit de consommer de l'alcool dans les pubs en dehors des heures légales (*N.d.T.*).

d'élite euphorique, un Herrenvolk secoué de hoquets. Voilà ce que dit la Banque d'Irlande.

Comment donc cela s'explique-t-il? La plupart d'entre nous versent beaucoup d'argent à l'État en impôts directs, au cours de leur combat quotidien pour se maintenir en vie et regagner leur lit intact un soir de plus – trois pence sur ceci et deux pence sur cela. Mais notre bona fide, qui fait de même, démarre tout juste son périple de contribuable lorsque nous autres allons nous coucher. Il s'apprête à affronter la nature hostile au cœur d'une nuit glaciale, à veiller loin de la douce compagnie de sa femme et de ses enfants et à revenir à l'aube le souffle court et la bourse dégarnie, mais glorieux, gonflé de tout ce que l'Irlande a de meilleur et d'imposable. Soixante cigarettes taxées font crépiter son souffle dans sa gorge comme un corbeau coincé dans une cheminée; la dépouille sèche et stérile du liquide consommé s'attarde abominablement dans ses entrailles meurtries; il a perdu son chéquier, on lui a arraché un bouton de manteau : mais il est heureux, il a contribué par sa bravoure au maintien des Services d'approvisionnement et défié la pauvreté, la maladie et le déshonneur pour le salut de la Caisse centrale.

Oui, la vie est ainsi. Vous ne savez jamais qui veille au grain derrière votre dos, vous n'y pensez jamais. Qui m'enverra sa souscription pour l'érection d'une statue en hommage au Voyageur inconnu sur O'Connell Street? Il tournera poliment le dos au père Mathew[11] et ses yeux regarderont imperturbables vers Swords Road et tous les havres de douillet farniente qu'elle abrite.

C'EST AFFREUX JE VEUX DIRE

La gestion de mon taudis me cause bien du tracas. La législation pénale nous a attribué la responsabilité, à nous autres propriétaires, des grosses réparations et de l'entretien des sanitaires, même si nos locataires passent leur temps libre à saccager notre logement et à essayer de brûler les restes dans

---

11. Le prêtre irlandais Theobald Mathew (1790-1856), dit Father Mathew, était un prosélyte du mouvement de tempérance. Il a sa statue sur O'Connell Street (*N.d.T.*).

notre cheminée (certaines très chères d'ailleurs, installées en 1936 sans regarder à la dépense). Je m'explique. Supposons que l'un de mes murs présente un aspect irrégulier. Mon locataire (qui ne sait pas dire ses prières mais pourrait vous réciter les Obligations du propriétaire et du locataire de A à Z et d'un seul trait) file voir les autorités municipales et entame comme il se doit ses jérémiades statutaires. Je ne tarde pas à recevoir un avertissement, formules d'usage, je suis prié d'appeler mon homme à tout faire pour qu'il aplanisse cette irrégularité et effectue quelques travaux de rejointement et de plâtrage. Puis un jour ou deux plus tard, un inspecteur des services municipaux débarque, juste au moment où je suis en train de regarder ce qui a été fait – un travail parfait, à vrai dire, tout est comme neuf. L'inspecteur se cure les dents et examine le mur. Il applique son ongle sur le plâtre et commence à gratter. Puis il se met à tapoter le plâtre avec sa règle pliante à la noix. Puis, me regardant à peine :

VA FALLOIR ENLEVER TOUT ÇA.

Je blêmis, lui demande de m'écouter : ce boulot m'a coûté vingt-cinq livres, je peux lui montrer la facture de l'entreprise. L'inspecteur est de nouveau en plein examen, il plisse les yeux et me dit sans tourner la tête :

VA FALLOIR ENLEVER TOUT ÇA UN POINT C'EST TOUT FAUT TOUT ENLEVER TOUT RETIRER TOUT.

Je bafouille, il faut y réfléchir, je n'ai pas l'intention de me laisser faire et encore moins escroquer par un inspecteur quel qu'il soit, après avoir payé un entrepreneur en bâtiment connu et respecté. Mais la voix reprend :

FAUT TOUT ENLEVER JE SUIS DÉSOLÉ MAIS C'EST COMME ÇA FAUT TOUT RETIRER.

Non mais je vous le demande !

Deux choses sont requises souvenez-vous pour un rendez-vous galant, amical ou professionnel. Il est nécessaire de spécifier (a) l'heure, et (b) le lieu. Permettez-moi de m'expliquer. Je veux éviter toute ambiguïté. Supposons que je dise à telle ou telle jeune fille que je la retrouverai à 20h30, spécifiant ainsi (a) mais non (b). Qu'est-ce qui se passe ? Elle arrive assez ponctuellement devant la maison natale du doyen Swift, à Hoey's

Court. Mais pendant ce temps j'attends patiemment devant le Bull Ring de Wexford, grillant d'un air las une cigarette après l'autre. Résultat : nous ne nous voyons pas et de véhémentes lettres de récrimination arriveront au prochain courrier.

Maintenant oublions cela et prenons le cas opposé. Je dis à la dame de m'attendre devant le cinéma à Skerries. Notez s'il vous plaît que dans ce cas nous ignorons (a). Elle arrive à 13h18, attend une heure et repart furieuse. Moi cependant (en grand connaisseur de clichés) je fais cette chose étrange – une apparition – à 16h53. Cette fois encore je sors ma boîte de cigarettes et reprends mes sempiternelles incinérations. Les passants disent : je me demande qui il attend ce type. Ce type est là depuis une heure. Ce type mijote quelque chose, c'est certain.

Voyez ce que je veux dire ? Le rendez-vous échoue une fois de plus, simplement parce que nous avons négligé de mentionner à la fois (a) et (b). La prochaine fois que votre petite ne vient pas, demandez-vous si vous avez suivi la règle élémentaire que je viens d'exposer.

L'INSTITUT ROYAL D'ARCHÉOLOGIE M. NA GC.

Nous vivons une époque étrange. On peut à présent révéler qu'il existe aujourd'hui depuis l'an dernier (en dépit de toutes les clauses contenues dans les Infractions contre l'État) un organe nommé l'Institut royal d'archéologie Myles na gCopaleen (et vous pouvez parier que le terme archéologie recouvre la paléontologie, l'éolithique, le paléolithique et l'anthropologie néolithique). Il y a quelques mois, cet organe a envoyé une expédition à Corca Dorcha (ou Corkadorky), la région du Gaeltacht[12] la plus reculée d'Irlande ou d'ailleurs. Des fouilles acharnées sont en cours depuis, et les rapports préliminaires transmis à Dublin par les explorateurs indiquent que les décou-

---

12. Le Gaeltacht est l'ensemble des régions d'Irlande où l'on parle le gaélique. Ces régions furent reconnues comme telles dès les premières années de l'État libre d'Irlande (1921) lorsque le gouvernement entreprit de favoriser la restauration de la langue irlandaise (*N.d.T.*).

vertes effectuées pourraient signer la fin de la civilisation telle
que nous la connaissons, ainsi que de toutes nos conceptions
conventionnelles de l'évolution humaine, sociale, artistique,
géologique et végétale.

Si l'on en croit ces messages, les recherches de Corkadorky vont remettre sur le tapis toute cette sombre histoire
d'Homme tertiaire, la théorie de Sir Joseph Prestwich concernant le caractère essentiellement paléolithique (fin du pléis-
tocène) des « graviers de plateau » du Kent, Stonehenge, les
théories glaciaires, les « preuves » stratigraphiques attestant
l'existence d'esquimaux européens à l'époque néolithique, et
pourraient même montrer que les gigantesques squelettes de
mammifères honorablement conservés dans nos musées sont
des faux de premier ordre, l'œuvre de ces crétins « irlandais »
d'Ibérie, à la tête dure comme le silex (env. 6000 av. J.-C.),
dont l'art paradoxal consistait à fabriquer les antiquités de la
postérité.

Sur place, les observateurs attendent d'une minute à l'autre
qu'émerge l'Homme de Corkadorky, le papa présumé de tous
les autres Hommes exhumés jusqu'à présent par de doctes
pelleteurs. Des émetteurs en ondes courtes non autorisés se
préparent à diffuser la nouvelle aux sociétés savantes du monde
entier. À Stockholm, Herr Hoernes, le célèbre auteur de *Der
diluviale Mensch in Europa*, se tient 24h sur 24 à proximité des
écouteurs en compagnie de M. Mortillet, dont on lit encore *Le
Préhistorique*.

Un mot sur cet Institut royal d'archéologie Myles na gCopaleen. Un certain mystère entoure le « royal », de nombreux
commentateurs soutiennent que le terme se réfère au bar d'un
théâtre où se serait tenue la première réunion et où auraient
été définis les savants objectifs de l'Institut. Quoi qu'il en soit,
il serait précipité de réduire cet Institut à un ramassis de cuis-
tres poussiéreux. Chaque département de recherche possède
un sous-institut et les rapports extrêmement documentés de
chaque sous-institut sont évalués, coordonnés, catalogués,
examinés, indexés, annotés, révisés, vérifiés et classés par
l'« Institut royal », qui est essentiellement un organe évaluatif,
déductif et archivistique. Au sein de l'« Institut royal » vous
avez, par exemple, l'Institut des bronzes comparés. Cet organe

étudie exclusivement la progression de l'âge du bronze (en se basant principalement sur les variations milléraires de l'obliquité terrestre) et a déjà réfuté presque tout ce qui est paru dans *L'Anthropologie : Matériaux pour l'histoire primitive de l'homme*, publication française quelque peu inexacte. Puis, vous avez l'Association du déchet supérieur. Cet organe est composé de chimistes qui passent leur temps à étudier les échantillons de dépôts alluviaux ainsi que de toutes sortes d'ordures transportées par l'eau. Tout cela montre bien que les recherches actuellement en cours n'ont rien à voir avec le journalisme à sensation, « le meilleur de l'Irlande », « le progrès » et autres truismes. C'est un exercice de découverte scientifique et de déduction. Il n'y a pas de place pour l'émotior, la conjecture ou l'erreur. Voilà pourquoi Herr Hoernes reste debout toute la nuit à Stockholm.

Je n'ai pas l'intention d'entrer dans les détails des troublants rapports préliminaires que j'ai mentionnés, ni de décrire les objets plus massifs qui ont paraît-il été déterrés. J'offre toutefois ici une illustration des vestiges plus modestes et moins inquiétants. Les motifs présentés ici sont gravés dans la pierre. Le profane que je suis ne sait qu'en penser. La pierre du bas semble être la représentation d'une course de lévriers primitive, et notre ami en tête paraît bien parti pour battre un record. La pierre du haut suggère peut-être que la course de poissons était à l'époque un sport national.

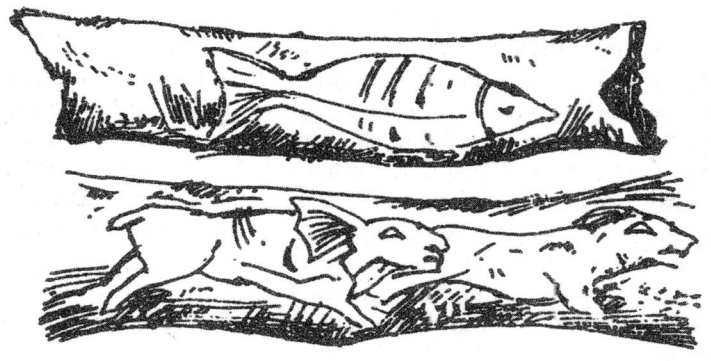

Un observateur sur le terrain, qui a assisté à certaines des fouilles, m'a raconté une histoire un peu tirée par les cheveux, que je vous livre pour ce qu'elle vaut (et non, notez bien, pour ce qu'elle ne vaut pas). D'après lui, les vestiges d'hommes préhistoriques retrouvés étaient fossilisés, et leurs jambes présentaient des dentelures qui évoquent le velours côtelé. Diverses autres traces de cheveux, d'écharpes et de je ne sais quoi fournissent une accumulation impressionnante de preuves attestant que l'Homme de Corkadorky était un dandy de l'âge glaciaire, et l'ancêtre de la présente et indéfectible nation irlandaise. La GAA[13] sera contente si cela s'avère exact.

J'aurai davantage à dire sur ce sujet.

Une dépêche SPÉCIALE des explorateurs envoyés à Corkadorky par l'Institut royal d'archéologie Myles na gCopaleen indique que de grandes quantités de diorite ont été trouvées. Ces roches ressemblent à de l'adamellite et contiennent de l'orthose, des feldspaths plagioclases, de la hornblende ignée, du bicarbonate de soude, du pyroxène gangrené, sans mentionner la strate d'andésine teintée de dépôts accessoires de zircon ou d'apatite.

Le bon peuple d'Irlande: Appétit vous avez dit? Je comprends, une bière et un bon repas s'imposent après ces élucubrations. Où est-ce que vous avez péché tous ces noms à coucher dehors?

Moi: Dans l'*Encyclopædia Britannica*.

Le bon peuple d'Irlande: Et pourtant c'est un type bien ce gars. Que Dieu le garde.

À CORKADORKY

Les savants envoyés à Corkadorky par l'Institut royal d'archéologie Myles na gCopaleen continuent à nous faire parvenir de curieuses dépêches. La dernière nous apprend que l'Homme de Corkadorky est enfin une réalité. Il semble qu'il ait plusieurs longueurs d'avance sur le célèbre Homme de Monmouthshire, et qu'il n'ait rien à craindre non plus de la part de l'Islandais

---

13. Gaelic Athletic Association. Créée en 1847, l'Association gaélique irlandaise avait à l'origine pour objectif de promouvoir les sports gaéliques mais aussi la culture irlandaise (*N.d.T.*).

de Stelvik. C'est l'un des hommes les plus intéressants qu'on ait découverts jusqu'à présent, et même si ses caractéristiques plus singulières feront l'objet d'un autre article, je puis dire ici que l'un de ses traits remarquables est son index droit. C'est incontestablement le doigt le plus long qu'aient jamais vu les anthropologues. Le long doigt de l'Homme de Corkadorky a en effet fasciné les explorateurs, et revient continuellement dans leurs messages quelque peu incohérents. On discerne au bout une longue indentation ou un signe d'usure et selon les archéologues, cela témoignerait que cet Homme avait pour habitude de mettre des choses sur ce doigt et de les y laisser pendant de longues périodes. « Longues périodes » dans ce contexte, cela signifierait bien sûr des siècles. Cette corroboration du célèbre idiome populaire « mettre des choses sur le long doigt[14] » est curieuse, et l'Homme de Corkadorky pourrait enfin expliquer pourquoi dans le monde, notre réputation d'hommes d'affaires a toujours été si lamentable.

Suite aux enquêtes que j'ai faites, je suis heureux d'annoncer qu'aucune trace de vieux repas fossilisé n'a été trouvée dans la bouche de l'Homme et que ses mains ne présentent pas trace de fromage ni de mauvaise odeur. C'est une chose dont il faut se féliciter et que nous garderons en mémoire.

Un groupe d'explorateurs de l'Institut royal d'archéologie Myles na gCopaleen est arrivé à Killarney et a choisi de commencer les fouilles au fond des lacs. De toute évidence, personne d'autre au monde n'aurait songé à faire cela ou quoi que ce soit d'approchant. Comme d'habitude, les opérations ont déclenché un flot de rumeurs extravagantes. D'après les messages préliminaires parvenus à Dublin, les explorateurs ont trouvé que le fond du lac ne se compose pas, comme on l'aurait cru, du fatras ordinaire d'algues et de saletés, mais d'un béton étanche de première catégorie. Selon l'Institut, cela (ainsi que d'autres preuves) montre que Killarney n'est pas un divin accident de la nature ou un « réflexe du ciel », mais l'œuvre personnelle de nos astucieux ancêtres. Si l'Institut voit juste, tout ce

---

14. L'expression irlandaise « to put (something) on the long finger » (mettre quelque chose sur le long doigt) signifie remettre sans cesse une chose à plus tard (*N.d.T.*).

gâchis de lacs et de montagnes, cette profusion de nuances à l'incohérence sublime, ont nécessité truelle, auge, seau et fil à plomb. Il semble en outre que le lieu abrite un réseau de conduits d'air chaud, qui aurait permis d'obtenir les effets de végétation subtropicale. Les tuyaux sont enterrés à des profondeurs variables et seraient connectés à des stations thermales souterraines situées dans le comté de Clare et dans des endroits encore plus éloignés. L'Institut suggérerait donc que l'Irlande est une construction de grande envergure et que nous devons à nous seuls la splendeur inégalée de nos paysages. On a trouvé des coquillages au sommet de la Montagne du diable, indiquant que l'Homme se servit du sol marin pour ériger cette montagne. Les fir bolgs (ou « hommes-sacs ») furent, semble-t-il, les artisans-esclaves qui portèrent les sacs de terre en ces temps primitifs. Le large trou, causé par l'excavation nécessaire pour construire ne serait-ce qu'une petite montagne, a toujours été soigneusement bétonné et rempli d'eau.

Les savants présents à Kerry espèrent, le moment venu, mettre au jour un Homme de Killarney. Quant à ce qu'ils comptent en faire, nous ne pouvons qu'hasarder des hypothèses.

AUTRE CHOSE

Concernant la question des provisions en général, est-ce qu'on ne pourrait pas augmenter nos réserves de nourriture en utilisant les milliers d'individus mielleux dont nous disposons dans ce pays? On pourrait extraire le miel de leur bouche, le stériliser et le stocker dans des cuves. (Et s'il vous plaît, ne me parlez pas d'obstacles juridiques ou de la « liberté du sujet » – vous pouvez tout faire, que ce soit frire des oignons ou asperger de chocolat la chemise jaune d'un dandy, dans le cadre de la Loi instituant l'état d'urgence.)

Quant à toutes ces économies de bouts de chandelles, n'y aurait-il pas moyen d'en tirer parti? Tout ce qu'il nous faut c'est un tout petit peu d'organisation et d'énergie.

Souvent je m'assieds ici et me souviens, l'œil vitreux et méditatif, superbe dans ma rêverie malgré de vieilles cicatrices de trachome. Je me demande souvent si quelqu'un a autant de souvenirs que moi. La grande marche pour la langue irlandaise de 1903, oui, nous nous en souvenons tous. Je roulais en cette occasion sur le premier vélo de fabrication irlandaise. Mais vous rappelez-vous Tottenham Court Road en ce terrible hiver de 1876, la boue noire sur le pavé, le lent clip-clop des chevaux, le brouillard sale et glacé, crevé l'espace d'un instant par une fille des rues qui allume une cigarette, à la terne flamme d'une allumette Lucifer? Shaw et moi-même, nous nous remémorons souvent cette époque, mais sans tomber dans la nostalgie. Dans la névralgie à la rigueur.

Voilà quelque chose que vous ne saviez pas je parie – que votre deuxième doigt (après l'auriculaire) est plus long que l'autre à côté, malgré toutes les apparences et idées préconçues tendant à vous persuader du contraire. Posez votre main sur la table, la paume en dedans, et mesurez soigneusement les deux doigts en suivant le bord gauche.

La Poste m'a demandé d'expliquer en détail comment faire un appel interurbain à titre « personnel ».

Les renseignements relatifs à l'appel doivent être donnés à l'opérateur de la manière suivante :

(a) À supposer que M. Kelly (Killanne 12345) veuille parler à M. Doyle (Erin 9876), ou, à défaut, à M. Burke (de la société Kelly, Burke & Shea, avocats, notaires, agents parlementaires et entrepreneurs de pompes funèbres agréés) : M. Kelly doit dire : « Erin 9876, M. Doyle ou M. Burke (de Kelly, Burke & Shea) demandé par Dublin 12345, M. Kelly. »

(b) Si M. Kelly veut parler exclusivement à M. Doyle, Erin, qui se trouve peut-être à une autre station téléphonique dans la même zone tarifaire, il doit donner cet autre numéro comme deuxième option. Si M. Doyle (ou d'ailleurs M. Burke) est injoignable, ou ne sera disponible que plus tard, M. Kelly en sera informé, et en attendant la possibilité « reste ouverte » (comme dirait un fonctionnaire clichéphage) d'aller boire une bière au pub du coin (si toutefois celui-ci n'est pas fermé).

Voilà ce qui est stipulé dans l'annuaire, et c'est assez simple, je crois. Mais au fond l'est-ce vraiment? Supposez que vous ayez (complètement) oublié le nom de Doyle. Supposez que vous ayez oublié votre propre nom – situation que les débiteurs professionnels ne sont pas sans connaître. Supposez que votre fichu nom ne soit pas Kelly – c'est d'ailleurs mon problème, personnellement. La Poste a l'air de croire qu'à Dublin tout le monde s'appelle Kelly. Supposez que vous appeliez Myles na gCopaleen et qu'une dame réponde, que faites-vous? Supposez que ce soit la voix de votre femme. Supposez que tout le dispositif téléphonique s'écroule et vous broie les pieds. Supposez que vous vous coupiez un doigt en essayant de récupérer vos pennies. Supposez que vous vous cassiez l'ongle, que vous le fendiez en plein milieu après l'avoir accidentellement retourné jusqu'à ce qu'il...

Le bon peuple d'Irlande: Stop! STOP!

Moi: C'est bon j'arrête, mauviettes.

Autre chose concernant le téléphone. Chacun, au moins une fois dans sa vie, a déjà eu au bout du fil une personne qui n'a jamais utilisé le téléphone, une jeune femme de chambre par exemple, ou un jardinier imbécile. Vous dites « Allô. » On vous répond « Allô. » Puis vous dites:

– C'est M. Doyle, Erin, à l'appareil. Pourrais-je parler à M. Burke de la société Kelly, Burke & Shea?

– Allô.

C'est l'unique réponse. Vous dites bien fort:

– Allô. C'est M. DOYLE, ERIN. Est-ce que je pourrais parler à M. BURKE?

– Allô.

– Allô! C'est M. Doyle, Erin. Écoutez ce que je vais vous dire s'il vous plaît, c'est extrêmement urgent et important. J'ai convenu avec M. Burke hier que je l'appellerais aujourd'hui à cette heure pour confirmer une proposition commerciale. Est-ce qu'il est là s'il vous plaît?

– Allô.

À ce moment-là, vous abandonnez le ton surchauffé-survolté pour adopter l'inflexion désinvolte du gangster américain quand il dit: « Écoutez les gars, tournez-vous et venez par ici, je vous ferai pas de mal. Merci les gars. PAN! »

– Écoutez, dites-vous, pourriez-vous s'il vous plaît me dire si M. Burke est là?

– Allô.

– J'ai dit pourriez-vous s'il vous plaît me dire si M. Burke
est là ?
– Allô.
– Est-ce que M. Burke est là ?
– Allô.
– Est-ce que M. Burke est là, oui ou non ?
– Allô.
Espèce d'ignare… bouché du cerveau… demeuré… tronche
de cake… abruti. Allô. Allô. ARGH ! Argh ! ARGH !

J'ai dernièrement, en évoquant un certain homme de lettres,
eu l'occasion de mentionner ses « lauriers » ainsi que le conseil
qui lui avait été donné d'en « prendre soin ». L'autre jour, je
passais devant la maison d'un autre homme de lettres, et l'idée
m'est venue d'aller voir comment se portaient ses lauriers et
comment il s'en occupait. Je l'ai trouvé en train de se reposer
dessus. Tapi là, sa grosse carcasse affalée sur ce tas de végétaux
moribonds, il ressemblait (à s'y méprendre) à une buse piau-
leuse perchée sur son aire embroussaillée, essayant de digérer
une nourriture innommable tout en couvant ses propres œufs
ignobles.

Nous avons parlé pendant quatre heures, et notre conversation (je dois le dire) s'est déroulée en français. Et pas une
fois (permettez-moi d'ajouter) il ne m'a demandé si j'avais une
petite faim. Un gars de la vieille école.

L'AVENIR

J'ai lu quelque part l'autre jour (par erreur, je cherchais
autre chose) que les grands fabricants automobiles continuent
pendant la guerre à concevoir des modèles « fantômes » de leurs
véhicules, un nouveau chaque année, représentant chaque
fois un progrès sur le modèle précédent, mais que le public
n'en saura rien. Après la guerre (si l'expression a un sens), le
premier modèle qu'ils lanceront sera aussi supérieur au modèle
de 1939 que l'était le modèle de 1939 à celui de 1910, l'année
où j'ai acheté la vieille De Dion à l'oncle Joe. Quelle absurdité.
En 1978 – non pas que je croie que les gars auront arrêté la
bagarre d'ici là – j'aurai sûrement oublié comment conduire la

voiture de 1939 (première vers le bas, deuxième vers le haut et dans l'autre sens, etc.) – alors comment voulez-vous qu'un vieil aveugle perclus de rhumatismes comme moi apprenne à conduire ces nouveaux engins diaboliques ? C'est absurde, mon ami, absurde.

Et attendez. Supposons que ce processus strictement confidentiel soit à l'œuvre dans d'autres sphères ? Qu'est-ce qui se passe ? Supposons que Montague Burton, dans son laboratoire secret, fabrique chaque année un costume de ville fantôme, qu'il améliore au fur et à mesure, en enlevant une poche par-ci, un revers par-là, qu'il change le pantalon, qu'il le retire, qu'il retourne le gilet, qu'il couse les boutons à l'intérieur, qu'il ajoute deux manches de rechange aux deux habituelles, jetant finalement par-dessus bord toutes les théories vestimentaires au profit d'une invention délirante (en peau de requin probablement), dos boutonné par des culasses élastiques en acier inoxydable, chaussures à petits carreaux de verre et chapeau doté d'un périscope et d'un magnétophone qui retourne les disques, les passe à l'envers, et qui vous sert à boire à vous et à vos copains chaque fois que vous appuyez sur le bouton de la fermeture Éclair située au niveau de la nuque. Un Irlandais qui se respecte accepterait-il de s'affubler de cette tenue, peu importe l'année de sa création ? C'est absurde, absurde Jack, vous voyez bien. On ne peut pas croire tous les trucs qu'on lit dans les journaux, non m'sieur, par...

Par quelle couleur au fait ?

L'autre jour, je lisais ce type-là à droite – £nunc[15] – que j'ai surpris à dire ceci :

« Si vous avez la carcasse d'une machine à écrire qui traîne dans un grenier, elle peut aujourd'hui vous rapporter des sous. »

Cela semble assez raisonnable, jusqu'à ce que nous mettions en marche toute notre oiseuse batterie de paranoïa, de perversion et de catachrèse professionnelles et que nous sortions notre panoplie clownesco-vaudevillesque de citations, contre-

---

15. C'est-à-dire Quidnunc, nom de plume d'un autre chroniqueur de l'*Irish Times*. La livre (£) se dit « quid » en anglais familier (*N.d.T.*).

sens et radotages. Est-ce que le résultat plaît à quelqu'un, fait poindre l'ombre d'un petit rire poli, d'un infime ricanement, d'un rictus très rétif?

Eh bien voilà ce que je dis : si j'ai la carcasse d'une machine à écrire, £nunc ne peut rien pour moi, Harry Meade ne peut rien pour moi, Barniville ne peut rien pour moi, et une chose est sûre, je ne vais pas traîner dans un grenier à lire les astuces que donne ce journal pour gagner de l'argent. Je serai fourré dans un cirque, annoncé sur l'affiche au-dessus de la femme à barbe. Moyennant la somme de six pence, vous aurez la possibilité d'observer mon extraordinaire carcasse à travers quelque gadget radioscopique. J'ai bien connu Remington. On lui a retiré tout ce qu'il avait à l'intérieur, les os et le reste, quand il était gamin – il souffrait de chrythomélalgie diffuse – et on lui a fabriqué de nouveaux os à partir de vieilles machines à écrire. Et, notez bien, devenu adulte c'est un gars qui avait fière allure. (Non, non, non, rangez ce crayon, je ne voulais pas que vous preniez note de cette manière. Je voulais dire lisez, prenez note et assimilez intérieurement, c'est tout.)

Arrivé à un certain âge, Remington découvrit qu'il était fragile des bronches et ne trouva rien de mieux que de faire installer une machine à écrire flambant neuve dans la partie supérieure de son torse en métal. De temps en temps, il lui arrivait d'appuyer sur une touche ou deux en s'appuyant au comptoir ou au parapet d'un pont. On a souvent trouvé, paraît-il, des tuyaux de courses énigmatiques sur son rouleau interne ; (quoi qu'il en soit) (il est certain) qu'il ne sortait jamais sans une feuille de papier glissée dans son « chariot ».

Je me souviens bien d'un incident embarrassant qui a eu lieu – je crois que c'était l'année de la partition – la dernière fois que je lui ai parlé. Il a fallu que je me lance dans une discussion politique avec lui. Je lui tapais constamment sur la poitrine pour bien lui faire comprendre tous mes arguments. Quand j'ai entendu le tintement étouffé d'une petite cloche, je me suis rappelé que je ne parlais pas à un homme ordinaire. S'est-il offensé ? Pas le vieux Bill Remington. Avec un raffinement exquis, il s'est excusé, s'est détourné, et en insérant une main sous son gilet, il a ramené le chariot. Je me demande souvent quelle stupide devise j'ai tapée lors de cette rencontre. « Vive le prince de Galles » ou quelque chose du genre je suppose.

Ce pauvre vieil Underwood et ce malin de Smith Premier[16], eux aussi ils avaient une machine à écrire à l'intérieur. Je les ai bien connus. La crème des hommes.

À la fin de sa vie, Premier Smith est tombé malade. Malade comment ?

Gravement.

George Underwood, lui, était un homme enjoué, toujours une blague sous le coude ou une petite farce, on n'aurait jamais fait une fête sans l'inviter.

Il était comme le gaz... ?

Hilarant.

J'ai beaucoup de mal à vaincre mon penchant névrotique pour la lecture des journaux. Dans ce quotidien (précisément), voici ce que j'ai lu l'autre jour :

« Le ministère de la Défense annonce que les personnes non titulaires d'une pension militaire de retraite, ou d'un certificat attestant des services militaires rendus leur donnant droit à cette pension de retraite, doivent faire une demande de médaille au secrétariat du ministère de la Défense. Cette demande n'est pas nécessaire pour les personnes titulaires d'une pension de retraite militaire ou d'un certificat. »

Je m'interroge. Supposons que ce pays compte trois millions d'habitants et supposons que 5 000 citoyens disposent de ces pensions de retraite ou certificats. Reste un total de 2 995 000 personnes qui doivent faire une demande de médaille. Concernant cette fraction spécifique, dont je fais partie, je ne vois (absolument) aucune objection à ce qu'elle fasse une demande de médaille, à condition que des mesures raisonnables soient prises pour encadrer les foules qui vont affluer vers le ministère de la Défense. J'ai toutefois un sérieux doute. N'y a-t-il pas là un enjeu de taille ? Est-il bien sage de contraindre tant de gens à demander une médaille ? Est-il judicieux d'introduire dans notre civilisation démocratique cet affreux « doivent » ? Si je

---

16. Deux marques de machines à écrire (*N.d.T.*).

concède aujourd'hui le droit à un ministère de me contraindre à demander une médaille, qui sait si demain je ne serai pas contraint à me présenter à l'hôpital pour avaler une barre de chocolat chimique ? Et le lendemain, à me faire arracher toutes les dents pour l'intérêt général ? Do réir a chéile seadh tuitid na caisleáin[17].

Me saisissant de ma liberté à être menacé, par conséquent, j'ai décidé après examen exhaustif de tous les faits pertinents (notez que personne ne prend la peine d'examiner les faits impertinents), de refuser de demander cette médaille, et s'il le faut d'endurer la prison ou toute autre punition qui pourrait m'être infligée.

Bien sûr, je vois bien la terrible futilité de tout cela. Je fais un noble geste au nom de la liberté humaine. Je ne demanderai ni n'accepterai de médaille. Je me sacrifie. Je vais en prison. Je souffre. Je maigris. Le bruit court que je suis malade, que dis-je, mourant. Les gens prient pour moi Des réunions sont organisées. La conscience publique s'émeut. Le Conseil du comté de Galway élève une protestation. On entame une grève à Portarlington. Les bidons de lait croupissent à la gare d'Athlone. Depuis ma triste cellule, j'appelle le peuple irlandais à rester calme. Les hautes personnalités politiques gardent le silence. Des pamphlétaires anonymes sanctifient ma cause. La colère publique monte. Le Conseil du comté de Sligo fait entendre sa voix (sans équivoque possible). Le comté de Clare à son tour adopte une résolution inflexible. La Ligue gaélique sort de sa réserve, me qualifiant de martyr. Muintir na Tire[18] se dissout en signe de deuil. Les Gaëls expatriés, se réunissant en assemblée solennelle à Chicago, assurent leur « communauté inaliénable de sentiment avec le peuple d'Irlande, dans leur dévotion au glorieux martyr qui se trouve actuellement dans la citadelle de Mountjoy ».

Tous ces efforts aboutissent. Je suis libéré. Des foules en délire viennent me délivrer de la sinistre forteresse. Il est 20h15, un soir d'hiver. De grotesques flambeaux embrasent la

---

17. Flann O'Brien se réfère à un proverbe irlandais disant qu'un château se construit petit à petit et le déforme pour dire qu'un château s'effondre petit à petit (*N.d.T.*).
18. Voir note 22 p. 195 (*N.d.T.*).

ville. On m'emmène dans la diligence de Parnell. Un ensemble de cornemuses joue l'hymne national. Où allons-nous ? Dorset Street, O'Connell Street, Nassau Street. Mansion House ! Doyle est là et tous ses copains. La hâve silhouette est hissée sur la tribune. Discours. Différentes personnes ne cessent de se lever et de s'asseoir. Discours discours discours. Puis je m'aperçois qu'un homme très distingué s'est approché de moi et me parle. Qu'est-ce donc ? Je me lève avec peine. Mais qu'est-ce qu'il tient ? Une petite boîte noire. Encore des discours. Il l'ouvre. Une médaille !

La foule devient hystérique, mais moins que moi.

Voici autre chose que j'ai lu dans le journal récemment :

« Quand votre vélo, que vous n'aviez pas attaché, disparaît du trottoir dans quelque ruelle déserte, pas de quoi fouetter un chat – cela arrive tous les jours – mais quand le tapis d'escalier sous vos yeux se volatilise, le moment est venu de s'inquiéter. Arrivé à ce stade, vous décrochez le téléphone le plus proche et vous avertissez la police. »

Je ne saisis pas. Écoutez. Vous êtes là, par miracle, dans une ruelle déserte, votre vélo est garé sur le trottoir, et derrière vous arrive un voleur en costume de tweed, tenant un revolver. Soudain plus de vélo. Ce que j'aimerais savoir, c'est comment de toute manière vous auriez pu fouetter un chat puisque la rue était déserte ? Qu'un tapis se volatilise sous vos yeux par magie peut sembler surprenant, mais n'est-il pas beaucoup plus étonnant qu'il y ait eu un tapis d'escalier, sous les pieds de mon assassin et de moi-même, alors que nous nous trouvions dans une ruelle « déserte », attendant qu'un vélo disparaisse et qu'un chat arrive pour qu'on puisse éventuellement le fouetter. Et pire, plus compliqué encore, il faut aussi que le tapis sous nos yeux se volatilise. Rares sont en vérité les gens qui portent des tapis sous les yeux – de petites poches cousues par Seán[19] Jameson, ça oui.

Et lorsque ce mystérieux tapis se volatilise, « arrivé à ce stade vous décrochez le téléphone le plus proche et vous avertissez

---

19. Sean est l'équivalent irlandais de John, prénom du fondateur de la distillerie Jameson (*N.d.T.*).

la police ». C'est un stade de football je suppose, bien qu'il s'agisse d'une rue déserte nous dit-on. Quant à « décrocher » un téléphone ? Alexandre Dumas Père ? Appareil d'époque. Décrochez le téléphone, coupés de ville, appelez-moi un fiacre, vous êtes un fiacre, annuaire, Wild, Harris, Marie Lloyd, meurtre sous un réverbère.

Maintenant considérons les choses d'un autre point de vue. Votre tapis est dérobé par ce que cet écrivain anonyme appelle un « gentleman cambrioleur ». Ce n'est rien, écoutez. L'autre jour, ici à Westmoreland Street, j'ai quitté le bureau pour aller manger un morceau à cinq heures, en fermant la porte à clé pour que personne ne sorte répandre des mensonges sur mon compte quand j'ai le dos tourné. De retour au bureau à onze heures moins le quart précises. Pas de bureau, l'imposant siège du journal disparu. Westmoreland Street, oui, mais plus trace de l'archaïque façade byzantine. Qu'ai-je fait ? J'ai décroché le téléphone de la cabine la plus proche et demandé le commissaire Sheehan Daniel, caserne Phœnix Berk. « Écoutez, je voudrais déclarer un vol. On a dérobé mon bureau, au 31 Westmoreland Street. Pourriez-vous m'aider ? Vu pour la dernière fois vêtu d'une belle façade ancienne, d'époque indéfinie, arbore une moustache en pierre brune et parle couramment grec. Certainement monsieur, pas du tout monsieur, avec plaisir monsieur. » Je suis revenu dans un certain endroit, très soulagé que l'affaire soit en d'autres mains. À cinq heures, en rentrant chez moi à vélo, j'ai remarqué que le bâtiment avait été remis à sa place. Mais dans sa hâte, le cambrioleur l'avait placé le devant derrière. C'était très curieux croyez-moi.

Nous attachons désormais le bâtiment avec des chaînes.

Je ne comprends ni ne supporte la typographie criarde de cette feuille hiérhorrifique qu'est ma déclaration d'impôts, et je ne serais pas le moins surpris d'apprendre que la vôtre est pareille. Cette sorte de chose : « Si vous êtes un HOMME MARIÉ et que votre femme vit avec vous [...] » Je trouve de très mauvais goût l'utilisation de ces majuscules. « Si vous êtes un HOMME MARIÉ. » On sous-entend ici à l'évidence quelque raillerie sinistre, quelque brumeuse indécence officielle, qui ne serait comprise que dans les bas-fonds du veuillez joindre le document suivant, vos papiers s'il vous plaît, parlez s'il vous plaît, pouvez-vous traiter ce fichier s'il vous plaît, je suis chargé de vous dire que l'affaire est en cours d'examen.

« Si vous êtes un HOMME MARIÉ et que votre femme vit avec vous. » Ces blaireaucrates ont le culot d'insinuer qu'il est exceptionnel en Irlande pour un homme marié de vivre avec sa femme. On s'attend à lire ensuite : « Si, cependant, vous êtes un HOMME MARIÉ et que vous avez laissé votre femme à Shankill pour ne pas être importuné par son physique repoussant, sa « conversation » inepte et ses tenues affligeantes, donnez son adresse et son numéro de téléphone. » Oui. Mais relisez une fois encore. « Si vous êtes un HOMME MARIÉ et que votre femme vit avec vous. » Supposons que votre femme vive avec vous et que vous ne soyez pas un homme marié (ni même un HOMME MARIÉ), qu'est-ce qui se passe ? Quelle distinction pourceaucratique fait-on ici ?

Si je comprends correctement le sens des mots, une épouse est ce que devient une femme une fois mariée, et les arguments les plus alambiqués ne m'ôteront pas de l'idée que seul un homme marié peut avoir une épouse. (Je présume toujours que les chevaux d'attelage, les vaches et les chats ne sont pas considérés comme étant en possession – notez cette expression charmante, « en possession » – d'un revenu imposable.) Pourquoi dès lors ce « si vous êtes un HOMME MARIÉ » puisque le mot « épouse » vient juste après ? Pourquoi ne pas dire « Si votre épouse vit avec vous [...] » ? Ce serait trop simple je suppose. D'ailleurs, quel est le sens juridique de « vit » ? Supposons que je sois un HOMME MARIÉ et que ma femme se meure avec moi ? Oui, je vois. Le froid cerveau administratif pense à tout. Il faut qu'ils insistent sur le terme « vit ». Supprimez-le, vous dira-t-on, ou mettez à la place « si vous vivez avec votre épouse », et toutes sortes d'individus sans principes demanderont à être exemptés du fait que leur femme est (certes) assise dans le salon, très bien conservée étant donné qu'elle est morte en 1924. Peut-on rêver circonspection plus macabre ? (Je réalise que dans nos prisons autrefois, on a dû copieusement utiliser le jargon officiel, votre dossier s'il vous plaît, joignez le dossier s'il vous plaît, vous avez votre dossier s'il vous plaît. Pourquoi cette éternelle supplication « s'il vous plaît » ?)

Sur la page suivante du formulaire, je vois « DEMANDE CONCERNANT UNE ALLOCATION PERSONNELLE (POUR UN HOMME MARIÉ), "GOUVERNANTE", ENFANTS, PARENTS À CHARGE, ET PRIMES D'ASSU-RANCE-VIE. » Quel sournois raffinement les pousse à mettre ma gouvernante entre guillemets ? C'est une femme au caractère irréprochable, qui réussit cette complication culinaire indigène qu'est l'Irish stew au point qu'on se lèverait en pleine nuit pour en r'prendre rien qu'un tout p'tit peu, vous m'suivez.

Je ne m'étendrai pas sur le bourbier où vous relègue ce formulaire « si vous êtes une PERSONNE NON MARIÉE ». Il était question auparavant d'HOMME MARIÉ ; si vous n'êtes pas marié, vous êtes seulement une PERSONNE, ce que je trouve insultant et sinistre. D'autre part, je ne vois pas mention du cas où vous seriez une FEMME MARIÉE et où vous subviendriez (tout à fait convenablement) aux besoins de votre mari. Écoutez ça : « Si vous êtes une PERSONNE NON MARIÉE et que votre mère vit avec vous. » Quelle gaucherie ! Les personnes non mariées en Irlande n'ont pas une mère qui vit avec elles, elles vivent avec leur mère.

Pas étonnant ma foi que personne n'aime ce fichu formulaire. Pas étonnant que dans le pays, toutes les banques, les bureaux d'assurance et les grosses entreprises préfèrent fermer boutique et reconstruire plutôt que payer. Parlez s'il vous plaît. Bah !

Il y a des années – quand je travaillais à Islington comme apprenti journaliste au service de Tay Pay[20], le créateur de ce fléau moderne qu'est la « rubrique des potins » – j'avais de gros problèmes avec mon propriétaire. Cet homme, plombier grossier et médiocre à chapeau melon, m'était par la vulgarité de sa tenue, de son langage et de sa mise une torture infinie. La situation prit rapidement des allures russes. Les soirs passés à la lumière jaune des lampes à gaz, moi plongé dans l'écriture d'une lettre à George Harris ou peinant sur la conception de mon premier roman, le fruste plombier assis dans un fauteuil

20. Thomas Power O'Connor (1848-1929), surnommé Tay Pay : journaliste et personnalité politique (*N.d.T.*).

derrière moi, mastiquant bruyamment un plat de tripes. La succession, le crescendo d'émotions « grecques » : irritation – colère – exécration – et haine. Et enfin cette calme et morne pensée : j'aurai la peau de cette créature. Je l'aurai, pardi, dussé-je être pendu !

C'est drôle comme les petites choses provoquent un agacement sans commune mesure avec leur signification intrinsèque. Cette façon de sucer sa pipe crasseuse, trop paresseux ou trop stupide pour l'allumer. Sa manie de ne jamais lacer ses bottes complètement. Et ses fanfaronnades de buveur. Quarante-huit pintes de cidre dans un pub de Maidenhead. Blonde et brune au gallon. Je me souviens un jour d'avoir rétorqué sauvagement que sur ce terrain, je ne ferais de lui qu'une gorgée. Le défi s'est immédiatement imposé à moi. « Pas maintenant, je me rappelle avoir dit, mais plus tôt que vous ne croyez, mon ami. » Voilà comment on parlait à l'époque. C'est peut-être alors que j'ai conçu pour la première fois ma résolution meurtrière. Mais je digresse.

Lorsque j'eus finalement résolu d'assassiner cet intolérable plombier, j'occupai naturellement mon esprit pendant quelques jours à étudier les mécanismes de la mort subite. Je connaissais bien la pratique de l'homicide en vogue dans les années 1880, et préparai mon plan avec soin. Je pris l'habitude de fermer ma chambre à clé, de manière à réunir tout l'attirail nécessaire à l'exécution sans attirer les soupçons du patient. Je m'équipai bien sûr du traditionnel hachoir, ainsi que d'une hache au cas où le crâne du plombier y résisterait. Je suivis un cours de culture physique pour me muscler. Je cessai de boire et de fumer. Je faisais de longues promenades le dimanche après-midi et dormais la fenêtre grande ouverte. Mais surtout – souvenez-vous que je parle du temps où l'on s'éclairait au gaz – j'achetai une grande baignoire et les traditionnels bidons d'acide.

Cette fois, j'étais prêt. Le moment précis de l'exécution n'importait guère. Il viendrait lorsque l'agacement aurait atteint son paroxysme. Il vint en effet. Un soir en rouvrant le manuscrit de mon roman, je découvris des traces de tripes sur les gravures toutes propres. L'exécrable plombier avait mis le nez dans mes documents personnels. Je montai en sifflotant *La*

Fille dans le fiacre, redescendis gaiement en cachant le hachoir derrière mon dos, et, d'un coup si énergique que je manquai de me casser le bras, je lui ouvris le crâne du sommet de la tête jusqu'à la nuque. La suite fut aisée. Je portai le corps jusqu'à ma chambre et le plongeai dans le bain d'acide Je n'avais plus qu'à tout mettre en ordre pour partir le lendemain chez mes vieux parents à Goraghwood, prendre une semaine de vacances dans ma maison natale.

De retour à Londres, je montai dans la chambre non sans une certaine curiosité. Il ne restait que le bain d'acide ; je portai la baignoire au salon et pris un verre. Je remplis le verre avec le contenu du bain et bus le liquide brûlant. Un verre après l'autre, je bus tout jusqu'à ce que la baignoire soit vide. C'est avec une sombre joie que je mis à exécution ma menace de ne faire qu'une gorgée de ce plombier. Voilà le genre de choses qui se faisait au tournant du siècle.

Deux attitudes sont admissibles s'agissant des routes : la première, qu'il n'y a pas assez de routes dans ce pays et qu'il faudrait en construire d'autres ; la seconde, que toutes les routes existantes devraient être labourées et semées.

Pour ce qui est de la proposition n° 1, des ingénieurs compétents m'ont informé que l'on pourrait construire à peu de frais de nouvelles routes qui jouxteraient les routes existantes ; cela pour la simple raison que l'équipement requis peut être transporté et utilisé très facilement et économiquement sur les routes déjà construites. Il faut garder présent à l'esprit cependant que lorsqu'une deuxième route a été créée à côté d'une route existante, la nouvelle route peut servir à son tour de « base » pour en construire une troisième ; rien ne s'oppose donc techniquement à la construction d'un nombre infini de nouvelles routes à condition qu'elles soient parallèles et contiguës. Les anfractuosités du terrain peuvent bien sûr être remplies avec du ciment et les éminences supprimées grâce à des pelleteuses électriques. Il faut toutefois ajouter – et je m'appuie ici sur l'autorité d'un spécialiste de l'agriculture – que la construction d'un grand nombre de routes via la méthode suggérée tendrait à restreindre les activités agricoles. De manière générale donc, ce plan est envisageable mais sujet à objection de la part des intérêts catégoriels.

Très bien. Maintenant la proposition n° 2. La culture du blé sur les routes n'est pas, me suis-je laissé dire, impossible ; elle présente cependant des difficultés et l'on n'obtiendrait de bonnes récoltes qu'au prix d'un labeur aussi ingénieux qu'assidu. Les routes vieilles de plusieurs siècles ne pourraient bien entendu être bêchées ou labourées de la façon ordinaire. Il serait nécessaire de creuser, que ce soit par des moyens mécaniques ou à l'aide d'une pelle et d'une pioche. On ne risque guère de trouver une terre arable à moins de trois pieds de profondeur et il faudrait donc déblayer une quantité considérable de matière pour obtenir une tranchée cultivable, fût-elle de largeur modeste. Que faire de cette matière, voilà qui pose problème. Supposons que l'on prévoie l'ensemencement d'un tronçon de route de cinquante kilomètres, il faudrait retirer la matière à l'aide d'un camion, en partant de l'extrémité la plus éloignée; cela parce que, étant donné que la route disparaît, la circulation doit être limitée à la portion demeurée intacte. On pourrait bien sûr utiliser une flotte de voitures à chevaux pour les entreprises moins ambitieuses, mais un transport mécanique est indispensable pour les longues distances.

Il existe cependant une alternative. On pourrait stocker la matière déblayée sur le bord de la route des deux côtés de la tranchée. Cette solution bornerait certes la zone cultivable à une bande de deux ou trois pieds de largeur, mais cela ne peut être évité sans laisser la matière déblayée empiéter sur les champs voisins, diminuant ainsi ce qu'on appelle le potentiel agricole. Cela devant être (pour des raisons évidentes) évité à tout prix, il se peut que sur une route très étroite, où il faudrait creuser à une profondeur exceptionnelle, on doive former avec la matière déblayée un mur de chaque côté de la tranchée, celle-ci étant dès lors de dimension latérale très réduite – guère plus de six pouces. Ces grossiers murs de gravats obstrueraient bien sûr la lumière du soleil et même la pluie, retardant dans une certaine mesure la croissance dans le lit de la tranchée. En outre, dans les tranchées où l'on aurait creusé jusqu'à une profondeur de quatre ou cinq pieds, les murs latéraux s'élèveraient à une hauteur correspondante au-dessus du sol, si bien que le blé, même s'il atteignait une hauteur normale, arriverait à environ trois pieds en dessous du niveau du mur. Dans une tranchée de six pieds de largeur, il serait impossible de sauver ce blé à moins que l'on ne conçoive à cet effet des machines spéciales. La possibilité de concevoir ainsi que de fabriquer et de commercialiser ces machines de manière rentable dépendrait du nombre, dans notre pays, de tranchées de blé très étroites ayant de hauts murs latéraux.

Tout Irlandais sérieux se doit de peser ces considérations.

J'ai réalisé l'autre jour seulement que j'allais avoir des biographes. Hone[21] sera sans doute le premier à s'occuper de moi, puis toutes sortes d'Anglais chercheront dans leurs livres à « m'interpréter », décriront les belles femmes qui ont influencé le cours de ma « vie », essaieront d'assigner à mon œuvre la place, réelle et éminente, qui lui revient dans le contexte général de l'humanité, et sans doute d'idéaliser ce qui fut essentiellement un personnage austère et humilié par la vie, assombri par la contemplation de la bêtise humaine.

Un instant. Où est Conf? Conf! Ah, te voilà. Vilain, nous allons Conf fesser !

Voici donc ma confession, que j'adresse à Hone. Appelez-la avertissement solennel si vous voulez. Ne croyez rien de ce qui est écrit sur mes talons de chéquiers. Ce pourrait bien être l'œuvre du père Bobard, patron des barboteurs. Permettez-moi de tout avouer. Au début du mois, quand je reçois mon salaire (souvent versé par erreur en mystérieuses devises russes et tunisiennes, je dois parfois me battre pour arriver à ce que Caffey les échange contre d'humbles billets agricoles irlandais), je mets naturellement cinq livres dans ma poche (et non dans ma bouche) et fourre les cent quarante-cinq restantes à la banque. Un jour passe. Le soir du deuxième jour, je suis au même endroit que d'habitude, à me plaindre du parti travailliste ; j'ai commandé quatre pintes à onze pence chacune, deux à six pence cinquante, plus huit pence cinquante pour dix cigarettes, et à ma grande surprise je constate que je n'ai pas d'argent pour satisfaire à cette banale obligation marchande. Je

---

21. Joseph Hone est l'auteur d'une biographie de W. B. Yeats (*N.d.T.*).

sors mon chéquier et établis une facture pour un montant de cinq livres. Est-ce que j'écris « Moi-même, £5 » sur le talon? Certainement pas.

J'ai honte de le faire, parce que ces versements à moi-même sont d'une fréquence embarrassante. Je ne veux pas que Hone me représente comme un misérable hédoniste. D'où l'entrée dans ma vie d'un mystérieux personnage surnommé Hickey. J'écris toujours « Hickey, £5 » ou « Hickey, £6 », ou « Hickey, £3 », quelle que soit l'occasion. J'ai un talon de chèque devant moi à l'instant où j'écris. En l'espace de deux semaines, les paiements suivants sont retenus contre Hickey : £5, £5, £3, £4, £2, £2. Mais permettez-moi d'être tout à fait honnête, permettez-moi de faire amende honorable. Je n'ai pas tout dit. Apparemment, la honte que j'éprouve à écrire « Moi-même » a engendré une honte secondaire, liée à la fréquence et à la consécution des profits enregistrés par Hickey, de sorte que – n'accablez pas s'il vous plaît un individu faible, pris dans les affres de la confession – je remarque qu'entre les £4 et les £2 de la fin se trouve un versement de £2 à « Hodge ». Plus loin dans l'ouvrage, Hickey et Hodge se voient tous deux bénéficier de £5 à trois jours d'écart l'un de l'autre. Encore plus loin, Hickey reçoit à lui tout seul les sommes de £2, £2 et £4. Pour autant que je puisse en témoigner, Hodge a reçu seulement quatre chèques s'élevant à un total de £21 10s 0p en l'espace de dix-huit mois, tandis que Hickey a reçu des centaines de livres.

Imaginez à quel ridicule s'exposait Hone si, par souci de véracité historique, je n'avais choisi de faire cette révélation. On inventerait quelque drame épouvantable. Chantage. « On a peine à croire que le grand écrivain, tandis qu'il mettait au monde chef-d'œuvre sur chef-d'œuvre, était pris dans les rets d'un maître chanteur nommé Hickey, qui avec un complice répondant au nom de Hodge, lui soutirait pratiquement jusqu'au moindre penny. »

Ou bien insisterait-il sur la présence de madame Hickey, la veuve mystérieuse? Une liaison sordide, dont il parvint à se libérer, mais qui lui coûta beaucoup d'argent. Le public croirait-il à l'existence d'une femme aussi rapace?

Vous voyez comme je suis malin.

CONSEIL AUX PARENTS

Si vous êtes père, vous devrez veillez à une chose – ne laissez jamais votre fils frayer avec des personnes qui s'occupent de gastronomie. Prenez mon propre fiston. À l'évidence il passe la plupart de son temps en compagnie d'un cuisinier, parce que voyez-vous, ce garçon revient complètement beurré tous les soirs. Quelque chose de bien. Avec tout ce qu'on raconte sur le manque de provisions.

Cela me soucie, je peux vous dire. Tous les soirs, calé dans mon fauteuil, j'y pense en fumant d'interminables cigarettes. Si vous passez me voir un jour après dix-neuf heures je vous en montrerai une. Parfaitement circulaire, comme un cerceau. Mes cigarettes interminables sont faites spécialement pour moi par Carrolls à Dundalk, cet odieux centre de la pensée réactionnaire dans le monde des locomotives à vapeur. GNR (I)[22]. Bah ! Pourquoi ils ne mettent pas tout entre parenthèses tant qu'à faire ? GNR (I) ressemble à un homme couché tout nu dans son lit avec un chapeau sur la tête.

D'ailleurs pourquoi ce (I) ? S'il y a une chose admirable chez les Anglais, c'est leur extraordinaire aplomb. Ainsi, ils appellent leurs journaux *The Times, The Daily Telegraph*, etc., dédaignant de mentionner leur nationalité. Tandis que nos journaux, nos compagnies de chemins de fer, nos habitants et notre stew se déclarent toujours explicitement irlandais – comme si quelqu'un, quelque part en ce monde, pouvait avoir le moindre doute là-dessus.

SOUVENIR DE KEATS

Bien sûr aucune boisson n'égale une bouteille de stout. Celle-ci est sui guinnessis. Keats appela un jour un taxi et fut écœuré de voir la belle garniture de cuir maculée de lait, œuvre d'un précédent passager revenu d'une fête avec sa bouteille. Au lieu de pester contre le lait renversé, Keats dit au chauffeur :

« Qu'est-ce que c'est que ça ? Un cabri-au-lait ? »

---

22. Great Northern Railway (Ireland) (*N.d.T.*).

Vous connaissez ce truc de Yeats qui commence par « When you are old, Dan Grey, and full of sleep[23] » ? Eh bien, je l'ai traduit assez joliment en français. Écrivez-moi en joignant une enveloppe timbrée et internée à votre adresse et je vous enverrai un exemplaire imprimé sur bougran noir glacé, avec une poignée de persil et deux œufs durs. Ma version commence ainsi : « *Quand vous serez bien vieille, au soir, à la chandelle, assise auprès du feu* * [...] » et se termine par ce sanglot si véridique : « *Cueillez dès aujourd'hui les roses de la vie.* * » Pas besoin de l'encadrer, en outre il peut être plié, froissé ou épinglé exactement comme un steak.

Je travaille aussi à une version allemande, par-dessus quelle tractation commerciale ?

Gaspard joue de la viole
Dans sa chambre vide là-haut
Invitant à la farandole
Des cadavres ne pipant mot.

Alors il appelle sa sœurette Cissie
(dont le nom maintenant est Derham)
Et la prie de pepulisse
Ter pede terram.[24]

J'aime bien donner un conseil domestique de temps en temps car j'ai des raisons de penser que des dames lisent mes notes. Un bon moyen d'empêcher le sang de cailler consiste à n'utiliser que les ingrédients les plus purs. Ensuite, versez le sang très doucement, une cuillerée à la fois, et coupez-le avec quelques gouttes de vinaigre quand le mélange menace de devenir trop épais.

Il est de bon ton parmi vous, mesdames, de vous moquer de nous autres hommes, en prétendant que seuls nous importent notre personne et nos plaisirs. C'est tout à fait faux, comme

---

23. Le premier vers du poème de W. B. Yeats est « When you are old and grey and full of sleep » (*N.d.T.*).

24. Pepulisse ter pede terram : de frapper trois fois le sol du pied. Tiré d'Horace (Ode 18, livre III), « gaudet invisam pepulisse fossor ter pede terram » (« Gai, le colon frappe, à trois temps rapides, Ce sol hier plein de maux ») (*N.d.T.*).

m'autorise à le penser un incident survenu l'autre jour. J'ai reçu la visite de deux amis qui s'inquiétaient beaucoup pour un tiers, notre grand ami à tous. Cet homme (individu tout à fait recommandable) se ridiculisait. Se compromettait avec une femme mariée. Des rumeurs couraient. Toute cette histoire était parfaitement inconvenante. Mes deux visiteurs estimaient que nous devions intervenir. Étant celui qui connaissait le mieux cet homme égaré, pensaient-ils, ne pourrais-je pas aller le voir afin que nous discutions en hommes du monde ? Je vis immédiatement qu'il était de mon devoir d'accepter. Si désagréable que pût se révéler cet entretien – certains hommes n'aiment pas que l'on s'ingère dans leurs affaires personnelles –, je compris que je devais au moins raisonner mon compagnon et tenter de lui montrer qu'il enfreignait les règles de bonne conduite. J'allai donc le voir. J'arrivai chez lui à trois heures de l'après-midi un dimanche, et si j'en crois ma montre, il était trois heures six lorsque je sortis. Mes autres compagnons, qui m'attendaient fébrilement au coin de la rue, remarquèrent mon teint rouge. Je leur expliquai ce qui s'était passé. Oui, il avait effectivement une liaison avec une femme mariée. C'est lui qui était marié avec elle, bien sûr. Quelle affaire odieuse. Nous ne nous sommes pas parlé depuis.

TEMPS PERDU

Je passais devant les bureaux de l'*Irish Times* l'autre jour, et me faisant la réflexion que les journaux étaient terriblement rasoirs ces temps-ci, je me suis brusquement mis à quatre pattes et j'ai mordu un chien. La créature a poussé un cri. Je me suis ensuite précipité dans les bureaux du journal pour signaler l'incident. Voilà qui était enfin une vraie nouvelle, un scoop. Mais non, ils n'en ont pas voulu. Désolé monsieur mais cela n'intéressera pas le public monsieur. Les temps ont changé monsieur. Vraiment désolé monsieur. Etc. Vous m'en direz tant.

Je m'en suis allé tout couvert de honte, vers les faubourgs de Canossa.

L'ABSINTHE RÉCHAUFFE LE CŒUR

– Garçon, qu'y avait-il dans ce verre?

– De l'arsenic, monsieur.

– De l'arsenic. Je vous ai demandé de m'apporter de l'absinthe.

– Je croyais que vous aviez dit de l'arsenic. Je vous demande pardon monsieur.

– Vous vous rendez compte de ce que vous avez fait, espèce d'andouille? Je me meurs.

– Je suis absolument navré monsieur.

– J'AI CLAIREMENT DIT ABSINTHE.

– Je me rends compte que je vous dois des excuses, monsieur. Je suis absolument navré.

De temps en temps, mon ami Quidnunc, ici à ma gauche (votre droite) juge De Bonton (meilleur tailleur de Dublin) de faire des observations mystérieusement incompréhensibles et déplacées. Il y a quelques semaines, je l'ai entendu dire de sa jolie voix haut perchée (rien de mieux qu'un bon perchoir pour préserver le timbre) la chose suivante :

« J'espère que l'église et le monastère de San Nicolà, les édifices les plus intéressants de Catane, ont survécu aux récents combats. »

Ce qui m'inspire une question insoluble : pourquoi ?

Si l'on tient à faire ce genre d'observation sur la Sicile, pourquoi choisir précisément cette bâtisse de carton-pâte, si impitoyablement « reconstruite » au siècle dernier qu'elle est aujourd'hui méconnaissable, même pour ceux d'entre nous qui ont pris les mesures dans les années 1860. J'ai gardé les plans là-haut, dans un tiroir qui contient aussi un livre de prières ayant appartenu au père Johnson, ainsi qu'un compas en argent qui fut la propriété de Cooley R.I.P.

Tel que vous me voyez, j'espère qu'il n'arrivera rien au temple de Zeus à Agrigente par exemple, aux temples « C » et « D » à Sélinonte, à la longue agglomération hexastyle pseudo-périptère d'architectures de Ségeste, qui concentre sur un même site les styles de dix époques différentes et présente, accumulées au fil des siècles, les corrections artistiques du Temps, qui de manière assez rusée supprime le plus récent et laisse subsister le plus ancien. Je suis plutôt calé sur le sujet mais je ne m'en vante pas, contrairement à une certaine autre personne.

Tel que vous me voyez toujours, j'ai une passion pour les édifices musulmans qui étaient là avant l'arrivée des Normands et que Roger[25] et les évêques qu'il ramena de Provence ont été assez larges d'esprit pour admirer. (J'ai bien connu les Guiscard – tous sauf le frère du pape Urbain.) Pourtant est-ce que je parle de tout ça ?

J'espère, mon Dieu, qu'il n'arrivera rien à l'église de Martorana que l'amiral George d'Antioche construisit en 1143 (et

---

25. Roger de Hauteville (1031-1101) : aventurier normand qu conquit la Sicile alors sous domination musulmane. Frère de Robert, dit « Guiscard » (*N.d.T.*).

non 1144 comme le suggère Bréhier en dépit du bon sens). Et, j'ai un grand faible pour la chapelle Palatine : tout à fait unique, plan latin, structure absolument grecque et nef couverte de mosaïques byzantines. Et ces résidences d'un style islamique si étonnant (vous savez – Favara, Menani (Roger II), la Ziza (Guillaume Ier) et la Cuba (Guillaume II) ! Ce que l'on trouve en Sicile c'est… eh bien… l'Europe… mais est-ce que j'en fais jamais mention ? Me surprenez-vous à… étaler ma science ? Je ne crois pas.

Cefalù, les Vêpres, Palerme, Monreale – ce vaisseau trapu à la toiture de bois – le plan mis à part, il a tout d'un édifice prénormand. Et ces très curieux voussoirs godronnés, qui doivent avoir une origine islamique – après tout, le premier exemple connu se trouve à Bab el Foutouh, Caire, 1087, comme chacun sait. Et ces intéressantes arcades intersectées qui évoquent les fenêtres ajourées du XIVe siècle en Angleterre… elles au moins sont normandes d'origine, tout comme le chevron ornemental que l'on trouve même en Irlande, et parfois sur la manche du manteau de mon fils qu'est dans l'armée.

J'espère qu'il n'arrivera rien au Municipio et à la cathédrale de Syracuse (certains membres de ma famille y reposent) –, deux essais fin Renaissance tout à fait réussis. Je n'en dis mot, je ne proclame pas non plus mes préférences dans la presse, et pourtant en matière de goût, bien des personnes moins talentueuses se rangeraient docilement à mon auguste avis. Si je dois vous mettre en garde contre une chose, c'est le style baroque. C'est un style auquel manquent l'austérité et la force des œuvres réellement vertueuses et admirables. C'est un style efféminé – je préfère encore Philipstown. (J'espère qu'il n'arrivera rien à Philipstown.)

DANS LES HAUTEURS DE L'ADMINISTRATION

J'ai lu, avec un sourire empreint d'amertume, que le « scandale » des logements en sous-sol qui secoue Dublin sera évoqué lors de la réunion de la municipalité en juin. Voilà qui impressionne peut-être certains, mais pour moi cela signifie uniquement que les pères de la Cité sont trop gros et trop sybarites pour tenter l'ascension jusqu'au dernier étage. Non que les sous-sols soient luxueux; mais comparez un instant, je vous prie, la situation fondamentalement douillette du couple dans la cuisine avec le triste sort de la veuve qui habite au dernier étage. Elle vit seule avec cinq buffets en acajou, quatre lits, une écritoire en marqueterie et deux pianos droits. Chaque jour, elle nettoie vigoureusement les escaliers du grenier jusqu'à la cave, et n'oubliez pas que le seul robinet accessible se trouve dans la cour, et qu'elle a soixante-treize ans. Le rationnement du gaz ne la concerne pas, c'est vrai, puisqu'elle n'a rien à faire cuire; mais elle aimerait bien utiliser l'unique baignoire pour autre chose que la collecte d'eau de pluie, qui entre par le « toit » du fait de l'absence d'ardoises. Elle ne veut pas se plaindre, mais bien que douze de ses enfants soient heureusement mariés à Cleveland (Ohio), elle n'oublie pas que treize autres, ayant glissé tout enfants sur le plancher pourri, atterrirent dans la chambre du dessous où eut lieu la veillée mortuaire. Si l'on réparait le plancher, pense-t-elle, la vie serait assez merveilleuse. Elle rage parfois contre le gouvernement, mais se dit qu'au fond M. Asquith fait de son mieux. Elle est née à Dublin, mais parfois elle dirait plutôt que c'est d'Inde qu'elle est.

Hier, je suis entré d'un pas résolu dans l'isoloir, heureux que ce bon gouvernement m'ait permis de participer à la complexe gestation quinquennale qui culmine en une expression de la Volonté du Peuple. Comme d'habitude, tout le monde (oui, je sais que « tout le monde » est incorrect ici) avait l'air impliqué dans un complot criminel. Regards fuyants, sourires mécaniques et marmonnements. Femmes qui font mine d'avoir un semblant d'idée sur la politique irlandaise. Jeunots de vingt et un ans dont le visage dit : « Va bien falloir voter mais bon sang où est le temps de mon défunt chef Parnell. » Un air de feinte et de faux-semblants généralisés, même si je ne suis pas sûr qu'il y ait une différence entre ces deux mots. Dans le coin, un homme qui semble appartenir à l'équipe des « Irlandais sensés » lit attentivement un volume relié d'éditoriaux de l'*Irish Times* en vue de décider pour qui il doit voter, faute de quoi « le pays est reparti pour une décennie de récriminations, héritées d'une guerre civile remontant à une époque où de nombreux électeurs n'étaient même pas nés ». (Inutile de dire que je désapprouve l'idée selon laquelle les événements qui se sont déroulés avant qu'un homme soit né n'ont aucun intérêt pour lui. Je pense à nombre d'événements prénatals qui devraient éveiller l'intérêt de tout Irlandais sensé : un certain mariage, par exemple ; ou les mesures prises en 1914-1918 qui ont mis fin aux guerres pour toujours, la fondation de la GAA[26], l'émigration de Bernard Shaw, voire, dans les années 1880, mes vues concernant l'utilisation du régulateur dans les trains irlandais.)

Dans l'isoloir, j'ai pu vérifier l'existence d'un terrible fléau, l'homme qui veut donner l'impression qu'il se fait passer pour lui-même. Je ne dirai pas qu'il se donne l'air d'un curieux personnage, pour la seule raison que j'essaie de bien écrire et que je ne me permettrais (en aucun cas) de qualifier de « curieux » un personnage qui n'est pas curieux mais dont le comportement suscite la curiosité. Cet homme réussit à entrer furtivement dans l'isoloir, évite tous les regards, commence à fouiller dans ses poches sans faire mine de voter. Quand on finit par lui demander son identité, il bredouille un nom après une hésitation. Non, il ne trouve plus sa carte. Il ne connaît pas son numéro. Les agents l'interpellent immédiatement. Un policier rôde au fond de la salle. Alors notre brave homme change son fusil d'épaule, établit son identité avec une précision implacable, est reconnu par plusieurs spectateurs, vote et s'en va en laissant derrière lui une bande de fonctionnaires déconfits, qui se demandent tous s'ils vont recevoir des lettres d'avocats le lendemain matin. Type d'Irlandais des plus médiocres.

En sortant de l'isoloir, je me suis rendu compte que j'avais encore une fois annulé mon bulletin en marquant X à côté des noms que j'avais décidé d'honorer. J'avais aussi, bien sûr, inséré mon vers humoristique habituel, mais cela ne suffit pas à invalider un bulletin de vote. Je suis rentré chez moi en me demandant pourquoi tous les illettrés utilisent le symbole complexe X quand ils couchent la plume sur le papier. Avons-nous tort de supposer qu'un trait ou une ligne droite constitue le symbole littéraire le plus simple et le plus primitif ? Sont-ils

---

26. Voir note 13 p. 254 (*N.d.T.*).

en fait plus obscurs et difficiles que le X ? Ou bien le X aurait-il une signification mystique pour les humains, une qualité qui transcende toutes les considérations intellectuelles ? Bien sûr, je m'en fiche comme de l'an quarante, et il n'y a qu'un bêcheur comme moi pour soulever des questions pareilles dans un journal respectable.

Je suis content que ce soit terminé, mais ne comptez pas sur moi pour fêter l'élection de notre homme. La bière, c'est fini pour moi, comme dit le cadavre lorsqu'un automobiliste ivre percuta le fourgon funéraire.

Les vieux manuels d'étiquette et autres choses de ce genre ne sont pas très drôles, mais mon honorable Altesse est tombée sur une *Encyclopédie nationale du commerce et des usages en société* publiée en Amérique en 1882, dont elle présume que quelques extraits de temps en temps pourraient vous divertir. Cet ouvrage adopte le point de vue – fort raisonnable – que vous êtes illettré, et vous fournit le texte de vos propres lettres – y compris vos lettres d'amour. Bien sûr il donne aussi les réponses que vous devriez recevoir, rendant ainsi toute cette correspondance assez inutile.

Le premier exemple est intitulé « Une déclaration d'amour en bonne et due forme ». La citer serait trop long et embarrassant, mais voilà ce qu'écrit au beau milieu le fougueux auteur, dans un élan de dignité paupériste : « Je ne suis pas, comme vous le savez, un homme fortuné, mais mes moyens me permettent de me marier, et même si je ne puis vous promettre le luxe qu'un homme plus riche pourrait vous offrir, je puis promettre un amour fidèle et constant, ainsi qu'un foyer où votre confort sera mon premier souci. »

Joli, hein ? Remplacez « mes moyens » par « vos moyens » et vous serez sans doute plus près de la vérité. Vient ensuite « Une réponse favorable » et « Une réponse défavorable », cette dernière se concluant par : « Permettez-moi d'espérer que vous trouverez une femme, digne de vous, en qui vous trouverez la bonne épouse que vous méritez. » Vient ensuite « Une proposition plus décontractée ».

« Chère Rosy. En revenant de la patinoire hier après-midi, et en repensant une fois seul à l'agréable matinée que nous avions passée, j'ai ressenti plus que jamais le poids de mon existence solitaire et misérable. Auriez-vous la bonté de briser cette routine si monotone en prononçant ces mots : "Cela n'a pas lieu d'être, Charlie" ?

Je vous aime tendrement et depuis longtemps ; vos parents et les miens sont des amis intimes ; ils connaissent mon caractère réservé. Accepteriez-vous de me prendre pour époux, ma très chère Rosie ? Veuillez croire en mon indéfectible attachement, Charlie. »

Vient ensuite « La réponse » :

« "Cela n'a pas lieu d'être, Charlie." Je serai chez moi ce soir. Rosy. »

Rosy était une chic fille. Mais pourquoi Charlie a-t-il écorché son nom ?

La lettre suivante concerne « Une déclaration de coup de foudre ».

« Chère mademoiselle Logan. Bien que je n'aie été qu'une fois en votre compagnie, l'impression que vous m'avez faite est si profonde et si puissante que je ne peux m'empêcher de vous écrire, au mépris de toutes les règles de l'étiquette [...] »

Notez cette vilénie – l'étiquette qui consiste à enfreindre l'étiquette !

« L'affection met parfois longtemps à mûrir ; mais parfois aussi elle naît en un éclair. Une demi-heure après que vous m'avez été présentée, mon cœur ne m'appartenait plus. Je n'ai pas la présomption de me croire assez fortuné pour avoir suscité quelque intérêt dans le vôtre ; me permettrez-vous toutefois de cultiver votre connaissance, dans l'espoir de réussir à gagner votre affection au fil du temps ? Tout en implorant quelques lignes en réponse, je demeure, chère mademoiselle Logan, votre dévoué W. P. »

Vient maintenant la suprême réfrigération – « Une réponse défavorable » :

« Monsieur. Votre billet m'a surprise. Étant donné que vous étiez encore jusqu'à hier soir un parfait inconnu, et que les quelques mots échangés entre nous portaient sur des sujets anodins, il pourrait être qualifié d'impertinent. Je m'efforce toutefois de le considérer sous une lumière plus favorable, et suis disposée à attribuer vos extraordinaires et soudaines déclarations d'affection à l'ignorance des usages de la société. Vous m'obligerez en ne répétant pas cette absurdité, et il est préférable, je pense, que notre correspondance et nos relations prennent fin avec cette lettre. En vous conformant à ce souhait, vous obligerez Votre très dévouée servante, Susan L. »

Ici le système s'est entièrement interrompu, car on ne trouve pas de « Réponse énergique à la lettre précédente », lettre qui donnerait à Walter une alternative à l'émigration immédiate.

Je pourrais moi-même en écrire une assez bien tournée à mademoiselle Logan, mais comme cette dame doit maintenant avoir quatre-vingt-six ans (si elle est toujours de ce monde), je lui épargnerai ma langue de scorpion.

Voici une autre lettre type tirée de mon *Encyclopédie nationale du commerce et des formes sociales* américaine de 1882, celle « D'un fils qui a démérité auprès de son employeur, à son père ».

« Cher père. Mon désarroi est tel que je ne sais par où commencer ma lettre. Sans la moindre raison, sans la moindre provocation, j'ai abandonné mon employeur à la période où l'activité bat son plein, sous le seul prétexte d'une distraction aussi éphémère que triviale. Cet homme – le meilleur des employeurs – n'existait plus ; j'étais tout occupé de moi-même. J'ai quitté mon poste, et me voilà à présent honteux et misérable, navré à la pensée de l'indescriptible choc qui sera le vôtre lorsque M. Evans s'entretiendra avec vous de mon absence.

Toutefois, cher père, il me reste un motif de consolation : je ne peux être accusé de malhonnêteté ; j'espère donc que mon caractère n'est pas irrémédiablement gâté.

Pourriez-vous trouver mon employeur, lui dire combien je regrette ma faute, et le prier de me pardonner et de m'autoriser à reprendre mes fonctions ? Dès lors, je n'aurai de cesse d'accomplir mon devoir avec la plus grande droiture et la plus scrupuleuse attention. Laissez-moi entendre, cher père, en m'envoyant la réponse de M. Evans, que vous aussi pardonnez Votre fils fourvoyé et repentant, John Thompson. »

J'ai appris grâce à un récent article que mon meilleur ami, M. E. J. Moeran, « se rend à Kerry en vue d'écrire un concerto pour violoncelle et orchestre [...] ».

Eh bien voilà tout ce que je peux dire: ce ne serait pas mon style, ce ne serait pas mon style du tout, je n'en dirai pas plus. Pour moi, voyez-vous, la musique est une obsession, pas une profession. Lorsque le pressentiment de la... création... jaillit soudain en moi... comme... la mer... je deviens – c'est fascinant – je deviens complètement passif, l'activé plutôt que l'acteur... et c'est pourquoi je peux être aussi irrésistiblement humble au sujet de mes plus grandes œuvres – je deviens le vaisseau, l'instrument grâce auquel quelque chose... appelez cela comme vous voulez mais ce n'est pas chose de ce monde... s'exprime. Je deviens presque... féminin. Qu'est-ce que dit Goethe déjà? « L'Art est le Médiateur de l'Indicible. » Comme c'est vrai! Ce qu'il y a... d'horrible, de vraiment horrible, cependant, c'est que... pour l'artiste... l'art est une humiliation. Lorsqu'on est un génie, on a sans cesse présent à l'esprit que ces dons immenses impliquent d'effrayantes responsabilités... on est... on n'est tout simplement pas comme les autres hommes. Mon Dieu, que d'angoisses, certaines nuits j'ai failli devenir fou. Fou, vous m'entendez. Mais dire bien tranquillement je vais écrire par exemple un concerto pour piano et orch... Non, ce serait impossible, absolument hors de question. Car moi, voyez-vous, moi, je ne sais jamais quand ce... cette... chose m'arrive, je ne sais tout bonnement jamais ce que sera le résultat. Ce peut être, par exemple, un colossal Kunstfilm dans lequel le parti pris du montage harmonique est poussé un cran au-dessus dans les plus hautes sphères d'une hiérarchie assez russe des valeurs spatio-temporelles relatives à la métrique de la couleur dans le « monde » visio-acoustique – cela peut être une expérimentation épatante dans la technique de la grisaille, où les possibilités contrapuntiques de la texture tonale, de la forme et du contenu font contrepoids aux fulgurantes harmonies de la sensibilité, c'est-à-dire du « sentiment » au sens de l'europäischer Geist. Cela peut être un poème dans lequel l'humanité déclinante, vue dans l'immédiateté déchirante de l'expérience sensorielle, revêt l'aspect doucement occidental d'un dieu mourant, terrible bien que tendre et en quelque sorte immaculé. Cela peut être un « roman » d'une portée si vaste, d'une exécution si parfaite, d'une conception si bouleversante, de proportions si inouïes que... aucun éditeur responsable ne se risquerait à le présenter au monde. Cela peut être un énorme *Rapport minoritaire sur certains aspects du problème immobilier en Europe et au Moyen-Orient*, se référant notamment à l'*Évacuation des eaux usées en Occident, grandeur et décadence*. Cela peut aussi être les dessins préparatoires et les spécifications techniques d'une nouvelle locomotive, ou bien une modeste proposition pour la recodification de nos lois quelque peu farfelues, cela peut être une pièce si monumentale qu'il faut abattre le mur latéral du théâtre pour faire rentrer le décor... ou bien... cela peut être... une symphonie (en ré mineur) dédiée au Peuple d'Irlande; entièrement écrite de manière à pouvoir être jouée sur les violons du Musée national et sur aucun autre. Cela peut être une nouvelle marque de porter qui saoule sans enivrer. Un nouvel élastique qui ne s'étire pas. Des plans grandioses pour une nouvelle Université nationale. Un procédé pour acheter les conseillers généraux. Un pianoforte. Une arme divine. Un avion utilisable au sol. Un porte-menton. Un tribunal d'instance d'un genre entièrement nouveau, qui écoute les témoignages, annonce sa décision et ne dit absolument rien d'autre. Une machine pour rincer les vieux estomacs. Un plan pour rapatrier les Corkais des Sudètes. En fait, je dirais... tout, absolument tout.

Et si vous me demandez ce que je fais maintenant, je réponds que je ne sais pas, je travaille ici, c'est tout.

Tout lecteur ou lectrice souhaitant faire ma connaissance et celle de ma famille doit écrire au rédacteur en chef en lui demandant précisément quand je suis chez moi, quel est le meilleur moment pour venir, et s'il est nécessaire de déposer sa carte au préalable. Vous nous trouverez, je le crains, un rien guindés. Ma femme, par exemple, garde les mains dans un sac à main. Cela ne doit cependant pas vous inquiéter. Encore une fois, s'il vous arrive de venir dîner, attendez-vous à trouver certaines coutumes d'un autre temps – démodées si vous voulez, mais encore capables de conférer charme et grâce à une réunion entre personnes qui ont connu le défunt monde d'autrefois. D'abord un verre de clair sherry, délicieusement piquant au palais, pour stimuler la salivation prédînatoire. Puis un subtil *bouillon** servi dans des bols chinois, accompagné de rouleaux blancs, ces cigarettes américaines obtenues clandestinement. Ma main ornée de bijoux s'attarde à présent sur le gland turc, et les trois sons de cloche qui annoncent impérieusement l'heure du dîner retentissent dans la lointaine chambre des domestiques. C'est ici que l'invité habitué aux usages plus frustes d'aujourd'hui peut éprouver une légère surprise. Le dîner est servi en smoking. De gros morceaux de rosbif dans le plastron, les manches garnies de pommes de terre, des branches de céleri à la boutonnière, la sauce dégoulinant de partout. Un peu guindé si vous voulez, mais celui qui n'observe pas le code pointilleux des bonnes manières ne s'élève, après tout, guère au-dessus des bêtes. J'ai d'ailleurs failli dire, en repensant aux manières exécrables d'un de mes collègues membre de cette grande organisation journalistique, qu'il ne s'élève guère au-dessus des bêtes du *Field*[27].

Arrivés au moment du café, ma femme qui est un peu excentrique se fera un point d'honneur de servir une étrange invention de son crû, des langues de chien.

DIVERS

L'*Irish Times* nous a fait de nombreuses révélations ces derniers temps. « Les Maoris, je cite, sont parfois appelés "les Irlandais bruns" parce qu'ils sont toujours souriants et heureux. » Ça alors! Je ne connais point la Nouvelle-Zélande, mais l'on s'étonne qu'elle soit la cible de si monstrueux sarcasmes. Je sais que nous sommes moroses, sombres comme la crypte, enclins à voir la vie comme une maladie grave à l'issue fatale. Mais pourquoi ces Britanniques des antipodes jugent-ils bon de nous envoyer cette pique, à cinq mille kilomètres par-delà les mers, en pleine guerre mondiale?

Je lis ensuite qu'« à l'avenir, un nombre extrêmement important de policiers en service pourraient être présents lors des matchs organisés à Croke Park[28] ». Hum.

---

27. *The Field* est un magazine britannique créé en 1853 qui couvre les activités de sport en plein air, et en premier lieu la chasse (*N.d.T.*).
28. Grand stade de Dublin et siège de la GAA (Gaelic Athletic Association) (*N.d.T.*).

Ne pourrait-on pas changer les règles afin que, pour tout grand match, au moins une des équipes soit composée exclusivement de policiers ? Ou bien, ne pourrait-on ramener à l'ordre toutes les équipes qui jouent avant qu'elles n'occupent le terrain, de sorte qu'elles encourent une peine de prison sévère si elles se montrent violentes entre elles ou à l'égard de l'arbitre ?

Voici une autre information extraordinaire : « Un éleveur de cochons peut abattre un animal malade, le fumer et le vendre à prix d'or. En fait, il se peut que le cochon meure et soit, après coup, fumé. »

Et voilà comment une cochonnerie devient une fumisterie.

L'ACADÉMIE ROYALE IRLANDAISE
DE L'APRÈS-GUERRE

L'Académie royale irlandaise de l'après-guerre (président M. Myles na gCopaleen le patron) prend des dispositions pour faire de ce pays une société à responsabilité limitée. Tout « citoyen irlandais » deviendra automatiquement actionnaire à moins qu'il ne choisisse officiellement d'être une « personne exceptée » au sens de la section 10 (b) de la Loi (constitutive) de l'Irlande, à laquelle les législateurs travaillent jour et nuit. Cette loi mettra en place un Conseil qui gouvernera le pays comme une entreprise dynamique, avec marques déposées, servitudes, biens héréditaires et choses corporelles. La section 104, article 3 (iv), prévoit la tenue d'une réunion annuelle durant laquelle les comptes vérifiés de l'entreprise seront examinés et à laquelle tous les actionnaires, ci-après dénommés « les Irlandais », seront autorisés à assister et prendre part. Les membres du Conseil seront « élus » conformément à certaines formules mystérieuses contenues dans l'annexe II de la Loi. Il sera possible de déclarer un dividende, d'émettre des obligations et de garantir contre les risques industriels dans les autres pays. Selon la partie III de la Loi, toutes les personnes candidates à l'élection au Conseil deviennent automatiquement des « personnes exceptées » au sens de la section 10 (b) et ne seront par conséquent considérées comme « irlandaises » qu'à condition d'être élues. Lorsqu'il prend sa retraite, un membre du Conseil est dénationalisé mais rééligible au sein de la nation irlandaise. Tout cela est très compliqué et technique mais enfin.

Et moi? Où j'interviens dans l'histoire? Je ne sais pas exactement mais si je suis élu au sein du Conseil, je prévois le moment où il me faudra écrire certaines lettres. Une, par exemple, au président du Conseil (probablement J. J. O'Leary) et par conséquent au chef de l'État:

« Cher président. J'écris pour vous demander à grand regret ma démission du peuple irlandais. Je suis obligé de prendre cette mesure pour des raisons personnelles et j'espère que vous et vos codirecteurs trouverez moyen de l'accepter. En vous remerciant pour l'obligeance que vous m'avez témoignée, M. »

Vient ensuite la réponse:

« Cher M. Le Conseil et moi-même avons considéré le contenu de votre lettre et exprimons à l'unanimité l'espoir que vous jugerez possible de reconsidérer votre décision et accepterez de demeurer un membre de la nation irlandaise. Le Conseil me prie de souligner l'importance qu'il attache au maintien intégral du personnel irlandais étant donné la gravité de la conjoncture mondiale. J. J. »

Je ne peux accepter, bien sûr.

« Cher président. Je vous remercie pour votre lettre mais je regrette beaucoup qu'étant donné mon âge avancé et ma santé précaire, je me trouve dans la quasi-impossibilité de remplir les nombreux devoirs inhérents au poste d'Irlandais et juge préférable de laisser la place à des hommes plus jeunes. Je suis réellement désolé de ne pouvoir répondre aux vœux de votre Conseil. M. »

Mais ils reviennent à l'attaque.

« Cher M. Tout en appréciant profondément les raisons qui vous ont conduit à donner votre démission, le Conseil préconise encore chaleureusement que vous demeuriez en fonction au moins une année supplémentaire, afin que la nation puisse profiter de vos conseils et de votre clairvoyance en ces temps difficiles. J. J. »

Et de nouveau ma réponse:

« Cher président. J'ai consulté mon médecin relativement à la demande contenue dans votre dernière lettre. Il a absolument proscrit la consommation d'alcool et également déclaré qu'il déclinerait toute responsabilité si je m'opposais à son avis. Votre Conseil appréciera donc que je suis, en raison de mon incapacité physique, tout à fait inapte au poste d'Irlandais et que pour cette raison je dois une fois encore donner à regret ma démission. M. »

Ils ne comprennent pas le non.

« Cher M. Mon Conseil a très soigneusement examiné votre dernière lettre. Bien que sensible au déclin de vos forces physiques, il est plus réticent encore à accepter votre démission et m'a prié de vous demander si vous accepteriez de continuer votre activité d'Irlandais à temps partiel. J. J. »

Et voilà. Un Irlandais à temps partiel! Quelle fin pour une vie tout entière consacrée à servir la patrie!

Mon espoir à présent est que nous pourrons obtenir l'introduction dans la loi d'une nouvelle section qui assure une retraite aux personnes ayant exercé la fonction d'Irlandais. Et une retraite généreuse (nom d'un chien).

La plupart de mes lecteurs reconnaîtront l'importance de la planification. Ce mot est dans toutes les bouches. Quel plaisir, donc, d'apprendre que M. Myles na gCopaleen (le patron) a formé ce qu'il est heureux d'appeler l'Académie royale irlandaise de l'après-guerre. Je mets au défi quiconque d'exagérer l'importance de ce projet. C'est une initiative absolument capitale, impondérable et merveilleuse, dont le noyau cryptique constitue une épigenèse intellectuelle. Des quaternions à vecteur cube sont utilisés dans la formule, qui ne peut être évaluée sans l'aide de dix-huit algèbres différentielles. Le Cycle de Snodgrass a été utilisé de manière répétée dans les calculs préliminaires. Tout cela est extrêmement compliqué et repose intrinsèquement sur un plan jusqu'ici insoupçonné de démophysique, impossible à décrire selon les moyens de communication généralement admis. Exprimé symboliquement dans ses termes les plus bas, le concept est le suivant: $a + b + c - j = a$. M. Myles (le patron), parti faire une promenade, sentit se fermer le circuit galvanique et cet essai quasi monstrueux de socio-thaumaturgie en est le résultat. Il atteignit le pont le plus proche sur le canal au pas de course.

Il faut toutefois s'efforcer d'être un peu plus explicite,
au risque d'induire en erreur. En un mot, l'objectif est de
produire, à l'issue d'un « intervalle » de cinq Années planifiées,
un Homme planifié. Ce processus sera cyclique et des Hommes
de plus en plus précisément planifiés verront le jour au terme
de chaque gestation quinquennale. L'Homme planifié, lui-
même planifié, occupera son cerveau planifié à des plans et
à un travail de planification, et élèvera des Enfants planifiés
de telle sorte qu'ils ne toléreront rien qui soit non planifié,
demi-planifié ou mal planifié. Les événements non planifiés,
telles les averses, seront supprimés. La mort elle-même ne sera
plus le phénomène décousu, imprévisible et insatisfaisant qu'il
est depuis si longtemps dans ce pays (malgré les promesses
fanfaronnes du gouvernement Fianna Fáil) mais sera planifiée
et replanifiée jusqu'à ce qu'une mesure approuvée de tous les
partis puisse être adoptée par le Parlement, intitulée – avec une
ironie planifiée – la Loi sur la Vie (dispositions provisoires).

Tout cela ne se fera pas en un jour. L'Académie royale irlandaise de l'après-guerre s'associera à d'innombrables organisations de planification complémentaires. Le Conseil de planification des autoroutes fera en sorte que de vastes artères en
béton partent de tous les foyers de population, chaque route
ayant des voies spéciales pour la circulation rapide, la circulation lente, les tramways, les vélos, les piétons, les invalides, les
lecteurs du *Standard,* les écoliers et les irlandophones. Situés
à des intervalles de deux kilomètres se trouveront des aires de
repos, des cliniques, un « Centre du peuple » comprenant des
piscines, un restaurant, un cinéma, des salles réservées à l'écriture et à la lecture, des appartements réservés à l'audition de
disques, une maison de retraite, un bureau des vitamines et
deux aérodromes.

Pendant que le Conseil national de planification immobilière s'emploiera à ériger sur ces artères dix millions de grands
immeubles pour le Peuple planifié d'Irlande, chaque immeuble
étant équipé d'un stérilisateur et d'une petite salle d'opération,
d'une pharmacie miniature pour une nouvelle science planifiée
d'autothérapie, d'une épouse intégrée, et de l'eau chaude à la
pression grâce au système déjà mis en place par An C lucht
Náisiúnta um Uisce Galach, ou la Compagnie nationale d'eau

chaude. Le Conseil des transports et des communications
concevra et construira de grandes voies ferrées et des canaux,
les voies ferrées ne traversant que des terres montagneuses
sans intérêt et ne pouvant venir à bout des incroyables déni-
vellations qu'au moyen d'écluses. De vastes plantations d'arbres seront entreprises sur les grandes artères par le Conseil
national du boisement. De vastes travaux hydroélectriques,
hydrauliques, miniers et d'évacuation seront effectués en régie
sous les auspices et l'égide du Conseil national de développement. Une Compagnie d'exploration du charbon aura pour
unique tâche de trouver de vastes quantités de charbon dans ce
pays, et une autre Compagnie (la Corporation nationale d'ex-
ploitation minière) sera chargée d'exploiter les mines.

C'est juste un aperçu. Je dois vous donner et vous donnerai
d'autres informations. Mais sans doute ce que j'ai dit mérite-
t-il déjà réflexion.

Que puis-je faire de mieux ce matin que vous souhaiter à
tousse chers lecteurs un joyeux Noël et une trésoreuse année?
Surtout à l'oncle Paul (le gratifié) et l'oncle Pierre (le dépouillé),
Tom, Dick et Harry (trinité ô combien plébéienne, mystique
et trine prosopopée du banal), Billy et Jack (celui-ci repre-
neur infatigable des amis de celui-là). Tadhg agus a replicas
Taidhgin[29] (Mac-rocosme et Mick-rocosme), R. C. Ferguson,
Glenavy, Lord Moyne (de la famille Guinness). Willie Norton,
Power, O'Keeffe et Fogarty, et puis Jelly D'Aranyi, Willie
Dwyer, JackYeats, et bien sûr Hernon.Tous mes veaux de Noël
à moi aussi. Je les mérite autant que les autres – ou que mon
prochain – bien qu'ils ne m'aient jamais tellement profité je
crois. Que m'apporte cette période de l'année? Un bout de
corned-beef de Manchester et une tasse de « café » négligemment posée sur les dessins de chaudière par la souillon qui est
à mon service. Je soupire et retire mes lunettes. Dehors sous
la neige j'entends « Le bon roi Wenceslas[30] » pipeauté par une
chorale indépendante de délinquants juvéniles. Je songe vaguement à ceci : peut-on obtenir une ligne de vapeur bien droite, si

---

29. « Tadhg et sa réplique le petit Tadhg » (Tadhg est un prénom irlandais) (*N.d.T.*).
30. Chant de Noël populaire en Angleterre et en Irlande (*N.d.T.*).

l'on surchauffe ? Au bout d'un moment je « bois » le « café » et vais me coucher, très mal en point.

Que je suis fatigué après une autre année de dénonciation !

Mettons que je fasse une « blague » et qu'elle ne vous plaise pas, vous êtes agacé plutôt qu'amusé. Agacé, tout simplement parce que vous n'avez pas encore trouvé comment « dérire ». Mon Bureau de recherches est confronté à un problème assez similaire. À l'époque du pain noir (il y a si longtemps mon Dieu !), nombre de mécontents, notamment des femmes, se sont lancés dans des opérations clandestines de tamisage, au petit jour. Ils refusaient absolument de tamiser au grand jour. Leur argument était qu'ils « supportaient » mal le pain noir et que bon gré mal gré, il leur en fallait du blanc. Très bien. J'ai fait ce que j'ai pu, j'en ai parlé aux ministres, j'ai sermonné les agriculteurs… et maintenant… tout le monde peut s'en procurer du blanc. Y compris ceux qui veulent du noir, et qui ne « supportent » pas le blanc. Notre problème est donc… comment détamiser la farine blanche. Voyons ce que vous pouvez faire, vous, pour une fois. (Prière d'envoyer un exemplaire aux journaux d'Offaly.)

Que la syntaxe chromatique de la Nature est étrange ! Plus une chose est raffinée, plus elle est blanche, et si vous ne le croyez pas, passez un de ces soirs et regardez ma tête.

LE PROGRÈS À TOUTE VAPEUR

Bah ! Pourquoi s'embêter avec des « problèmes » de pain, etc., quand ce vaste ganglion de neurones qu'est l'Académie royale irlandaise de l'après-guerre porte à bout de bras sa mission : résoudre toutes les difficultés humaines simultanément – planifiant encore et encore, planifiant sempiternellement la naissance d'un nouveau monde.

Prenez les transports. Nous savons tous aujourd'hui que nous serons la risée du monde civilisé à moins que dès la fin de la guerre nous ne puissions construire des voies à grande circulation. Entendu. Nous avons tous honte, à juste titre, de nos routes de campagne onduleuses et tortueuses et nous savons très bien qu'elles sont entièrement dépourvues d'Aires de repos, de Stations de dosage de rhubarbe, d'Hôpitaux, de Cliniques dentaires, de Brasseries de vitamines, de Maisons de la jeunesse – de toutes les commodités modernes imaginables. Mais comment, dans l'immédiat, construire des voies à grande circulation convenables si le pays est tout en pente ? Il n'y a qu'une solution. Il faut construire les routes sur une voie déjà plane. Or nous n'avons que deux voies de ce type – les canaux et les chemins de fer. L'Académie étudie un projet qui consiste à dévier le trafic ferroviaire vers les canaux et à construire les routes à grande circulation sur les lignes de chemin de fer, terrain idéal car dénué de pentes et de virages. Reynolds et McCann ont eu la gentillesse de rencontrer les membres de l'Académie et ont même construit un tronçon près de Dublin à titre d'essai. Riez si vous voulez. À présent les voies ferrées sont disposées dans le lit du canal, et les trains et les chalands ont largement la place de passer les uns à côté des autres. Il y a quand même un hic. Des étendues d'eau entraînent souvent l'extinction du moteur et qui plus est, il faut sans cesse draguer pour enlever des rails les chiens morts et les saletes. L'Académie étudie maintenant les possibilités de concevoir des trains flottants propulsés par les hélices de vieux paquebots. L'avantage ici est que les moteurs pourraient remorquer des chalands ainsi

que les wagons adaptés et compenser ainsi le manque de matériel roulant – ou plutôt flottant : la situation est très floue pour
l'instant mais lorsque vous lisez que l'entreprise GSR[31] recons-
tituée sera une compagnie de transport plutôt que de chemin
de fer, soyez sûr que l'on a envisagé quelque chose comme ce
que vous voyez sur notre photo. Pourquoi sinon mon Honneur
achèterait-il GSR ?

ENCORE UNE BONNE NOUVELLE !

Je suis en mesure d'annoncer que l'Académie royale irlandaise de l'après-guerre (président Myles na gCopaleen) n'a
pas l'intention de se désolidariser des tendances politico-
sociales actuelles. Outre la planification, qui revêt bien sûr une
importance capitale, l'Académie a officiellement approuvé le
nouveau concept monopolistique et amalgamant de société. Si
certains des plans de l'Académie parviennent à maturité, fini le
laissez-faire, et la recherche du profit sera proscrite dans tous
les services publics.

L'Académie a un projet assez remarquable en ce qui
concerne le transport à Dublin. Ce sujet donne lieu à un foison-
nement d'idées. Réfléchissez un instant et vous constaterez que
le transport de passagers intra-muros est très spécifique et n'a
absolument rien à voir avec tout autre type de transport, tel
que par exemple la ligne de chemin de fer qui va de Dublin à
Cork. Cette dernière est une artère vitale qui connecte différentes communautés isolées, importante surtout parce qu'elle
permet l'acheminement de biens et de denrées essentiels à leur
subsistance. Le transport d'êtres humains, bien que lucratif, ne
constitue pas un élément essentiel aux affaires de cette compagnie ; en outre, si des individus isolés tiennent à effectuer de
longs trajets, il est juste qu'ils paient (comme c'est très certainement le cas) une somme colossale pour être autorisés à satisfaire ce caprice extravagant. Il en va tout autrement du transport municipal. Les habitants survivent au prix d'un mouvement perpétuel au sein de leur ville, s'affairent de-ci de-là telles
des fourmis dans une fourmilière. Ils sont pour ainsi dire le

---

31. Great Southern Railways (voir note 31 p. 211) (*N.d.T.*).

sang de l'organisme municipal tandis que le système de transports publics correspond aux artères et aux veines. Les gens sont obligés de se déplacer. Il est donc déraisonnable de les traiter comme des voyageurs au long cours qui entreprennent un voyage une fois par an peut-être, en général pour le plaisir ou pour une raison non essentielle à la survie économique. Il est assez ridicule qu'un groupe d'individus puisse soutirer de l'argent à une communauté pour autoriser celle-ci à remplir une fonction essentielle à son existence.

Mais le transport municipal géré par une entreprise privée n'est pas une chose servile et passive, qui consisterait à bêtement amener les gens où ils le souhaitent moyennant une certaine somme. Il possède son propre dynamisme, exerce une influence tout à fait pernicieuse sur le développement de la communauté. On ne peut désengorger les bas quartiers des villes, par exemple, parce que les classes défavorisées qui les habitent ne pourraient payer l'impôt que prélève la compagnie en échange du privilège d'habiter en banlieue. Une compagnie de transports a le pouvoir d'entraver et de freiner la croissance d'une ville et de sa population.

Pour entrevoir la solution à ce problème, il suffit de réaliser que le transport est tout aussi nécessaire que l'eau courante, les égouts, ou la lumière artificielle. Ces choses sont « gratuites », à savoir que leur coût est fixé d'après une estimation immobilière. Ce sont des services universels et que l'on peut utiliser autant ou aussi peu qu'on le souhaite. Vous avez ici la solution au problème du transport municipal. Nous devons fournir un service de bus qui soit entièrement gratuit pour tous les citoyens et entretenu grâce aux revenus de la municipalité. Il faut évidemment remplacer le système actuel, or un service gratuit serait bien préférable à l'unique alternative – un forfait pour l'ensemble des trajets. Qu'impliquerait la gratuité en termes d'argent? Rien de méchant en réalité. Les revenus annuels de la municipalité sont de l'ordre de £3 500 000, dont £2 200 000 proviennent des impôts locaux. En 1943, la Compagnie des transports de Dublin a recueilli approximativement £1 000 000 en titres de transport. De ce total, on peut supposer que £250 000 représentent des profits ou des frais qui n'existeraient pas si l'entreprise appartenait à la municipalité. À supposer que fournir un service similaire coûterait £750 000 à la municipalité, cela reviendrait à un supplément d'impôts d'environ 7s 6p. Est-ce trop ? Prenez un homme lambda habitant une maison qui lui coûte £20 par mois, il a une femme et quatre enfants qui vont à l'école, et il doit payer deux pence par trajet. Cet homme paie huit pence pour ses propres trajets, les enfants 1s 6p et la femme quatre pence ; cela fait un minimum de 2s 6p par jour. Vous ajoutez six pence pour tous les trajets inessentiels et vous obtenez une dépense de trois shillings par jour, soit dix-huit shillings par semaine, soit une dépense annuelle d'environ £47. Si vous donnez à cet homme des transports municipaux gratuits, cela lui coûtera £7 10s 0p par an.

Réfléchissez-y.

Grand est l'intérêt qu'a suscité le projet proposé hier par mon Altesse, à savoir un système de transports municipaux gratuit, dont la municipalité supporterait le coût. À l'évidence, il s'agit d'un projet inattaquable sur le plan financier, et qui rebutera uniquement ceux qu'effraie tout ce qui est simple, clair et dénué de complexité bureaucratique. Mais c'est aussi une idée valable sur le plan philosophique. Considérez le point suivant. Pourquoi les tarifs de la compagnie de transport actuelle sont-ils si élevés ? Parce que d'une part, tous les citoyens n'utilisent pas le système de la compagnie. Cela signifie qu'un système capable de transporter tous les citoyens doit être entretenu par ceux d'entre eux qui sont obligés d'utiliser les trams et les bus. Deux catégories évitent de contribuer au financement de cette indispensable commodité urbaine – ceux qui circulent à vélo et ceux qui circulent en voiture. Le cycliste ne dépend pas des transports publics parce qu'il a réussi à devenir un modeste capitaliste ; sa contribution à un système de transport financé par les impôts serait limitée au niveau individuel, mais étant donné le nombre de cyclistes, la somme totale serait considérable. L'homme qui préfère utiliser sa propre voiture et assure ainsi un transport individuel à un prix exorbitant ne devrait pas être autorisé à le faire si cette action entraîne l'augmentation du coût des transports publics et met en difficulté le gros de la population, qui n'a pas les moyens d'acheter une voiture. Si vous augmentez les impôts de cet homme d'environ un tiers, il n'a aucune raison de se plaindre ; il ne devrait mettre sa voiture à disposition qu'une fois un service de transport minimum mis à la disposition du public en général.

Quel serait l'effet du système sur le commerce ? Assurément pas mauvais. Les allées et venues des citoyens seraient beaucoup plus fluides. Si j'ai un magasin sur O'Connell Street, je rate sans doute des milliers de ventes au cours d'une année parce qu'un client potentiel est obligé de payer un supplément de six ou huit pence en plus de la somme que j'exige moi-même. D'un autre côté, la compagnie de transport dépose des milliers de clients devant ma porte chaque semaine et, à part la contribution générale que je verse à la communauté du fait de la situation privilégiée de mes locaux dans le centre commerçant de la ville, je ne reconnais pas directement le fait que les transports en commun sont absolument essentiels à ma subsistance. Si en vertu de la Loi sur les pauvres je dois payer £1 000 d'impôts et que ce projet de transports en commun municipaux implique que je doive payer £300 supplémentaires par an, ce n'est pas déraisonnable.

Le système « sans tickets » a un autre gros avantage. Il permettrait d'exploiter le système de transport à un coût encore jamais vu nulle part. Superficiellement, cela entraînerait des licenciements, mais on a déjà rencontré et réglé de manière satisfaisante ce problème par le passé. La compagnie de transport actuelle emploie probablement un millier de chauffeurs, peut-être cinquante contrôleurs et superviseurs et un grand nombre de comptables ; ajoutez à cela les dépenses en tickets et en location de composteurs et il n'est pas sûr qu'il vous reste grand-chose des £200 000 annuelles. Voilà une économie claire et immédiate. Vous montez à l'avant du véhicule, et le chauffeur peut aisément s'acquitter des fonctions élémentaires de conduite qui subsistent.

Le système introduit dans les transports en commun un principe bien établi en ce qui concerne les autres services publics essentiels – à savoir que chacun paie sa part non pas en fonction de son usage mais de sa capacité à entretenir les services publics. Si l'extension d'une conduite d'eau dans le cadre d'un nouveau projet de logement municipal coûte £1 000, les locataires ne supportent pas personnellement ces frais écrasants ; ceux-ci sont répartis sur toute la région administrative et se limitent à quelques sous sur la facture de chaque contribuable. Mais ces mêmes locataires, dans le système actuel, doivent payer plusieurs milliers de livres à la compagnie de transport et n'auront jamais le plaisir d'avoir une conduite fonctionnant en permanence.

Il n'y a pas vraiment de hic dans cette idée. Elle ne sera cependant pas retenue parce que la municipalité et ses citoyens sont trop dociles : obedientia civium urbis felicitas[32].

JE N'AIME PAS LES ÉTIQUETTES – entendez-moi, je ne nie pas qu'elles soient extrêmement utiles. Elles le sont, mon vieux. Mais... mais est-ce qu'elles prennent suffisamment en compte... la... personne ? Voilà mon dilemme. (L'aime qui ?) Mais je... je... (petit rire complaisant) je connais l'humanité, ses faiblesses, ses vulnérabilités, ses absurdités ; je sais combien l'esprit obtus hait ce qu'il ne peut enfermer dans la cage humiliante de ses « catégories ». Et donc, si vous voulez mes tiques, pardon je me trompe, si vous voulez m'étiqueter, si vous devez utiliser une épithète pour « décrire » un être qui par la diversité de ses modes, l'universalité de son caractère et l'hétérogénéité de sa continuité spatio-temporelle transcende votre pédante dialectique, si, en bref, un... symbole quasi algébrique doit suffire à couvrir la nudité éblouissante de ce polymorphe ontologique qui est à la fois impeccable brahmane, austère néoplatonicien, concessionnaire automobile, mystique, vétérinaire, folliculaire et catalyseur idéologique, appelez-moi... appelez-moi... (*qu'importe en effet, tout cela**?) appelez-moi... ex-écœurable. Oubliez ces dehors modestes et crasseux, horrible camouflage de l'éclat secret, intime, in-formant. Il est vrai que... les pressions économiques obligent à se consumer en... bêtises (avec le demi-verre de sherry à deux shillings et le baba au rhum... baba au rhum ? Mais ma bonne dame, vous vous rendez compte que c'est la guerrrrrre ?). On ne doit pas écrire, par exemple, au sujet des choses valables : l'éthique, le

---

32. Devise de Dublin, « Heureuse est la ville dont les citoyens obéissent » (*N.d.T.*).

plastique, l'autorité quelle est son assise ? dans la course diurne compromise (qu'ont promise qui ?), le besoin d'Ordre (avec ses brillants satellites que sont la « beauté » et l'« harmonie » – sans parler des anciens Hiberniens), comment le réconcilier avec l'insatiable aspiration de l'Homme vers la Liberté ? (Assez grossièrement formulé, mais vous voyez à quoi s'occupe le chroniqueleurre ?)

C'est sûr on néglige l'âme, mais il faut être très simple dans ce genre d'histoire, garder la tête près du bonnet, suivez les poteaux télégraphiques c'est à environ cinq kilomètres d'ici. Voyez-vous, on est... on n'est qu'un pisse-copie, qui s'occupe de choses aussi prosaïques que... faire passer le message, doucement, fair-play avec tous, probité envers mes maîtres, et ne jamais oublier la foule impatiente des lecteurs (certifiés) qui ont une foi si instinctive en leur liberté d'expression qu'ils ne tarderont pas à faire savoir au rédacteur en chef ce qu'ils pensent de vos pitoyables écrits. Très irlandais, très traditionnel, la seule différence étant que depuis cette pauvre Révolution française si vilipendée, nous nous sommes affirmés face à celui que John Mitchell appelait « Le Carthaginois », malgré le poison, les dettes et l'exil. Maintenant... (rire amer)... maintenant nous nous affirmons face aux... écrivains... aux Anglo-Irlandais, libéraux, individualistes, enfants de la Renaissance et autres créatures... méprisables... et non armées !!!! Bien sûr lorsque la Vérité n'est pas primordiale, on doit réclamer à grands cris la Tolérance et la Liberté d'expression. Et puis dès que la Vérité devient primordiale en conséquence de notre Tolérance et de notre Liberté (!!!!)... on n'a plus besoin de Tolérance – elle serait même un crime. Parfait. Parfait. Mais... juste un peu dur pour ceux qui ne croient pas aux « Absolus », ni même à l'existence d'une Vérité permanente et impérissable. Juste un peu dur pour ceux qui estiment les « erreurs » de... Plotin tout aussi valables et importantes que disons ces brûlants poèmes ibériques dont les images sensuelles inspirèrent à Crawshaw sa ligne mélodique et son miroir ardent.

Non, non, non, c'est interdit... Et pourtant – que la nature humaine est merveilleuse, indestructible ! et pourtant cet homme en route vers la prison et la mort ne cessera de répéter : « Hélas, ce pouvoir peut vaincre le droit, ils sont tombés et ont péri, mais de vrais hommes, comme vous, sont légion aujourd'hui![33] » – Grec imbécile! Idiot Renaissance! Libéral grotesque! Nous allons débarrasser une fois pour toutes sa débile carcasse de sa crétinerie millénaire!... Mais assez! Passe-moi la strychnine, Mac, elle est dans la commode, tiroir du haut à gauche, sous le vieux diplôme de thèse (Heidelberg).

Aujourd'hui un de ces éclairs d'intuition m'a encore illuminé (de l'intérieur), enflammé, consumé, fracassé d'une lumière à la fois torturante par ses implications, son goût de solitude, d'isolement, de... séparation qui est la rançon, la glorieuse et vaine rançon du modeste, tourmenté, poly-noétique superin-dividu... en même temps qu'il a exalté et guéri l'esprit surex-cité, épuisé, réduit à un... fil étincelant, écarlate, hypersensible, par la colossale *besogne** de fourrer une... année-lumière de réflexion dans trois mois calendaires. J'avais, enfin... réalisé (dans le sens « perçu la vérité de »), j'avais été frappé avec une transcendante immédiateté sensorielle d'une éblouissante illu-mination non dépourvue d'un message de bienveillance envers la pauvre, tâtonnante... miteuse humanité. J'ai soudain vu... très clairement... sub specie aeternitatis... que cet... étrange objet, si prisé – (voire braisé) par nos délicieuses épouses imparfumées, même sous sa forme essentiellement filan-dreuse, blanchie, en tant que... mets... j'ai vu, vous dis-je, que cet... objet renfermait d'étonnantes possibilités pour la petite industrie irlandaise, qui lutte vaillamment pour garder la tête au-dessus de la ligne de flottaison, dans un monde en proie au délire de l'abominable bouffonnerie du libre-échange. Oui, je répète, ce curieux objet céphalomorphe peut devenir un élément essentiel de notre production textile; grâce à lui, je vous le promets, émergera un commerce de la laine renouvelé, supérieur et plus glorieux, les marchés de Cathay et de Samar-cande réclameront à cor et à cri nos incroyables gilets, les riches acheteurs de New York, Paris, Berlin afflueront à nos (demi-) portes, nos bateaux parcourront les mers sans entrave, le vin hurlera inlassablement sur la mer vineuse, et l'Irlande qui fut

---

33. Extrait d'une ballade de John Kells Ingram (1823-1907), poète et patriote irlan-dais, en l'honneur de la rébellion irlandaise de 1798 (*N.d.T.*).

longtemps une province redeviendra une nation. Je suis, bien
sûr, très sérieux. Cet objet étonnamment plastique est notre
avenir et je ne doute pas qu'avec assez de temps, de recherches et surtout d'argent, nos... chimistes irlandais seront tout
à fait aptes à extraire la laine de son cœur flexible et élastique.
Entre-temps, il faut de toute urgence que le département des
rots lassants publics de notre ministère de l'Agriculture expose
les dangers inhérents à l'attitude adoptée aujourd'hui face à ce
minéral essentiellement résineux. Nos... enthousiastes et, sans
conteste, affectueuses épouses irlandaises doivent se rendre à
l'évidence que si manger est... une activité nécessaire et... blan-
chir une manière intéressante de traiter les objets destinés à la
vulgaire sustentation du corps... cependant, les scories sublu-
naires ne se prêtent pas toutes à cet usage ; réveils, parapluies,
fleurs de cire, télescopes, tapis, papier peint et plâtre comptent
parmi les exemples de choses médiocrement comestibles. Ou
encore, plus évident, cette intéressante bombe en laine peignée
dont je parle ce soir.

On se demande quelle est la distraite colleen[34] qui la
première, la main timide et l'œil myope, plongea l'un de ces
précieux objets en cuir retourné dans le chaudron, puis...
obstinée, quoique charmante... insista pour que ce pauvre
Tadhg[35]... le mange. Cette recette délirante, un rien risible et
absolument fatale, se transmit d'épouse en épouse, de mère
en mère, de génération en génération, si bien qu'aujourd'hui
il n'existe sans doute pas un seul adulte mâle sur cette île qui
n'ait à un moment ou à un autre accompli ce grand numéro de
music-hall : manger un... poireau ! (comparable à l'absorption
de cette embrocation vitriolique qu'on appelle lait !)

Il est dangereux, je l'admets, de suggérer que nous avons
tort de manger certaines choses pour la seule raison qu'elles
peuvent servir à fabriquer des landaus, des râteliers à pipes ou
même des journaux – toutes choses à l'évidence plus importantes que la boustifaille. Je serais personnellement affligé si
l'on trouvait un moyen de transformer les huîtres en pantalons
de policiers. Tels sont la ténacité et le pouvoir de l'industrie

---

34. Terme irlandais pour « jeune fille » (*N.d.T.*).
35. Prénom autrefois très courant en Irlande (*N.d.T.*).

qu'on ne trouverait plus d'huîtres nulle part jusqu'à la fin des temps. Et qui irait chez Jack Nugent pour y déguster du pain noir servi avec de la bière et une demi-douzaine de pantalons? Autant demander aux policiers de se mettre des coques sur les gambettes – même si cela vous donnerait l'occasion d'une bonne blague sur les coques-en-jambe.

Les gens – je suppose que ce sont bien des gens – m'entretiennent souvent avec force détails au sujet de ma « versatilité » et – Dieu m'en préserve! – je suis contraint de prêter l'oreille à leurs incompréhensibles tentatives de communication. Ces occasions se présentent, comme vous pouvez l'imaginer, simplement parce que je me suis laissé convaincre de faire l'une de mes rares apparitions en public. (Faire ou même risquer une de ces apparitions, que ce soit en public ou en privé, est aujourd'hui absolument interdit par la Loi sur l'état d'urgence, décret 487/e/iv – alors n'en veuillez pas à votre épicier, il fait de son mieux en ces temps difficiles.) Imagine... imagine-t-on que ces conversations... m'amusent... m'intéressent ou même – ô monstrueuse présomption – me flattent? Je suis consterné. C'est comme... c'est comme ces riches petites effrontées qui – mon Dieu avec quelle coquetterie! – me « disent » que ma beauté est d'un ordre supérieur. Mais bien sûr, bien sûr. Je sais. L'insignifiante itération des faits n'ajoute rien à ma... joie de vivre. La vie... j'ai... *j'ai seul la clé de cette parade sauvage**. Quant à ma... versatilité? Doit-on, ma foi, louer l'oiseau parce qu'il vole, chante et pond des œufs comestibles, dangereusement perché au sommet de son arbre? Il est, je pense, naturel pour une personne de ma trempe (comme le disait ce pauvre Rowan Hamilton[36]) d'embrasser toutes les perfections et les talents humains (excepté ceux qui pourraient être néfastes) au sein de ma superbe intelligence, et d'honorer ainsi non pas moi-même mais l'humanité entière d'une prééminence artistique doublée d'une exquise humilité.

---

36. Sir William Rowan Hamilton (1805-1865) est un mathématicien, physicien et astronome irlandais. Il est connu pour sa découverte des quaternions, mais il contribua aussi au développement de l'optique, de la dynamique et de l'algèbre (*N.d.T.*).

« Mais... ne vous arrive-t-il pas d'être à court d'idées ? Comment faites-vous pour toujours écrire de manière si... intéressante... avec une telle... autorité sur des sujets aussi variés ? On a rarement vu... tant de choses écrites pour tant de personnes... par un seul. »

Ma réponse est simple et, comme toujours, honnête. « Madame, l'écriture est la moindre de mes activités. De nombreuses, de très très nombreuses autres choses contribuent à la somme de mes préoccupations. Des choses vastes, des choses impondérables et inéluctables, des choses terribles, des choses qu'aucun autre mortel n'aurait la force d'entendre – des choses auxquelles je ne dois songer que dans la plus grande solitude. L'écriture n'est sans doute qu'une bien petite chose. Les difficultés, mmm. On n'en est pas conscient. Il y a, bien sûr, cinq choses et cinq choses seulement sur lesquelles on peut écrire, et même si pour moi elles ont perdu tout intérêt en tant que problèmes, je continue d'écrire par sympathie profonde pour l'humanité qui tâtonne dans les ténèbres. »

Je m'apprête à prendre congé d'un signe de tête, lorsque je suis de nouveau assailli par ma fruste interlocutrice. Ne lui dirai-je pas quelles sont ces cinq choses ?

Un vacillement, une lézarde, déforme l'austère expression granitique, mais conformément à des usages de race et de caste, une réponse courtoise est prodiguée, courtoise mais empreinte d'un frémissement tragique qui vient rider la calme surface de mes paroles. « Les liens de l'amitié, m'dame, la trahison des proches ; la destruction du bien par le bien. La passion qui chavire la raison. LA FIÈRE ET VIOLENTE MORT ! »

Parfois je souris. Je ne suis pas de ce pays, et mon agriculture est essentiellement altero pede. Mais tant que je suis ici, je ne peux contempler sans émotion le spectacle de votre grand mouvement de renaissance national et bilingue, qui se déploie si héroïquement dans une agonie toute prométhéenne. Le combat est tellement inégal. On voit massées d'un côté les influences corruptrices de l'Europe occidentale, vouées – on appréciera – à la destruction de tout ce qui est irlandais. Un spectateur compatissant comme moi, qui veut votre bien à tous, ne peut toutefois se défaire du pressentiment que ce grand monstre polyglotte... non irlandais, ne reculera devant rien pour parvenir à ses fins démoniaques. Ses horribles influences décivilisatrices, régies par le moteur à combustion interne et anticipant une domination plus grande encore dans le monde à venir, saturé (comme il le sera) du fléau antigaélique des plastiques, du transport aérien, de la télévision et des cinémas mixtes, ne seront éliminées qu'au prix d'un combat long et acharné.

La matière, bien sûr, m'intéresse au plus haut point. Nous ne sommes pas les mêmes hommes que nos ancêtres. (Tant mieux, dans un sens. Si c'était le cas, nous serions… terriblement vieux.) Il devient de plus en plus difficile de cultiver du blé dans ce pays. Le climat est chaque année moins glacial. Je n'ai pas chaussé mes patins depuis quarante-huit ans. Nous avons peu de phosphates. La framboise sauvage se fait rare.

Mais tout cela est très confus. Ce matin je souhaite attirer votre attention sur une question sérieuse. Mon thème – bien qu'il soit difficile, j'essaierai de l'exposer en plusieurs propositions simples. Écoutez, je vous prie – tous !

1. La matière est indestructible.

2. La matière à l'état brut est perçue comme terre ou « poussière ».

3. La matière, via l'action des cellules vivantes qui la pénètrent, revêt de nombreuses formes. Ce qui était terre il y a peu devient l'espace d'un moment fleur, arbre ou vache. Toutes choses qui « meurent » et pour finir retournent à la terre.

4. Tout ce que l'œil voit, excepté peut-être le feu et l'eau, est fait de terre.

5. Il va sans dire que la composition chimique de la terre régit le type et la vigueur de la récolte à venir, et le ministère de l'Agriculture entretient une station d'analyse du sol pour conseiller les agriculteurs dans ce domaine.

6. On sait que certains engrais et fumiers sont nécessaires à la culture et que d'autres produits sont requis pour lutter contre les maladies spécifiques qui menacent certaines récoltes.

Aucune personne sensée ne contestera la vérité de ces six propositions. Le seul autre point que je voudrais souligner est le suivant – l'Homme lui aussi est terre. Le corps humain dans son ensemble (nous nous cantonnons ici strictement au physique) est fait du sol sur lequel il grandit. L'aliment qui le nourrit est

la terre, qui livre ses sels et ses substances sous l'appétissante
et séduisante forme de choux-fleurs, de bœuf et de patates. Un
homme né en Irlande et élevé ici est donc un Irlandais en vertu
de critères bien plus extrêmes que la maîtrise du gaélique, le port
de pinces à vélo au bal ou l'obtention de médailles de handball.
Il est l'Irlande. Il est temporairement un petit bout d'Irlande
marchant sur deux échasses roses assez peu seyantes.

Dire cela, c'est dire sans doute ce que tout le monde sait et
admet. Pourquoi alors n'utilisons-nous pas cette once de savoir
pourtant capitale? Pendant des années, la plupart des habitants de Glasgow ont eu les jambes arquées. Cela venait, a-t-on
découvert, de ce que l'eau de la ville ne contenait pas assez
de chaux. On a ajouté de la chaux, et maintenant Glasgow a
des citoyens aux jambes droites. Pourquoi ne pas remédier à
des insuffisances beaucoup plus graves? Pourquoi la tubercu-
lose fleurit-elle dans ce pays, comme les mauvaises dentitions,
le rachitisme et toutes sortes de maladies respiratoires? Tout
simplement parce que la composition chimique du sol irlandais est déséquilibrée. Les autorités ont pris les choses en main,
bien sûr. Elles parlent, je crois... d'ajouter du calcium à... la
farine! Pourquoi ne pas ajouter du calcium à l'Irlande? La
farine n'est qu'une toute petite partie de l'Irlande ; le calcium
est également nécessaire à bien d'autres parties.

Laissons de côté la maladie pour l'instant. Nous avons la
réputation d'être un peuple querelleur et intraitable. Cela vient
d'un déséquilibre dans la composition du sol. Si, il y a des
années, ceux qui vinrent nous imposer leur volonté par le feu
et l'épée nous avaient plutôt apporté des cargaisons de bicarbonate de soude disons, et qu'ils avaient répandu partout cette
substance, nous serions maintenant... eh bien, des personnes
très différentes, avec une politique tout autre. Il y aurait peut-
être eu moins de conflits dans le passé.

Qu'est-ce que l'Irlande? Le plus haut chimiste de l'État lui-
même répondrait sans doute : « Une île entourée d'eau. » Il est
temps, je crois, que quelqu'un trouve enfin ce qu'est l'Irlande.
Les gens discourent sur l'« importance » de l'agriculture. Si
seulement ils savaient à quel point elle est importante!

Ah, que l'on gagnerait à analyser le sol des Six Comtés!
N'a-t-on pas là une clé du problème de la Partition?

Vous avez sans doute vu, à l'Exposition de la planification, la grande carte d'Irlande étalée au sol, vous vous êtes arrêté et vous avez vu les ampoules s'éclairer, indiquant où tout serait situé à l'avenir. Cela vous a beaucoup intéressé et vous êtes parti en réfléchissant au fait que dans un avenir peu éloigné, l'Irlande prendrait sa place parmi les nations de la terre. Vous avez peut-être spéculé, comme moi, sur la mystérieuse alternative que serait l'Irlande rejoignant cette sinistre assemblée : les nations non de la terre.

Certaines initiatives des planificateurs m'étonnent. À un moment donné, ils ont éclairé de petites forêts, à chaque endroit important du pays. Vous savez ce que représentaient ces lumières ? Les nouveaux grands sanatoriums ! Est-ce qu'ils... est-ce qu'ils voudraient me signifier que nous aurons des... maladies... dans la nouvelle Irlande planifiée qu'ils nous préparent ? Ont-ils en tête un plan ignoble qui prévoit encore la possibilité de la douleur ? Nous sera-t-il permis – Dieu du ciel ! – de... de... mourir dans la nouvelle Irlande ? Si la réponse à ces questions est oui, alors je dis que toute cette planification est une escroquerie. Je conseille solennellement à Pat de prendre garde. On lui prépare des hôpitaux, des cliniques, des centres de santé, des dispensaires rationalisés. Je la vois d'ici cette nouvelle Irlande, dans mon nid machination. Les citoyens déclinants, bordés avec soin dans des lits blancs stérilisés, assommés par les médicaments, ne se levant que pour rédiger leur testament en irlandais. Dehors, pas un mouvement à l'horizon – à part le vacarme des convois mortuaires fonçant sur les voies à grande circulation vers les cimetières à grande circulation (conçus par les architectes, dois-je le préciser) où les tombes et les pierres tombales sont préfabriquées en plastique. Pat marchant au pas de l'hystérie du monde avec la conviction d'être « moderne », c'est là me semble-t-il un spectacle lamentable, pas drôle du tout. Il dispose d'un tas de graphiques et de diagrammes et commence à parler de « meubles encastrés ». Donnez-lui juste une petite corde et il démolira tous ses bons immeubles pour aller habiter des carcasses « préfabriquées » et insalubres, voie royale et expéditive vers le nouveau sanatorium en briques de verre.

Dublin ne peut prétendre aux bienfaits du métro faute d'une densité de population suffisante pour assurer la viabilité du système. De même, le pays entier n'a pas une population en mesure de soutenir ne serait-ce que la fraction de « planification » conforme au tempérament et à l'économie de ce pays. Quatre-vingts pour cent de ce que nous avons sous les yeux est l'imitation criante de ce que des révolutions époustouflantes et strictement locales ont créé ailleurs et nos « planificateurs » n'ont pas même su nous bricoler quelque chose comme un jargon national. Le problème à régler ici est simplement la chute du taux de natalité ; vous aurez tout le temps de construire vos routes à huit voies lorsque dans l'Irlande rurale sera venu le jour où, depuis chaque maison, on pourra voir une autre maison, où la « conversation » ne sera plus un monologue délirant, marmonné par des gencives édentées, le vieillard assis au coin du feu sirotant son pot de « thé » infâme.

Quelle est donc la population optimale de l'Irlande ? Nul ne saurait le dire. Mais il est certain qu'il nous faudrait plusieurs millions d'habitants supplémentaires. Planifier si minutieusement l'environnement matériel de trois pelés n'a pas de sens, du moins pour l'esprit rationaliste. Autant installer des feux de circulation dans un cimetière.

J'admets, cependant, qu'il serait un peu... brutal d'arracher ses plans à Paddy, même s'il les tient à l'envers. Il les aime tellement. Je me suis laissé dire qu'il quittait ses culottes courtes l'an prochain. Et ensuite, plût au Ciel, Clongowes[37].

L'autre jour, tandis que je survolais les paysages qui s'étendent entre Lisbonne et Foynes, j'ai occupé (quoi d'autre sinon ?) mon temps à lire le livre d'Hesketh Pearson sur Bernard Shaw et un récent numéro du périodique de M. Sean O'Faolain, *The Bell*. J'ai constaté avec intérêt que Shaw n'avait pas perdu sa vieille habitude de copier les autres. Dans l'une de ses lettres (si méticuleusement composée en vue de la publication) il qualifie quelqu'un de « fier-à-pied ». Qui, lecteur, a inventé ce genre de plaisanterie ? Qui a fait breveter l'hivernité, la jouevralgie, le

---

37. L'un des plus anciens lycées catholiques d'Irlande, fondé par les jésuites, qui eut pour élève Joyce (*N. d. T.*).

durchoir et mille autres joyaux? (Non que cela m'importe du reste.)

Cette nouvelle Société Shaw m'a inspiré la réflexion suivante. J'approuve cette initiative, j'aurais volontiers accepté la vice-présidence de l'entreprise si une fausse timidité n'avait empêché les fondateurs de me contacter; j'aurais contribué sans hésitation. Il semble que la Société n'ait pas de siège central. (Notez comme « lit central » vient promptement à l'esprit.) Je pensais suggérer à Wylie d'installer la Société dans la maison natale de Shaw à Ballsbridge. C'est faisable, vous savez, avec un peu de coopération et de bonne volonté.

Le livre de Pearson sur Shaw n'est pas très bon. Comme toutes ses consœurs biographies, celle-ci pèche par trop de déférence. C'est précisément cette sorte de littérature apologétique, extrêmement en vogue durant le règne de Victoria (chapeau bas tout le monde, s'il vous plaît), qui nous vaut les portraits tout aussi déformants des détracteurs d'aujourd'hui. La biographie est la forme littéraire la plus basse, atrophiée par la censure qu'exerce le sujet lui-même, consciemment ou non. Et lorsqu'on découvre (comme il arrive rarement) qu'un sujet est disposé à tout exposer au grand jour et à révéler sans rougir les plus humiliantes infirmités, on s'aperçoit généralement qu'on a affaire à un exhibitionniste qui aime se parer de bassesses fictives. Georges Moore était atteint de ce mal. « Certains hommes ont des liaisons qu'ils ne révèlent jamais. Moore révèle des liaisons qu'il n'aura jamais. »

Le numéro de *The Bell* de M. O'Faolain ne contient rien de très intéressant. La seule chose qui a attiré mon attention est le préambule éditorial à un article intitulé « Pourquoi je suis pour l'Église d'Irlande » :

« C'est en partie la politique de *The Bell* que d'ouvrir le plus de fenêtres possible sur le plus de vies possible de sorte que nous puissions nous faire une idée complète et exhaustive de cette Irlande moderne que nous sommes en train de construire [...] »

Je discerne un certain manque de franchise dans l'affirmation que c'est en partie la politique du journal. Quelles sont les autres parties et pourquoi les tenir sous silence?

Une déclaration de politique « complète et exhaustive » serait-elle embarrassante ? Hmmm. Mais ce que je ne comprends pas du tout, c'est cette histoire de fenêtres. Supposons un instant que les « vies » en question se déroulent à l'intérieur et que les curieux soient dehors, en train de mouiller leurs chaussettes dans le jardin. Sans doute ce qu'il y a à voir peut-il être vu à travers une seule fenêtre. Mais passons même là-dessus. Pourquoi au nom du Ciel faut-il s'embêter à ouvrir les fenêtres. Tout l'intérêt d'une fenêtre c'est que l'on peut voir à l'intérieur et à l'extérieur quand elle est fermée. En outre, il n'est pas évident d'ouvrir une fenêtre de l'extérieur – même si j'admets que (même de l'intérieur) une fenêtre qui n'est pas fermée est encore plus dure à ouvrir. Et quelle distinction veut-on faire entre « complète » et « exhaustive » ? Quant à cette « Irlande moderne que nous sommes en train de construire », on peut seulement souligner que (a) il serait assez étrange que nous soyons en train de construire une... Chine médiévale, et que, de toute façon, (b) nous ne sommes en train de construire aucune Irlande. Nous vivons ici, c'est tout (l'interdiction de voyager) – certains d'entre nous travaillent même ici.

Je crois entendre un lecteur me demander comment s'est passé mon vol Lisbonne-Foynes. Eh bien... pas trop mal. Le temps était assez mauvais et j'ai trouvé le voyage fatigant. J'ai quasiment pris la décision de prendre l'avion la prochaine fois. Qui connaît un remède contre les douleurs au bras ?

L'autre jour par hasard j'ai regardé mes mains et remarqué qu'elles étaient jaunes. Conclusion : je vieillis (même si j'affirme que je ne suis pas encore trop vieux pour rêver). Autre conclusion : je devrais commencer à écrire mes mémoires. Soyez assuré que ce serait un livre remarquable, car aux aventures extraordinaires qui me sont échues il n'est pas de fin. (Et il n'y en aura point.) Voici un petit épisode qui vous donnera une idée.

Il y a bien des années, un ami de Dublin me proposa de passer la soirée avec lui. Croyant que cet homme avait du goût pour la philosophie et savait que c'est parfois dans la kinesis du débat que se révèle l'immuable vérité, je consentis. On mesurera l'étendue de mon erreur en apprenant que mon ami arriva au rendez-vous en taxi et m'entraîna immédiatement dans un débit de boissons près de Lucan. Là, je suis incité à consommer une copieuse et enivrante quantité de whisky. Mon ami refuse de reprendre un verre dans cet endroit, en attirant mon attention à coups de coude sur un personnage sinistre, qui buvait une stout à quelque distance de nous dans la pénombre. C'était un grand individu cadavérique, entièrement vêtu de noir, au visage d'une pâleur mortelle. Nous partons et roulons plusieurs kilomètres jusqu'au village de Stepaside, où une autre boisson est commandée. À peine celle-ci portée à nos lèvres, nous remarquons tous deux – avec quels sentiments je n'ose le dire – la même longue créature vêtue de noir, se tenant à distance dans l'ombre et buvant apparemment le même verre de stout. Nous finissons nos propres consommations et partons sur-le-champ, prenons cette fois la route d'Enniskerry et entrons dans une auberge située aux abords du village. Là, nous commandons d'autres boissons, mais à peine sont-elles apparues sur le comptoir que mon ami et moi découvrons avec horreur le sinistre inconnu à quelque distance, sirotant toujours aussi patiemment sa stout. Nous avalons nos boissons cul sec et nous hâtons vers la sortie. Mon ami, effrayé, tenait absolument à ce que nous gagnions le lointain hameau de Celbridge ; un autre verre s'imposait selon lui, mais il s'imposait également de mettre le plus de kilomètres possible entre nous et la sinistre présence que nous venions de quitter. Ai-je besoin de dire ce qui se passa ? Nous fûmes soulagés de constater que le pub dans lequel nous entrâmes à Celbridge était désert, mais lorsque nos yeux se furent accoutumés à la faible lumière, nous le vîmes de nouveau ; il se tenait dans les ténèbres, apparition plus terrible, plus menaçante encore que les fois précédentes. Mon ami avait commandé une bouteille de whisky, qu'il buvait à grandes gorgées. Je compris tout de suite que nous avions atteint un point critique et qu'il fallait à tout prix agir.

« Peu importe où nous irons, dis-je, cet être y sera, à moins que nous ne parvenions maintenant à affirmer une volonté supérieure et à confondre les funestes machinations qui se trament. J'ignore d'où vient cette apparition, mais elle ne saurait être de ce monde. J'ai l'intention de la défier. »

Mon ami eut un regard d'épouvante, esquissa un geste de protestation, mais ne put dire mot semble-t-il. Ma décision était prise. C'était moi ou cet adversaire diabolique : cet affrontement de volontés était inévitable, seul l'un de nous deux devait survivre. Je finis mon verre avec une assurance que j'étais loin d'avoir et marchai d'un pas résolu vers cet être. Une vue rapprochée faillit décourager mon ardeur ; il ne s'agissait à l'évidence pas d'un homme mais d'une émanation spectrale issue de la tombe, d'un zombie revenu accomplir une vengeance inhumaine.

— Vous ne me plaisez guère, dis-je un peu maladroitement.

— Vous ne m'inspirez pas beaucoup non plus, répondit la chose ; sa voix était fêlée, grave et terrible.

— J'exige de savoir, dis-je sévèrement, pourquoi vous persistez à nous suivre partout, moi et mon ami.

— Je ne peux rentrer chez moi avant que vous ne soyez rentrés chez vous, répondit la chose.

Il y avait dans ces paroles une menace latente qui faillit me paralyser.

— Et pourquoi ? parvins-je à dire.

— Parce que je suis… le chauffeur de taxi !

Tels sont les étranges incidents dont est tissée la trame de ce que j'ai le plaisir d'appeler ma vie.

On entend beaucoup parler du « Grand Dublin » (il s'agit en général de propos non autorisés par moi et donc médisants), mais il n'est jamais fait mention du saillant corolaire de cette proposition, à savoir que lorsque vous agrandissez Dublin, vous réduisez proportionnellement le reste de l'Irlande. Cela constitue bien sûr un problème très sérieux. Un beau jour, les habitants de Leixlip remarqueront quelque chose d'inhabituel à l'horizon, et après avoir envoyé des éclaireurs, découvriront qu'il s'agit de Dublin. Dublin aujourd'hui à quelques bornes de chez vous. Demain ? La marée aura englouti l'ancien Leixlip, les habitants relèveront de Hernon, Keane et Monks. Les gens écriront des lettres libellées à « Main St. Leixlip, Dublin, C.98 » et le bus 16 vous y conduira sans doute. Les habitants d'Athlone diront : « Vous avez vu ce qui s'est passé à Leixlip. Ils croyaient être à l'abri, que leurs futurs fils ne seraient jamais des Dublinois. Hodie Leixlip, cras nobis[38]. Que nos hommes gagnent les montagnes, que nos femmes soient instruites dans l'art de faire des gâteaux contenant des clés. Aux armes! »

Oui au « Grand Dublin » si vous construisez au même rythme la Grande Irlande. Comment y parvenir ? Certains voudront que l'Irlande, le fer à la main, se lance dans de vastes conquêtes impériales. Le serment que j'ai fait à Clemenceau s'opposerait à cette solution, même si d'autres considérations ne la rendaient pas irréalisable.

Deux choses me viennent à l'esprit. Vous vous rappelez ma récente conférence sur l'exportation de produits agricoles vers la Grande-Bretagne, comment j'ai expliqué qu'avec chaque bête, chaque homme et chaque centaine d'œufs exportés, nous expatrions définitivement et en quantité des constituants essentiels de la terre irlandaise, appauvrissant ainsi le matériau dont sont faits les Irlandais. Supposons que vous accélériez ce processus, diront les ronchonneurs, supposons que vous monopolisiez tout le commerce alimentaire britannique ? Est-ce que les Anglais, nourris exclusivement de bœuf irlandais et de whisky irlandais, ne deviendraient pas aussi irlandais du point de vue physiologique que les Irlandais eux-mêmes ? Ne les verrait-on pas... arborer des pommettes hautes, jouer au hurling[39], se battre et devenir inexorablement opposés à l'enseignement obligatoire de l'irlandais ? Écrire des livres censurés ? Devenir... neutres ?

La réponse est oui et non. Premièrement, le processus d'irlandisation métabolique ne serait jamais complet, parce qu'un gouvernement irlandais aurait du mal à empêcher le peuple anglais de continuer à boire de l'eau anglaise, ou à le forcer à importer de l'eau irlandaise. L'eau est d'une importance capitale puisqu'elle contient nombre des sels indigènes qui déterminent le tempérament national. On lit beaucoup de bêtises dans les livres d'histoire au sujet d'étrangers venus en conquérants et qui se seraient vu « absorber » par les Irlandais. En réalité,

---

38. « Aujourd'hui Leixlip, demain nous. » D'après l'inscription funéraire « Hodie tibi cras mihi » (« aujourd'hui toi, demain moi ») (*N.d.T.*).

39. Le hurling est un sport collectif irlandais très populaire, qui se joue avec une petite balle en cuir et une crosse en bois (*N.d.T.*).

il fallait bien que ces pauvres diables mangent et boivent ici, comme tout le monde. Tant que l'on n'aura pas fusionné la chimie et l'histoire dans une étude biologique des origines de la vie et de ce qui permet sa subsistance, on ne pourra aborder aucun problème contemporain de manière réaliste. L'autre point que j'aimerais souligner est le suivant : supposons que nous fassions le maximum pour gaéliser les Britanniques par la voie du gros intestin, supposons que nous y parvenions dans une large mesure – que resterait-il chez nous, je vous prie ? Si vous exportez tous les nutriments irlandais essentiels et s'il continue à y avoir des « gens » ici, qui sont-ils, ces gens ? Hmmm.

Non, l'expansion de l'Irlande doit être obtenue autrement. C'est en fait très simple. L'Irlande actuelle doit d'abord procéder à une analyse précise de son sol. Devront ensuite être envoyés à travers le monde une cohorte de chimistes irlandais qui analyseront le sol de tous les pays habités. Je parierais quelques souverains d'or que vous trouverez certains pays, certaines régions, où le sol, de par sa structure et sa composition, est identique à celui de l'Irlande. Les habitants de ces pays – si surpris qu'ils soient de l'apprendre – sont irlandais ! Vous pourrez ainsi développer une confédération mondiale des Irlandes, un empire fondé sur l'homogénéité des troubles digestifs. Une telle association durerait beaucoup plus longtemps, me semble-t-il, que toutes les entreprises fondées sur le fer et le feu. (Quelle bonne blague si les Anglais se révélaient être de pure souche irlandaise. Le problème est qu'ils diraient – en réponse à quelque honorable membre, en passant – que les Irlandais ont toujours été des Anglais.)

Je ne tiens pas, en ces heures paisibles, à vous ennuyer avec des histoires personnelles, encore moins à asséner des questions qui affectent mon honneur et mon prestige. Mais il est paru récemment dans ce journal un article qui, s'il passait sans susciter de réaction, pourrait avoir des conséquences graves. Une condition étrangement rétrospective y était attachée, comme on va le voir. Lors d'une réunion à Dublin, un orateur aurait dit (je suppose, bien sûr, que les journaux ne mentent pas) :

« Si Platon avait été le Colosse du monde antique de la pensée, Shaw était le Colosse du monde moderne [...] »

Puisque apparemment il ne l'était pas, toute la proposition semble caduque. Mais voici la suite, prière de noter :

« Shaw a égalé Platon par la variété de ses sujets et la profondeur de sa pensée ; il l'a surpassé par l'audace stupéfiante de ses propositions. L'œuvre de Shaw, ajoutait l'orateur, était pétrie de deux convictions fondamentales – l'évolution créatrice et un revenu de base. »

Vous aurez, cher lecteur, sans doute remarqué quelque chose d'assez drôle dans tout cela. C'était involontaire je suis sûr ; je préfère ne pas y voir malice... mais... pas un mot à mon sujet dans toute cette histoire du début à la fin ! (!!!) Cela m'est égal, bien sûr – si les gens veulent se ridiculiser, je m'en contrefiche. Mais par simple correction, ne croyez-vous pas qu'il aurait pu glisser juste un mot ? Mais non. Aucune mention.

Enfin. Notez que je n'ai rien contre Shaw. Shaw est l'un des meilleurs, nous nous fréquentions beaucoup à l'époque où nous étions férus de vélo, je lui ai bien souvent prêté des sous au restaurant végétarien, et à ce jour, il n'a manqué aucune de mes premières dans le West End[40], il s'installe à l'orchestre et mâchonne ses sandwichs au cresson, mais... l'appeler un Colosse du monde antique ! Et toute cette histoire de pétrin et de convictions. Ma parole... combien de fois me suis-je trouvé dans le pétrin et même en prison au nom de la liberté d'expression politique, mais est-ce que j'en parle seulement ? Et... la variété de thèmes et les propositions stupéfiantes... ? Ah, mon Dieu, n'est-ce pas la description édulcorée de mes humbles travaux quotidiens pour l'Honorable *Irish Times* au Royaume-Uni ? D'ailleurs cela m'amène au dernier point – le revenu de base. J'ai dit – revenu de base... (Le rédacteur en chef tousse, se ronge les ongles, regarde par la fenêtre.) J'ai dit que toute peine méritait salaire. Je n'ai pas le revenu de base de mon cher ami George B. Shaw, je peux vous dire. Ce n'est pas faute d'intelligence – il y a plus d'intelligence dans mon petit doigt que dans toute sa barbe. Vous avez déjà vu ma pièce,

---

40. Le West End est le quartier de Londres où se trouvent la plupart des théâtres (*N. d. T.*).

hein? (Il fallait se dépêcher.) Vous avez lu mes romans, mes biographies, mes pamphlets politiques? Mes dénonciations de tout ce qui est néfaste, factice, indigne? Ah mon Dieu, aucune comparaison possible. Non que les pièces de Shaw ne soient pas bonnes – *Le Prince étudiant* est tout à fait délicieux. *Pygmées et Lions* n'est pas mal, et *Rose Marie* et *La Tante de Charley*[41], ce sont de petits bijoux, on ne devient pas célèbre pour rien, notez –, mais un homme devrait avoir un peu plus à son actif pour qu'on l'appelle un Colosse du monde antique, voilà mon avis. (En passant, où se place le professeur Joad[42] dans cette capricieuse évaluation de la grandeur spéculative?) Bien sûr, le revenu de base constitue un grand atout – notez que cet inamical discours a été prononcé lors d'une réunion de l'Association royale georgienne et shavienne d'Irlande. Peut-être… certaines parties pensent-elles se voir mentionnées dans un certain testament…?

(Pause. Tombée du crépuscule. Une voix s'élève entre chien et loup.) Ah, les habitants de cette ville n'auraient jamais l'idée de former une Société Myles na gCopaleen! Ce serait un… un… si bel hommage rendu à un vieillard! Sans oublier une statue dans College Green, le dos tourné à Trinity! (Je maintiens qu'une barbe et une redingote en pierre m'iraient à merveille!)

Le savoir et l'érudition sont de drôles de choses quand même. Prenez par exemple cette vieille question, l'authenticité des quinze derniers mots du *Phédon* de Platon, dans l'épilogue après que Socrate a bu son verre. De nombreux commentateurs soutiennent que l'emploi de l'expression tón tote est si étrange et hors contexte qu'il invalide tout le passage après andros; d'autres soutiennent qu'il s'agit seulement d'une « erreur » et que le passage est authentique. Ecoutez ce que dit Hirschig sur ce point, écoutez Riddell, Grote, Wyttenbach,

41. *The Student Prince* (*Le Prince étudiant*), *Charley's Aunt* (*La Tante de Charley*) et *Rose Marie* sont des comédies musicales de Broadway auxquelles Bernard Shaw n'a nullement contribué, mais Flann fait ainsi ironiquement allusion à *My Fair Lady*, la célèbre comédie musicale inspirée de sa pièce *Pygmalion* (*N.d.T.*).

42. C. E. M. Joad (1891-1953) : intellectuel anglais, célèbre pour son émission de vulgarisation philosophique diffusée sur la BBC pendant la Seconde Guerre mondiale, *The Brains Trust* (*N.d.T.*).

Gaisford, Bekker, Geddes, Jebb, Heindorf et Stallbaum – où
cela vous mène-t-il? Précisément nulle part. Il n'y a pas de
finalité, pas de vérité dans ces disputes « érudites ». Je puis
affirmer mon opinion sans réserve. Les mots entre andros et
dikaiotatou inclus ne sont certainement pas une interpolation.
La raison? Eh bien, c'est évident je crois. On ne peut avoir une
interpolation à la fin d'un ouvrage.

Très bien. Laissons de côté les universitaires, oublions leurs
grosses voix discordantes. Le « monde » est-il une agora – est-ce
un jardin au calme nouménal; la clarté, la précision et la finalité
sont-elles le trèfle innocent qui y pousse? Loin s'en faut, hélas.
Il est mensonge, trouble, chaos, la mère prise pour la fille, la
richesse aux mains des indignes, les cœurs purs en prison, les
favoris incompétents, l'argent perdu, le remugle de la guerre
qui empuantit le printemps. Il est... (déploie ses mains d'un
jaune cireux en signe de prière) il est... navrant.

Prenez par exemple le mot « canny ». Mon dictionnaire
lui attribue une étymologie tortueuse basée sur la signification originelle de « can », c.-à-d. « cunning ». Tout cela est un
mensonge bien sûr. Le mot vient clairement de l'expression
irlandaise « ciall ceannaidhe » (prononcer « keel canny ») qui
veut dire perspicacité (d'un homme d'affaires), à savoir le
genre de savoir mondain que donne l'expérience. Nous avons
donc ici la mauvaise explication, et nous ignorons la bonne.
(Il se mouche.) Prenez même l'allégation selon laquelle des
personnes qui n'ont rien à se dire se regardent dans le blanc
des yeux. Cela aussi est faux. Cette partie de l'œil n'est pas
blanche. Vous voyez? (Applique un doigt noirci par le tabac sur
son globe oculaire desséché, indiquant des orbites d'un jaune
maladif, injectées de sang et embuées d'un liquide chassieux.)
Elle est plutôt jaune vous voyez.

Prenez un exemple encore plus extrême. Les ivrognes sont
une catégorie méprisée (notamment par les personnes qui
n'ont pas les moyens de boire), mais l'on réserve une moquerie
toute particulière à l'ivrogne qui croit voir (et il les a bien vus
en effet) des rats roses. Le phénoménalisme incorrigible que
confère une sobriété prolongée et malveillante discrédite l'idée
qu'il existe des rats roses. Pourtant les rats sont roses. Il n'y
a bien sûr aucun doute là-dessus. (Fouille dans la poche de

son « manteau », en sort un énorme rat qui se tortille, à l'évidence originaire de Mourmansk; le pelage épais et grossier et la queue squameuse fourmillant semble-t-il de bacilles buboniques.) Vous voyez? Il a l'air noir, même ses griffes acérées comme des lames de rasoir – vous voyez? – sont noires. (Le rat siffle férocement et tente de mordre son ravisseur.) Mais voyons voir. Ne nous laissons pas tromper par les apparences, ici ou ailleurs. (Branche soudain un rasoir électrique, immobilise le rat sur ses genoux et le rase avec adresse.) Maintenant nous avançons. Le savoir nous octroie un aperçu de ses trésors. Vous voyez? Le rat est rose. (Le rat, qui s'élance furieusement, est retenu par la queue, il apparaît réduit de moitié, complètement dépourvu de poils, mais rose.) Il ne faut donc pas voir nécessairement une aberration dans l'inspection infracapillaire des rongeurs à laquelle se livrent les zoologistes avinés. (Le rat pousse des gémissements aigus et haineux; les poils tombés par terre commencent à se rapprocher du feu.) Absolument aucune. Nous avons épinglé un autre mensonge et peut-être assez fait pour aujourd'hui. (Se lève, fait un grand clin d'œil, prend le sac à main de sa femme, l'ouvre, y fourre le rat furieux et sifflant, ferme et repose le sac, qui tressaute pendant un certain temps.) Je serai là plus tard dans la soirée si vous voulez passer pour une partie de backgammon. Madame, figurez-vous, doit se rendre à une réunion de la société de tempérance à Mansion House.

HEURE: vendredi soir.
Met le réveil pour 3h00. Samedi matin, s'habille hâtivement et se rend en ville à vélo. Descend au bureau de l'*Irish Times*, trempé jusqu'aux os. Se procure le premier exemplaire du journal sorti de la presse. Revient chez lui à vélo, tire du lit sa femme pour qu'elle prépare le petit-déjeuner, puis disparaît dans une pièce au fond pour étudier les mots croisés. Feuillette des dictionnaires, almanachs, anthologies, thésaurus. Commence à inscrire quelques mots. Prend son petit-déjeuner. Se remet aux mots croisés. Les heures passent, il est toujours dessus. Gratte son menton mal rasé, regarde dans le vide, se cale dans le fauteuil, grommelle, se dirige vers la fenêtre et regarde dehors. Pousse un cri aigu et écrit un mot. Arpente la

chambre, hausse les épaules, fume pipe et cigarette en même temps. Le chien bâille bruyamment, reçoit un coup virulent dans les côtes. Un autre mot vient. Remonte son pantalon et examine son genou. Se prélasse, avance son dentier sur le bout de sa langue, frotte violemment ses paumes l'une contre l'autre. Fait craquer ses doigts. Regarde le mur, les yeux écarquillés, écrit un autre mot. Se cure les ongles. Enlève ses chaussons et ses chaussettes et commence à se triturer un cor. Siffle *La Fille de Lens*. Écrit un autre mot. Prend son déjeuner sur un plateau, ne peut quitter la chambre pour le prendre correctement. Taille un crayon. Trouve deux mots à la fois. Continue, encore et encore.

HEURE : samedi soir.

Arrive au club de golf propre, rasé de près, cinq whiskies au compteur. Se voit aborder par un studieux confrère.

– Vous avez vu les mots croisés du *Times* aujourd'hui ?

– Non, je n'ai pas mis le nez dans le journal aujourd'hui. Qu'est-ce qu'ils ont de spécial ?

– Ils sont assez raides cette semaine. (Sort le journal.) J'ai passé des heures dessus et pas moyen. Ça m'a gâché la matinée. Certains indices doivent être faux, je pense.

– Ceux de la semaine dernière étaient plutôt faciles j'ai trouvé.

– Ah oui ? Eh bien, regardez celui-là. « Las de paraître », six lettres. Qu'est-ce que ça peut être ?

(Très bref silence.)

– Euh… ÉPUISÉ, je suppose.

– Ohhh ! Ma parole, vous êtes rapide, vous. Et deux mots plus bas, cinq lettres…

Table des matières

☛ Texte traduit par Rosine Inspektor.
☞ Texte traduit par Patrick Reumaux.

Ce volume,
publié aux Éditions Les Belles Lettres,
a été achevé d'imprimer
en février 2011
sur les presses
de la Nouvelle Imprimerie Laballery
58500 Clamecy

Dépôt légal : mars 2011
N° d'édition : 7207 - N° d'impression : 102264
Imprimé en France